U0541194

中国民办高校
品牌传播研究

樊亚男 著

中国社会科学出版社

图书在版编目（CIP）数据

中国民办高校品牌传播研究 / 樊亚男著. -- 北京：中国社会科学出版社，2025.9. -- ISBN 978-7-5227-5332-4

Ⅰ．G648.7

中国国家版本馆 CIP 数据核字第 2025Z0U925 号

出 版 人	季为民
责任编辑	高　歌
责任校对	李　琳
责任印制	戴　宽

出　　版	中国社会科学出版社
社　　址	北京鼓楼西大街甲 158 号
邮　　编	100720
网　　址	http://www.csspw.cn
发 行 部	010-84083685
门 市 部	010-84029450
经　　销	新华书店及其他书店
印　　刷	北京明恒达印务有限公司
装　　订	廊坊市广阳区广增装订厂
版　　次	2025 年 9 月第 1 版
印　　次	2025 年 9 月第 1 次印刷
开　　本	710×1000　1/16
印　　张	20.75
插　　页	2
字　　数	320 千字
定　　价	109.00 元

凡购买中国社会科学出版社图书，如有质量问题请与本社营销中心联系调换
电话：010-84083683
版权所有　侵权必究

序言

随着全球化的不断推进，人工智能的迅速发展，各行各业都经历着前所未有的变化和挑战，中国高等教育领域也正经历着巨大的变革。能不能变，如何变，应该基于对中国高等教育现状的切实了解和实证研究。民办高校作为中国高等教育体系的重要组成部分，也面临着时代的变化，跟上社会步伐的问题。而民办高校品牌传播的策略与实践，不仅映射了高等教育的多元化趋势，也反映了社会变革与技术进步对教育行业的深远影响。樊亚男的这部专著《中国民办高校品牌传播研究》，正是在这一背景下应运而生的，它旨在深入探讨和系统阐述中国民办高校在品牌建设与传播方面的理论基础与实践经验。

作者通过对民办高校品牌传播的历史脉络、现状分析、策略研究等多个维度的深入挖掘，为读者勾勒出了中国民办高校品牌传播的全貌。从古代的教育理念到现代的市场运作，从传统的宣传手段到新媒体的运用，本书不仅梳理了民办高校品牌传播的演变过程，也对其未来发展提出了独到的见解。

本书详细探讨了民办高校官方传播、个人社交口碑传播、公共渠道口碑传播等多种传播方式，以及这些方式如何影响学生择校行为和品牌认同。通过大量的实证研究和数据分析，本书揭示了不同信源在民办高校品牌认同中的作用，以及教育服务质量感知在品牌传播中的中介作用。作者以丰富的案例、翔实的数据和严谨的逻辑分析，展现了民办高校在品牌传播过程中的创新与面临的挑战。

本书是一部系统、深入研究中国民办高校品牌传播的学术著作。该研究成果不仅对学术界有着重要的参考价值，为高等教育领域的研究者提供了宝贵的理论资源，同时也为民办高校的管理者和品牌传播实践者提供了实践指导。书中的案例分析和策略建议，无疑能够为其他类型的教育机构提供借鉴和启示。在高等教育市场竞争日益激烈的今天，相信本书的研究对于提升民办高校的品牌竞争力、促进民办高校的可持续发展具有重要的理论和实践价值。

本书作者樊亚男看上去温婉、随和，实际上严谨、执着。她总是那么认真地对待生活，对待工作，对待学习。显然，她为本书倾注了心血。理论的思考和丰富，基于问卷调查的数据分析，加以访谈的第一手数据，显示出作者严谨的学术态度和研究水平，也奠定了本书的学术价值和切实的现实指导或启发意义。

需要指出的是，本书的样本覆盖面存在不足；对影响民办高校学生择校行为的家庭、文化等多方面因素及其复杂性的探究有待深入。相信作者可以在今后的研究中加以补充和完善。

是为序。

张志庆
2024 年 10 月

目 录

引 言 / 1

第一章 绪论 / 4
第一节 研究背景与研究意义 / 4
第二节 研究内容与研究框架 / 11
第三节 概念界定 / 17

第二章 民办高校品牌传播的理论基础与研究现状 / 22
第一节 相关理论 / 22
第二节 品牌传播研究现状 / 30
第三节 高等教育品牌传播研究现状 / 70
第四节 民办高校品牌传播各变量的内涵 / 92

第三章 研究设计与方法 / 108
第一节 研究设计 / 108
第二节 问卷设计与预研究 / 120
第三节 正式问卷的发放、回收与半结构式访谈提纲设计 / 134

第四章 民办高校品牌传播现状 / 150
第一节 中国民办高校的发展历程 / 150

第二节　不同发展阶段民办高校品牌传播特征 / 153

　　第三节　小结 / 201

第五章　不同信源对民办高校品牌认同的影响 / 204

　　第一节　不同信源传播对民办高校品牌认同的影响 / 204

　　第二节　民办高校教育服务质量感知的中介作用 / 210

　　第三节　民办高校品牌视觉形象的调节作用 / 215

　　第四节　民办高校工作人员形象的调节作用 / 220

　　第五节　小结 / 224

第六章　基于个体特征的信源影响与学校品牌认同的差异分析 / 229

　　第一节　基于个体特征的民办高校官方传播的差异分析 / 229

　　第二节　基于个体特征的个人社交口碑传播的差异分析 / 242

　　第三节　基于个体特征的公共渠道口碑传播的差异分析 / 258

　　第四节　基于个体特征的民办高校品牌认同的差异分析 / 273

　　第五节　小结 / 293

第七章　研究结论与展望 / 297

　　第一节　主要研究结论 / 297

　　第二节　民办高校品牌传播的启示 / 300

　　第三节　创新点与进一步的研究设想 / 305

附录1　民办高校品牌传播调查问卷 / 308

附录2　参与访谈学生以及家长样本信息 / 313

参考文献 / 318

后　记 / 324

引言

随着改革开放的深入推进,中国经济社会发展进入新时代,产业结构呈现出新业态,使得高等教育特别是高等职业教育面临着巨大的发展压力和竞争。在此背景下,人工智能等新兴技术的快速发展,进一步推动了教育行业的巨大革新。在国家教育发展规划和人才发展规划中,高等教育被视为提高国民素质、实现中华民族伟大复兴的关键一环,也是国家未来科技创新和社会进步的重要基石。党的二十大报告明确提出坚持教育、科技、人才"三位一体"统筹推进,是全面建设社会主义现代化国家的基础性、战略性支撑。高等教育的质量和水平直接关乎国家的人才储备和创新能力,以及广大民众的社会经济地位和生活质量。民办高校作为中国高等教育体系的重要组成部分,更是职业教育的重要力量,承担着培养应用型、技能型人才的重任。因此,加强对民办高校品牌建设与传播,探究民办高校品牌传播的策略,评估其品牌传播的效果,对于提升民办高等教育机构的影响力和竞争力具有重要意义,也是推动中国高等教育整体进步、促进教育公平、满足社会多元化教育需求的重要途径。对这一研究领域的探索具有深远的理论意义和实践价值。

品牌传播作为影响目标受众行为与态度的重要手段,最初起源于商业领域,并逐渐引入高等教育领域。对于中国民办高校来说,品牌传播对其生存与发展至关重要。有效的品牌传播不仅能提升市场竞争力和教育质量,而且是民办高校在激烈市场竞争中脱颖而出的关键。中国民办高校在其发展的各个阶段,都可以看到品牌建设与传播的痕迹,本书将中国民办高校的发展历程大致分为四个阶段：自由萌发阶段、快速发展阶段、规范管理阶段，以及特色发展与品牌建设阶段。每个阶段的特点与挑战各不相同，品牌意识和品牌传播策略也随之发生演变。民办高校在发展过程中遇到过诸多艰难曲折，但其取得的进步同样不容忽视。现有的品牌传播效果基本满足其发展需求，但仍存在许多亟待解决的问题。这些品牌传播过程中出现的问题也是其发展过程中的必然现象，部分民办高校的举办者和管理者已经开始意识到这些问题的存在，但其认知尚处于相对模糊的状态。尤其是在如何平衡教育公益性与学校经营发展的关系方面，许多利益相关者仍在探索如何将这一平衡有效贯彻到品牌传播中。这种平衡不仅关系到民办高校的办学方向，也对其品牌传播策略的制定产生了深远影响。品牌传播本身没有绝对的正确答案，也没有明确的界限，特别是在实际操作过程中，很多看似确定的事情依然存在诸多不确定性和突发情况。

在过去20年里，民办高校的品牌研究备受关注，涵盖了品牌建设、品牌核心竞争力、品牌战略、品牌定位、品牌构建以及品牌经营等多个方面。面对市场竞争和提升教育质量的双重挑战，学者不断探索民办高校"如何做""怎么做""做什么"的问题，并在此基础上达成了"质量决定品牌"的共识。[①] 众多学者认为，通过提升教学与服务质量、优化师资与招生团队、整合资源有效宣传，民办高校就能改变"劣势"现状。[②] 已有研究为民办高校品牌建设提供了宝贵的理论和实践指导，但对民办高校品牌传播历程的研究以及当前品牌传播现状的实证分析仍相对缺乏。学生对民办高校品牌信息的接收与感知、影响学生和家长产生民办高校品牌认同的信源标记，以及明确影响学生群体择校行为因素等方面的研究仍有较大的拓展空间。

本书从传播学视角出发，聚焦实证调研，分析品牌传播对学生择校

[①] 陈岳堂、韩盈施：《中国民办高校品牌建设的困境与对策》，《当代教育理论与实践》2015年第1期。

[②] 张会忠、孟凡荣：《分类评价背景下民办本科高校错位发展战略和治理创新》，《科教导刊》（电子版）2024年第9期。

行为的影响，识别核心信息源与关键影响因素。对于民办高校的投资者和管理者而言，如何构建和传播优质品牌，制定明确的品牌传播策略方案，一直是他们关注的重点。本书研究的核心在于确定哪些因素对学生选择学校有重要影响，以及通过哪些传播方式能够使主要利益相关者（学生与家长）对民办高校的办学实力和品牌影响力产生共鸣。基于信源可信度理论和社会认同理论，本书选取全国范围内11所民办高校的学生进行问卷调查，对高校举办者、管理者及一线招生人员进行半结构访谈，探讨了不同信源对民办高校品牌认同的影响，验证了学校教育服务质量感知的中介作用，分析了官方信源中品牌视觉形象与内部工作人员形象的调节作用，并集中分析了不同学生受不同信源影响的个体特征差异。笔者通过本书将所形成的理论成果和实践经验与业界同行分享，以便为民办高校品牌传播的持续发展提供参考与借鉴。

第一章 绪论

本章在对民办高校、高校品牌及高校品牌传播等相关概念进行界定的基础上,结合问卷调查和半结构访谈等研究方法,形成了民办高校品牌传播研究的主要思路及主要研究内容。

第一节 研究背景与研究意义

一 民办高校发展的政策背景

纵览全球,经济竞争的实质是人才的竞争,而人才的竞争则取决于高等教育的竞争。在20世纪90年代初,为了解决教育困境和满足人民对高等教育的需求,国家逐步出台了支持和鼓励民办教育发展的政策,鼓励民间资本和社会力量办学,为民办高校的兴办和发展提供了更加宽松的环境。这些政策不仅为民办高校的诞生、成长、发展奠定了基础,也为其品牌建设与传播创造了有利条件。在过去几十年的发展进程中,中国民办教育取得了显著成绩,确立了其在国家教育体系中的重要地位。2010年颁布的《国家中长期教育发展规划纲要(2010—2020)》和《国家中长期人才发展规划纲要(2010—2020)》明确指出:

> 我国正处在改革发展的关键阶段,深入贯彻落实科学发展观,全面推进经济建设、政治建设、文化建设、社会建设以及生态文明

建设，推动工业化、信息化、城镇化、市场化、国际化深入发展，全面建成小康社会，实现中华民族伟大复兴，必须大力提高国民素质，在继续发挥中国人力资源优势的同时，加快形成人才竞争优势，逐步实现由人力资源大国向人才强国的转变。

这些政策的颁布与实施充分说明民办教育发展的必然趋势，更确定了在这个背景下民办教育自身的提升尤为关键。民办教育的发展不仅是响应国家战略需求的结果，也是促进教育质量提升和满足人才培养需求的必要路径。

表1-1　　　　　　　　民办教育发展的政策与法规时间轴

年份	政策名称
1982	《〈宪法〉鼓励社会力量办学》
1987	《关于社会力量办学的若干规定》
1997	《社会力量办学条例》
2002	《中华人民共和国民办教育促进法》
2010	《国家中长期教育发展规划纲要》《国家中长期人才发展规划纲要》
2016	《民办教育促进法》修正案
2016	《关于加强民办学校懂得建设工作的意见》
2016	《关于鼓励社会力量兴办教育促进民办教育健康发展的若干意见》
2016	《关于印发〈民办学校分类登记实施细则〉的通知》
2016	《关于〈营利性民办高校监督管理实施细则〉的通知》
2017	《国家深入推进高等教育综合改革和高考招生制度改革》
2021	《中华人民共和国办教育促进法实施条例》（国务院第741号修订）

由表1-1可知，中国民办教育已逐步得到国家的认可与支持。2016年11月，全国人大常委会通过了《中华人民共和国民办教育促进法》"修正案"；12月29日，中共中央办公厅印发了《关于加强民办学校党的建设工作的意见》（中办发〔2016〕78号），国务院印发了《关于鼓励社会力量兴办教育促进民办教育健康发展的若干意见》（国发〔2016〕

81号);12月30日,教育部、人力资源和社会保障部、民政部、中央编办以及工商总局联合下发了《关于印发〈民办学校分类登记实施细则〉的通知》(教发〔2016〕19号),教育部、人力资源和社会保障部以及工商总局联合印发了《关于〈营利性民办高校监督管理实施细则〉的通知》(教发〔2016〕20号)。一个修正案、四个配套文件,构成了新时代背景下民办教育的基本法律法规政策体系。可以看出,民办教育的发展一直以来受到国家的高度重视和积极支持,特别是在《国家中长期教育改革发展规划纲要》中明确指出,民办教育是教育事业发展的重要增长点和促进教育改革的重要力量,各级政府要把发展民办教育的"三个重要"作为工作职责。支持和鼓励民办学校创新体制机制和育人模式,提高质量,办出特色,作为新时代国家重视发展教育的重大举措。在国家推进政府职能转变,出台《教育部等五部门关于深化高等教育领域简政放权放管结合优化服务改革的若干意见》以后,公办高校在专业设置、教师引进、职称评审、薪酬分配等方面较以往享有更大自主权。此举无疑提升了公办高校的办学灵活性,使其在竞争中获得了更大的发展优势。这对民办高校而言,过去靠灵活的体制机制获取所需教育资源的优势已受到明显削弱。可见,当前的政策环境一方面为民办高校提供了更大的发展空间和机遇;另一方面也加剧了民办高校所面临的竞争压力,民办高校需要不断提升其自身综合竞争力以应对多方挑战。

二 民办高校所处的市场环境

随着中国经济社会的快速发展和行业产业的不断更迭,公众对高等教育的需求不断增加,政府通过扩大高等教育的招生规模,优化教育资源的配置,以及推动教育公平与普及,使得越来越多的求学者有机会接受高等教育。

截至2022年底,全国高等教育事业发展统计公报近十年数据显示,高等教育的总规模在持续扩大。如图1-1所示,首先,中国高等教育的学生数量呈现出持续增长的趋势,这主要得益于政府的大力支持和投入;其次,毛入学率也在不断升高(毛入学率是指高等教育的招生规模与相应年龄群体总人口之比）。

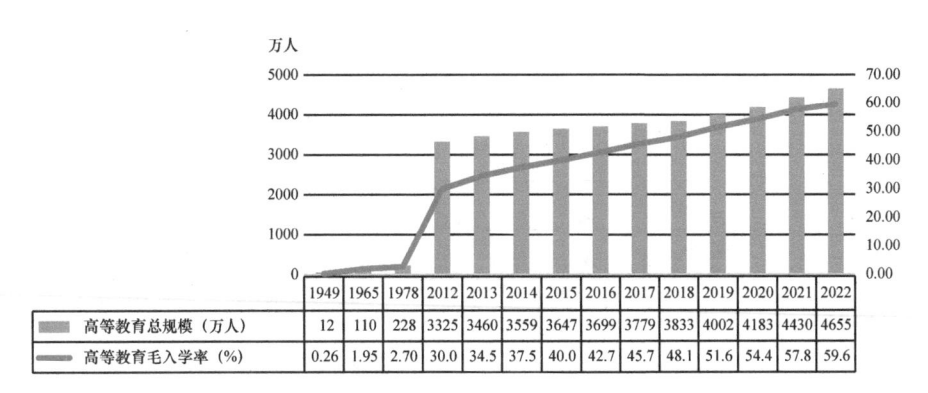

图 1-1　1949—2022 年全国高等教育总规模与毛入学率

	1949	1965	1978	2012	2013	2014	2015	2016	2017	2018	2019	2020	2021	2022
高等教育总规模（万人）	12	110	228	3325	3460	3559	3647	3699	3779	3833	4002	4183	4430	4655
高等教育毛入学率（%）	0.26	1.95	2.70	30.0	34.5	37.5	40.0	42.7	45.7	48.1	51.6	54.4	57.8	59.6

资料来源：中华人民共和国教育部官网发布的教育发展统计公报。

如图 1-2 和图 1-3 所示，全日制本专科民办高校在校生数量和招生规模呈现出逐年递增的趋势。这一趋势凸显了民办高等教育在中国高等教育体系中的重要地位，民办高等教育的发展为满足广大学生的教育需求提供了重要途径。截至 2022 年，民办高校的数量和在校生人数已经占全国本专科院校数量和在校生总人数的 20%—25%，也就是说，在读的五名大学生中就有一名在民办高校就读。在公办高校的招生计划难以满

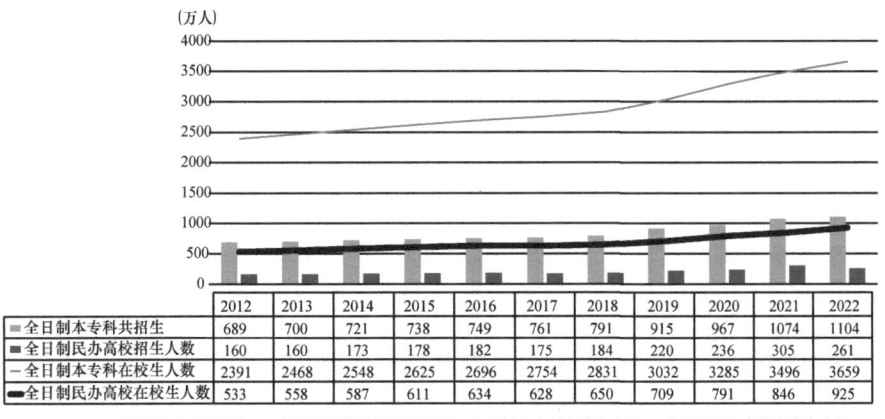

	2012	2013	2014	2015	2016	2017	2018	2019	2020	2021	2022
全日制本专科共招生	689	700	721	738	749	761	791	915	967	1074	1104
全日制民办高校招生人数	160	160	173	178	182	175	184	220	236	305	261
全日制本专科在校人数	2391	2468	2548	2625	2696	2754	2831	3032	3285	3496	3659
全日制民办高校在校人数	533	558	587	611	634	628	650	709	791	846	925

图 1-2　2012—2022 年全日制本专科招生人数与在校生人数

中国民办高校品牌传播研究

	2012	2013	2014	2015	2016	2017	2018	2019	2020	2021	2022
民办高校数量	707	718	728	734	742	747	750	757	771	764	764
全国普通高等学校数量	2442	2491	2529	2560	2596	2631	2663	2668	2738	2756	2760

图1-3 2012—2022年民办高校数量与全国普通高等学院数量

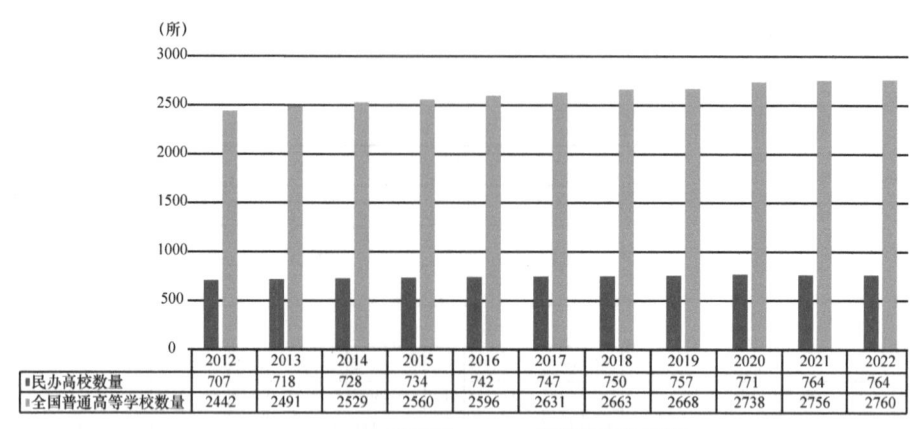

足日益增长的学生需求的情况下，民办高校的增长正好填补了这一缺口。这为更多渴望获得高等教育学习经历的学生提供了接受高等教育的机会，有效缓解了高等教育资源的供给压力，促进了全民教育的公平与普及。

近年来，中国高等教育迅猛发展，由高等教育大众化阶段进入高等教育普及化阶段，高校数量与高校入学人数都不断增加，高校之间生源竞争日益激烈。有学者在2012年通过实证调研发现民办高校新生"录取而不报到"的现象比较突出。[①] 一所民办高校校长（F8）在访谈中表示："现在（2019年）这个现象依旧存在，以我们学校为例，2019年报到率为87%，今年（2020年）还不如去年（2019年）。"F8在后续访谈中表示，近几年生源数量比较充足，其所在院校2023年报到率为94%，2024年为91%，有所提升。在当前阶段，民办高校逐渐从过去的追求规模扩大阶段步入提升办学质量、打造教育品牌的重要时期，这种转变反映了民办高校对于提高教育质量和提升学校声誉的重视。

将"学生视为客户"已经是学生、家长、学校都普遍接受的一种观念，这一观念的植入强调了高等教育体验过程中，学生需求的满足与学

---

① 华婷、张凡永、许祥云：《新生报到率低：民办高校当前的困惑》，《商情》2012年第47卷。

生对学校品牌认同的重要性，同时也体现了教育服务的市场化思维，即学生对高校教育质量、教学方法、师资力量、学习生活环境等要素有着合理的期望和需求。同时也说明个性化教育的重要性，学生期望从学校获得符合其自身学习发展的知识与技能支持。因此，为了建立良好的学校—学生—家长关系，树立独特的高校品牌，激发高校的竞争力和创新能力，必须使用有效的方式对品牌进行管理与建设以保持竞争优势。在现阶段，民办高校的举办者、管理者始终关心学生选择学校的影响因素，希望通过品牌建设、塑造与传播的理论指导和实践赋能学校的可持续发展，不断提升其自身对教育消费者的吸引力。

在民办高校快速发展时期，有学者对个人或企业独立办学的民办高校的生存环境做了全面总结，指出民办高校的外部竞争已经十分激烈，在高等教育竞争序列中，民办高校整体处于公办高校的压力之下，不仅如此，个人或企业独立办学的民办高校还需要面对其他投资主体的民办高校的空间争夺。例如，独立学院也被划为民办高校，但得益于母体大学品牌的影响力，其发展机遇往往优于个人或企业等独立举办的民办高校。另外，外资（合资）办学对生源市场的争夺也进一步挤压了那些靠个人或企业独立投资办学的民办高校的生存空间。[①] 针对这一背景，本书聚焦于在高等教育市场中处于弱势地位的个人或企业独立投资办学的民办高校群体。这一群体在民办高校中占据较大比例，且所承受的市场竞争压力尤为显著。为了在竞争中谋求生存和发展，维持合理的在校生规模，此类民办高校必须注重内涵建设和质量提升，同时实施品牌战略，通过科学的方法来打造和宣传学校品牌。这需要在品牌传播方面重视并优化品牌传播方法策略，清晰地标记潜在教育消费者的择校偏好，确保在学校外部环境和内部环境中均树立良好的品牌形象，传递正确的品牌核心价值，全方位地提高综合竞争力，促使潜在教育消费者对其品牌产生积极认同。

---

① 兰文巧：《民办高校品牌资产问题刍议》，《内蒙古师范大学学报》（教育科学版）2012年第7期。

三 民办高校品牌传播研究的意义

本书的研究主要目的在于调查学生群体对中国民办高校品牌的看法与态度，梳理民办高校品牌传播历程及其当前状态，明确民办高校在品牌传播过程中哪些关键因素会影响学生群体的择校决策及行为模式。此外，本书还将着重分析学生在择校过程中对不同信源的依赖程度，以及民办高校官方传播如何影响学生和家长对品牌的认同。最后，本书试图提出适合中国民办高校品牌的传播模式，阐明民办高校的教育服务感知如何促进学生形成对民办高校的品牌认同。

为了实现上述目标，本书把问卷调查和半结构访谈作为主要研究方法，收集关于民办高校品牌传播及学生对民办高校品牌认同的数据。通过问卷调查收集学生对民办高校品牌的态度、关于品牌的知识及选择学校的影响因素等信息。利用访谈数据深入分析民办高校品牌传播的历史和现状，为本书提供实证数据和背景理解。基于所得研究结果，本书将提出针对性的建议，优化我国民办高校品牌的传播策划，提升品牌传播效果，进而促进学生对民办高校的正面品牌认同，期望能为民办高校品牌传播提供实证性的结果和实践建议，帮助中国民办高校提升品牌认同与吸引力，进一步推动中国民办高校的发展，提升教育质量和品牌竞争力。

（一）本研究的理论意义

本研究致力于丰富民办高校品牌传播的理论体系，积累民办高校品牌传播实证数据，明确学生群体对民办高校品牌认同的影响因素，分析品牌传播对学生择校行为的具体影响，总结形成适应新时代背景下的中国式民办高校品牌传播模式，为相关品牌传播理论的发展起到积极促进作用。

（二）本研究的现实意义

本研究通过实证分析揭示不同信息来源对学生及家长获取学校信息，建立学校品牌信任，以及影响择校决策的影响因素，同时，研究数据与结论可以帮助民办高校更好地了解其目标学生和家长对民办高校的品牌认同与感知，从而制定更有效的品牌建设与传播策略。一方面，深入研究民办高校品牌认同度与感知可以助其提升品牌竞争力，在激烈的高等教育市场中识别并强化其竞争优势，从而吸引更多优秀的学生和教师，提升整体教育服务质量。另一方面，探索有效的品牌传播手段和策略，可以增强学生和家长对民办高校的信任，传递学校的独特优势与办学理念，帮助学生和家长理解学校的教育目标和培养模式，从而做出更加明智的择校决策。此外，民办高校可以基于品牌传播研究的成果，优化品牌建设与传播策略，聚焦恰当的传播内容，并以有组织、有针对性的方式传播学校品牌，进一步提升学生的就读体验和满意度。深入了解民办高校品牌传播的现状与特点，还可以为政府及相关教育部门提供参考，在宣传引导、舆论监管以及政策支持方面做出更恰当的举措，促进民办高校的健康发展。

第二节 研究内容与研究框架

一 研究思路

本书通过回顾、梳理和评述有关高校品牌传播和学生择校相关文献，基于信源可信度及社会认同理论，收集整理民办高校所采用的品牌传播方式，以及品牌发展各阶段的传播特性，分析民办高校学生群体的特征以及民办高校官方传播效果。采用实证研究方法，根据投资形式、地理位置、学科分布在中国内地抽取11所民办高校，对所有样本学校2019年入学的学生进行问卷调查，涵盖民办高校品牌认知、官方传播效果、学生择校偏好等方面的问题。通过在11所样本学校中进行问卷调查，确保样本的代表性和可信度。利用统计学工具对问卷调查数据进行分析，探究不同信源所传递的信息对学生的民办高校品牌服务感知与民办高校品牌认同的影响，以及学生个体特征在以上方面的差异。根据数据结果分析民办高校品牌传播特点、学生择校偏好以及影响因素之间的关系，为进一步完善民办高校品牌传播策略提供理论和实证支持。

二 研究问题

品牌传播是民办高校让学生了解它们的重要途径，品牌传播的内容、渠道和方式是学生感知民办高校教育服务价值的重要依据。从山东省民办本科高校发布的教学质量报告中的数据可知，民办高校软硬件已经达到国家标准，有些甚至远远超出普通高等学校的基本办学条件指标。本书总结了各学者所指出的现阶段民办高校品牌建设的困境：外界对民办高校缺乏正确认识；存在定位偏失；有民办高校具备完整的形象识别系统但缺乏正确合理地应用；有的办学资金来源缺乏稳定性、安全性问题；有部分民办高校出现教育质量下滑，面临关停风险；大部分民办高校管理模式守旧，且多为家族式管理，导致很多民办高校难以形成品牌效应的良性循环。基于此，一部分学者提出了民办高校品牌建设的策略：精准定位，完善学校治理结构，凸显办学品牌特色，健全质量保障机制，大力推行品牌宣传。[1] 有学者从品牌营销与品牌服务视角出发，指出应构建民办高校服务营销机制以提升品牌资产的积累。[2] 另有一部分学者从品牌定位与品牌建设视角出发，使用定位细分市场理论与营销理论提出指导民办高校培养品牌意识与制定品牌战略。[3] 还有学者认为应当加强建设校园文化与历史文化[4]，推举使用错位发展理论鼓励民办高校迎合政府政策评价指标推行品牌管理制度[5]，或者是从品牌传播与公共关系视角切入提出品牌维护、危机公关与重大活动公关传播制定民办高校品牌传播策略应用。[6] 因此，本书主要探讨以下三个问题。

---

[1] 陈岳堂、韩盈施：《中国民办高校品牌建设的困境与对策》，《当代教育理论与实践》2015年第1期。

[2] 兰文巧：《服务营销组合对民办高校品牌资产的影响研究——基于服务利润链视角》，博士学位论文，辽宁大学，2012年。

[3] 周燕、韩淼：《民办高校品牌意识的缺失与重塑策略》，《科技传播》2009年第11期。

[4] 贾双双、娄自强：《民办本科高校品牌建设的对策建议》，《中国外资》2014年第1期。

[5] 张会忠、孟凡荣：《分类评价背景下民办本科高校错位发展战略和治理创新》，《科教导刊》（电子版）2024年第9期。

[6] 蒋小军、窦强：《高校品牌塑造的公共关系传播模式》，《中国成人教育》2014年第9期。

(一) 民办高校品牌传播现状

本书通过总结国内学者针对民办高校品牌传播的研究发现，学者普遍认同民办高校在品牌传播方面存在一些问题：一是认为很多民办高校的实践工作看似在各方面都注重品牌建设，但是并没有形成成熟的品牌建设与传播体系，导致大多数学校品牌综合竞争力不强；二是宣传物料欠缺吸引力，这方面随着近几年来自媒体的繁盛有很大的提高，但是依旧存在为了宣传而宣传的传播实践行为；三是宣传时间过于集中，根据我国高等教育升学学情，大部分民办高校虽然很早就开始启动招生工作，但依旧集中在高考前到填报志愿后，对于大多数民办高校来说，这个时间基本持续到学生报到当天；四是民办高校的主要宣传方式——招生团队，民办高校的招生团队存在一线参与者整体素质有待提升，以及在招生过程中出现不真实宣传与恶意竞争等行为。[1] 由于恶性生源竞争，薄弱师资与学校规划缺乏长远眼光，因此形成盲目、不合理的趋同现象[2]，本书发现描述现阶段民办高校品牌传播现状的文献不在少数，但是还缺乏系统梳理民办高校发展过程中不同阶段的传播形式与传播特点的实证数据与材料。

基于此，笔者提出本书的第一个方面的研究问题：民办高校品牌传播现状。民办高校在近30年的发展过程中，是如何通过传播而使公众了解其自身的？学生对选择民办高校就读的态度怎样？目前民办高校学生群体的特征是什么样的？在吸引目标学生就读过程中，学生通过传播所感知到的民办高校品牌是否和学校原本的期望保持一致？

(二) 不同信源传递的民办高校品牌信息对学生择校行为的影响

本书发现，国内现有研究多数聚焦于公办高校就读学生以及少数民族学生的择校影响因素与择校行为[3]，现阶段对于民办高校学生择校行

---

[1] 郭明明、王海玲：《山东X学院品牌传播现状及问题分析》，《中文信息》2017年第10期。
[2] 张紫薇：《从"趋同现象"中反思我国民办院校办学特色建设》，《现代教育管理》2015年第12期。
[3] 张劲英、孙凯：《高校与专业选择影响因素实证研究——基于某省大一新生调查的分析》，《中国人民大学教育学刊》2014年第4期；蔡文伯、伍开文：《少数民族子女选择高校的影响因素研究——家庭背景的视角》，《高教探索》2015年第4期。

为的研究还存在可丰富的空间。

基于此，提出本书的第二个方面的研究问题：不同信源传递的民办高校品牌信息对学生择校行为有何影响？学生在择校时最关注的信息有哪些？民办高校官方传播、强关联口碑传播与弱关联口碑传播在学生择校过程中发挥了何种作用？学生是如何评估的？学生是从哪些角度评估学校的？民办高校如何能够更好地向学生传递其自身的品牌知识？

（三）受众特征对信源信任程度、民办高校教育服务质量感知以及民办高校品牌认同的影响

有研究表明，不同个体特征的受众对品牌偏好、品牌忠诚度、品牌选择方面存在不同的表现。有学者通过实证研究证实在高等教育择校过程中不同个体特征的学生在择校方面存在差异性表现。有学者通过对学生群体的实证调研将影响大学生择校的因素归为六类，即是声望（师资情况、入学分数、大学的学术声誉、大学品牌的名称、教学质量、就业机会）、机会（实习、兼职、国际交流、就业）、校园（校园物理设施：图书馆、建筑、食堂等；社交设施：娱乐、体育；校园安全、与市中心的距离、宿舍、招待所）、知识（朋友建议、高中老师建议、大学杂志、报纸、互联网、大学官网）、位置（大学所处的位置与学生居住位置的远近、去往大学所处位置的交通便利性、是否有家人或亲戚在大学所处的区域）和经济（大学所处位置的生活成本、奖学金和助学贷款、生活文化风俗习惯）。结果发现，男女生在位置和机会因素上存在差异；在不同家长职业的差异分析中发现，不同居住位置对于择校考虑因素存在显著差异；在不同家庭月收入差异分析中，声望、知识和机会作为择校因素存在显著差异。我国也有研究表明，年龄、学生类型、高中经历、专业、家庭收入等因素对学生择校影响存在显著差别，但该研究所选高校样本基本为中国公办高校。[①] 目前国内对于民办高校学生群体的择校行为研究并不丰富，对于受众特征受不同信源影响的差异以及对民办高

---

① 钟宇平、陆根书：《收费条件下学生选择高校影响因素分析》，《高等教育研究》1999年第2期。

校品牌认同的差异研究还有待完善。

基于此，提出本书第三个方面的研究问题：受众特征对信源信任程度、民办高校教育服务质量感知以及民办高校品牌认同的影响。本书将通过问卷收集学生个体特征信息，使用统计学工具分析不同个体特征的学生在接受民办高校品牌官方传播、强关联信源、弱关联信源三个信源的影响上是否有差异，以及分析不同个体特征对于民办高校品牌服务质量感知以及民办高校品牌认同是否存在差异。

三 本书研究结构框架

本书遵循提出问题—描述现状—分析问题的逻辑思路展开研究（见图1-4）。本书分为三大部分共七章，具体结构框架如下。

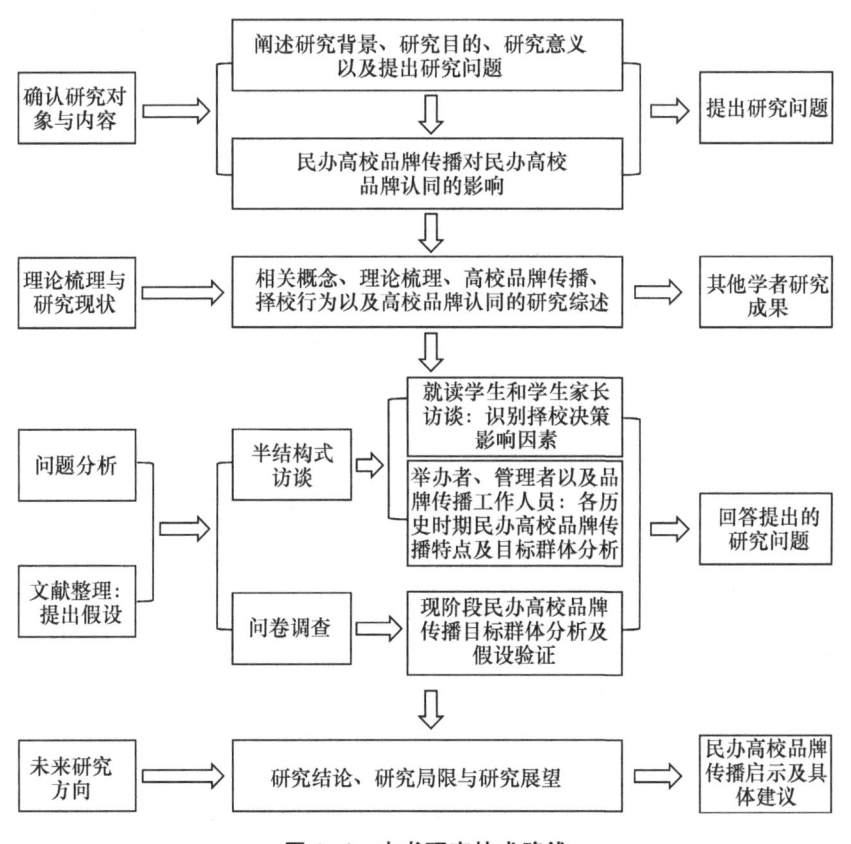

图 1-4 本书研究技术路线

第一部分为引论部分，包括第一、二、三章。第一章为绪论，本章介绍了研究背景、研究意义和研究对象，阐述研究的主要问题，构建本书的研究框架，明确研究思路，为整体研究设定基调。第二章为理论基础与国内外研究综述，本章研讨了信源可信度理论和社会认同理论在高校品牌领域的研究与应用现状，并梳理了高校品牌传播效果的测量方式与评价模型。用文献计量方法系统分析了高等教育品牌传播的国内外研究动态，包括发展趋势、学科分布、关注热点以及品牌传播效果评价模型，为本书提供了理论参照并提出研究假设，指明了研究方向。第三章是研究设计与数据收集，本书的数据收集分为三个阶段：首先，通过先期调研形成调查问卷的结构框架，通过研讨聚焦问卷测量项，形成初步问卷；其次，通过预研究测量初步问卷量表的信效度，进一步纠正、调整测量项并形成最终问卷；最后，通过半结构式访谈，访谈对象为学生，家长，民办高校举办者、管理者、教师以及招生工作人员。

第二部分为本体部分，包括第四、五、六章。通过问卷调查、半结构访谈的调研结果，探究本书的三个研究问题。第四章为中国民办高校品牌传播现状与民办高校品牌传播效果，通过问卷调查与访谈梳理民办高校品牌发展历程，通过频数统计对调查对象的个体特征，调查问题进行分析，呈现出目前中国民办高校学生群体特征。第五章为不同信源传递的民办高校品牌信息对学生择校行为的影响，主要通过对调查问卷进行统计学分析来验证本书提出的研究假设，为聚焦研究结论提供数据基础。首先，探究学生通过民办高校品牌官方传播、强关联信源、弱关联信源三个信息来源获取的信息对民办高校品牌认同所产生的影响；其次，验证学生对民办高校教育服务质量感知的中介效果；最后，验证民办高校品牌宣传资料视觉呈现与内部员工形象对民办高校品牌认同的调节作用。第六章为学生个体特征差异分析，分析不同个体特征的学生在接受民办高校品牌官方传播、强关联信源、弱关联信源三个信源影响的差异。

第三部分为结论部分，即第七章"研究结论与展望"，总结分析民办高校品牌官方传播、个人社交口碑传播、公共渠道口碑传播三个信源对民办高校教育服务质量感知和民办高校品牌认同产生影响的理论依据，提出民办高校品牌传播对提升品牌认同的启示，在第二部分分析论证的基础上，归纳总结出当前民办高校品牌传播的经验，提炼出本书的创新点并为进一步研究提出设想。

第三节 概念界定

一 民办高校

根据《中华人民共和国民办教育促进法》第一章第二条的规定，民办高校的属性是国家机构以外的社会组织或者个人，利用非国家财政性经费，面向社会举办学校及其他教育机构，以及高等教育机构即称为民办高校，也称私立高校。民办高校作为民办教育的一种形式，具有与公办高校同等的法律地位和办学自主权。民促法第三、四、五条规定了民办教育的属性，将其列为公益性事业，同时也是社会主义教育事业的重要组成部分。因此，以上属性赋予民办高校与公办高校相同的重要任务，包括人才培养、科学研究、社会服务、文化传承与创新以及推进国际交流；同时也肯定了民办高校的社会地位和公益属性。本书主要选择由个人或企业投资举办的参加全国普通高校招生录取的全日制民办高校，不包括受到母体公办学校品牌影响的独立学院与外资（合资）举办的民办高等学校。

二 高校品牌与高校品牌传播

(一) 高校品牌的概念

"品牌"是一个多维概念，尽管业界与学界对"品牌"的定义众说纷纭，但也存在一定的共识，认为"品牌"不仅具有特定的物质表现，同时也具备精神含义。此外，"品牌"更代表了一份契约、承诺和身份的象征。在市场竞争中，企业或组织需要向利益相关者传达与其自身有关的信息（产品、项目、服务、价格等因素），以争取客户的支持。消费者有权选择任意品牌进行购买，此时品牌在消费者心中也是一种精神

"象征"①。由品牌的内涵延伸到高校品牌,学者普遍认同的高校品牌的定义是:高等教育机构通过独特的形象和声誉,以及在教学、研究、社会服务和学生发展等方面的卓越表现,形成特定的知名度和认可度。在高等教育领域,学生的择校决策和择校行为不仅体现了学生对学校的信任与认可,同时也意味着学生接受了该学校的品牌形象并愿意将其融入其自身身份中。这种品牌烙印象征了学校与学生之间建立的特殊联系,更代表着学校对其围绕学生生活学习各环节的核心价值的承诺。品牌承诺的最直接体现是企业或组织明确其自身定位,同时使顾客明确该品牌与同类品牌相比存在的差异。② 同样,高校品牌是高校与学生、家长以及社会公众之间展现承诺的桥梁。

舒尔茨(T. W. Schultz)将教育机构视作工业生产的一部分,认为学校品牌可以看作专门生产学历的企业,也可以理解为学校是专门生产具备促进社会发展与进步能力的人的企业。以美国为例。对于大学营销的讨论起始于第一批非公立大学建立之时,这批私立大学普遍建立于17世纪末18世纪初③,为美国的高等教育奠定了基础。学者普遍认同高校品牌与企业品牌具有相似的特性,但又存在本质上的区别。其区别在于企业所生产的产品、服务或者创造的价值具有实时性,在短期内即可得到价值体现。然而,高校品牌创造的价值体现是滞后的,高校对社会生产与经济增长的贡献与企业相比需要较长时间来证明。对于选择某一高校品牌的学生来说,他们需要一个漫长的时间来体验和验证,甚至需要终身验证,才能全面地评估这所高校的价值。④ 可见,对于高校而言树立

---

① 叶剑:《正在广告:中国品牌实效传播的非常观点》,中国传媒大学出版社2009年版,第48—51页。
② Kimberly M. Judson and Linda Gorchels and Timothy W. Aurand, "Building a University Brand from Within: A Comparison of Coaches' Perspectives of Internal Branding", *Journal of Marketing for Higher Education*, Vol. 16, No. 1, October 2006, pp. 97-114.
③ 具体来说,哈佛大学是美国历史上第一所大学,成立于1636年。宾夕法尼亚大学成立于1740年,普林斯顿大学成立于1746年,哥伦比亚大学成立于1754年,耶鲁大学成立于1701年。这些大学都是美国最早的私立大学,为美国的高等教育奠定了基础。
④ Varadjanin, Vladimir, "Marketing Activities of Higher Education Institutions", *Megatrend Revija*, Vol. 14, No. 1, January 2017, pp. 305-326.

品牌的重要性不言而喻，尽管高校品牌的树立是一项长期且艰巨的任务，可一旦获得学生和社会的认可，这种品牌效应将是持久的，在未来招生、校友支持和社会声誉等方面均能产生积极影响。因此，高校的主要任务是确保能使学生招得进、留得住、推得出，以实现品牌的长久效应。

（二）高校品牌传播的概念

"品牌传播"是企业有目的性地直接或者间接向消费者传达、说服和提醒品牌产品或服务的方式。品牌传播的目的是企业或组织向顾客解释其品牌所代表的意义、文化与价值观的行为，是将品牌与人、地点、事件、经历、感受等联系起来的重要方式。品牌传播的核心内容是品牌信息，即企业或组织向受众传递的关键内容。在市场竞争中，企业或组织不仅需要利用产品、项目、服务、价格等要素来争取受众，同时还需向利益相关者传递有利于提升其自身形象的信息。[1]

高校品牌信息包括师资力量、课程设置、校园文化、科研成果等方面，这些因素共同构成了高校品牌的形象和吸引力，直接影响到消费者对品牌的认知和期待。高校品牌传播的主要目标群体为潜在学生、学生家长、用人单位、政府、社会等。因此，高校品牌传播的首要目的是树立与提升其自身品牌形象，增强对潜在学生和优质师资的吸引力；其次是提供学校课程产品与培养服务的信息，吸引目标学生；再次是提升在校生、毕业生与教职员工的满意度，增强其在品牌传播过程中的参与感和成就感；最后是满足家长、社会、用人单位、政府等利益相关者的信息需求，争取获取更多的支持，从而在社会上形成良好的社会口碑。

品牌传播的目的是改变消费者的意识、态度、情感和行为，其有效性是衡量传播活动的重要指标。衡量品牌传播效果的主要指标是考察消费者行为和态度的改变是否符合品牌方的预期。实践表明，在营销、广告、管理、公共关系等领域，有效的品牌传播可以促使消费者产生消费行为，提升消费者对品牌质量的正向感知。因此，准确和有效地传递高

---

[1] Ruyter, Ko De, and M. Wetzels, "The Role of Corporate Image and Extension Similarity in Service Brand Extensions", *Journal of Economic Psychology*, Vol. 21, No. 6, December 2000, pp. 106-659.

校品牌信息，能够帮助学生和家长更好地理解学校的定位与优势，从而帮助学生和家长做出最适合其自身的选择。传播从来都不是一个单向过程，品牌传播也不是单向的信息流动。虽然传播活动的效果评估标准是根据传播主体所设定的目标来衡量的，这些目标既需要符合既定的准则与价值观念[1]，也需要与市场和公众进行有效的沟通。传播有效性的评估如果完全以传播主体出发来衡量，其最终的评估结果可能会受到质疑，因此，活动有效性的测量需要通过观测受众接受品牌信息后思维、态度或行为的改变来评定。

对于学生群体而言，高校品牌传播的活动直接影响他们的行动和态度，如择校行为和对其所在院校的品牌态度。从宏观角度来看，传播效果受到当下社会的经济状况、消费文化和政治制度政策的深刻影响。从微观角度来看，传播的效果受诸多因素，如传播者、传播内容、传播渠道、传播情境、传播频次以及消费者本身等因素的影响。因此，品牌传播效果的产生是一个复杂的社会过程。[2] 对于高校品牌而言，品牌传播涉及不同阶段的评价，如招生宣传、学生入校直至毕业和学生毕业后等，这给高校品牌传播效果评估带来了困难。毫无疑问，为了实现有效的品牌传播，认识受众获取信息的渠道及该渠道的特性，了解受众的信息需求、理解受众对传播内容的认知，防止信息在传播过程中被误解，都是至关重要的部分。高校品牌代表了学校在长期发展过程中所积累的信誉、声望和影响力，是一种富有文化内涵和高度识别性的象征。

三 民办高校品牌

本书将中国民办高校的品牌定义为：通过系统的品牌塑造和企业式管理，基于独特的教育理念、办学特色、教学质量和社会声誉，所形成的具有明确市场认知和识别度的高校品牌。在激烈的市场竞争环境中，

---

[1] Mcquail Denised ed., *Mass Communication Theory: An Introduction*, 2nd Edn, London: Sage Publications, Inc., 1987, p. 88.

[2] Taylor, Jonathan, P. R. Smith, and K. Page, *Marketing Communications: An Integrated Approach*, London: Kogan Page, 2004, p. 69.

品牌的建设与传播已成为民办高校不可或缺的一部分。

中国民办高校的品牌结合了传统高校品牌的特征和企业品牌的元素。作为高校品牌，民办高校需要具备高品质的教育产品和服务，注重教学质量和学生学习生活体验；作为企业品牌，民办高校在关注市场需求和竞争，追求教育产品和服务的市场竞争力与市场份额的同时，还需要关注盈利能力和经济效益以保障办学资金的供应。在运营与发展过程中，要特别关注财务管理、市场营销、人力资源等企业管理方面的实践。此外，民办高校还需灵活谨慎地选择与其他教育机构、企业和社会资源的合作。

在品牌建设和管理方面，民办高校需要建立完善的品牌管理体系，包括品牌策略、品牌识别、品牌标准、品牌战略和品牌评估等，以确保品牌的一致性和持续性。作为一种"自给自足"的经济个体，民办高校品牌的建设和传播完全依靠其自身的力量，因此，有效整合各种资源，提高品牌传播的价值转化尤为重要。

第二章 民办高校品牌传播的理论基础与研究现状

第一节 相关理论

一 品牌传播的内涵

在早期的理论中，品牌通常被定义为一种标志，是用于区别不同产品供应商的符号，这种定义侧重了"品牌"的功能，作为区分不同产品和服务提供商的工具。随着市场营销理论的发展和完善，品牌的含义逐渐丰富，不再局限于标志的功能，还包含了品牌所代表的价值、文化、个性以及消费者对品牌的认知和情感连接。品牌传播（Brand Communication）属于应用传播领域，它是建构并维护品牌与利益相关者之间正向关系所做的一系列整合的传播活动。可以说没有传播，就没有品牌与受众之间的沟通，缺乏传播，品牌的文化意义和品牌的附加价值就无法体现出来。品牌传播代表了品牌的"声音"，是与消费者对话并建立关系的一种手段。[1] 在现代市场营销理论与实践中，品牌传播通常指的是通过各种渠道和方式将品牌的信息价值和形象传递给目标受众的过程，这个过程不仅包括传统的广告和促销活动，还包括公共形象传播、内容营

---

[1] Roger Bennett, "Advertising Message Strategies for Encouraging Young White Working Class Males to Consider Entering British Universities", *Journal of Business Research*, Vol. 69, September 2007, pp. 932-941.

销、社交媒体互动等多种形式的互动和交流。可见，品牌传播是一个多维度的概念，大多数学者在描述品牌传播时，往往侧重于品牌的外部沟通，即广告或营销。然而，品牌传播的范围远超于此，它涵盖了品牌定位、品牌识别、传播策略与渠道选择、内容创意设计、受众参与互动、品牌一致性与积累效应、品牌评估与调整、品牌危机管理、品牌合作与联合营销，以及内部传播与员工培训。品牌传播的目标在于通过有机整合和协调这些元素，有效提升品牌的影响力、知名度和信任度，并与目标受众建立深厚的连接。这一过程不仅包括向外部市场传达品牌信息，同时也涉及内部传播，确保员工理解并支持品牌战略，这样可以加强品牌信息的一致性和效力。

《有效的品牌传播》一书将品牌传播定义为"品牌所有者通过广告、营销活动、公共关系、人际沟通等多种传播策略及各种传播工具，与内外部目标受众进行的一系列关于品牌信息的交流活动"[1]。首先，需要注意的是，品牌在进行信息传递时需要确保一致性，在不同传播渠道或不同时间节点，品牌都应保持一致的形象和信息传递；其次，要注重与受众的互动和参与，品牌传播不是单向的信息传递，而是一个双向的互动过程，在增进受众与品牌之间联系的同时，也要及时应对和管理品牌危机。在面对各种挑战和危机时，企业应该迅速做出反应，采取有效的措施来应对和管理危机，以保护品牌的声誉和形象；最后，通过持续评估传播效果来调整品牌传播策略。

学者普遍认同的品牌传播模式主要有三类，第一类为品牌传播的信息传输模式，强调自上而下的传播。在学术领域通常将其应用在企业形象建构中，它一开始被描述为企业传播。第二类强调品牌传播的参与模式，关注的是利益相关者在品牌塑造过程中产生互动行为的积极作用。第三类注重品牌传播模式中的承诺意义，这类模式主要基于社会文化传统对品牌的识别。[2] 本书整理了企业进行品牌传播活动力图达成的四个

---

[1] 张树庭、吕艳丹主编：《有效的品牌传播》，中国传媒大学出版社2008年版，第46页。
[2] ［美］肯尼思·E. 克洛、唐纳德·巴克：《广告、促销与整合营销传播》，应斌、王虹译，清华大学出版社2015年版，第330—337页。

目标与目标所指的具体内容（详见表2-1）。

表2-1　　　　　　　　　品牌传播目标与具体内容

品牌传播目标	具体内容
类别需求	分析与理解目标消费者的需求，开发建立符合其需求的产品或服务的类别，以满足当前消费者的动机与期望
品牌认知	消费者能够识别并回忆起特定类别中的品牌，品牌认知是品牌资产的基础
品牌态度	反映了消费者对品牌满足其需求的能力的感知，并且评估品牌满足当前相关需求的感知能力，包括提供感官满足或社会认可的正面需求和消除或避免问题的负面需求
购买意愿	消费者的内在倾向，表现为对特定品牌进行购买或采取与购买相关的行动

通过以上对品牌传播目标与内容的汇总发现，品牌传播的核心目标是向消费者传递品牌信息，通过这一过程增强消费者与品牌的情感连接，激发其产生购买行为并最终提升其品牌忠诚度。对于民办高校而言，品牌传播是帮助学生了解学校的关键方式，通过精心设计的内容、传播途径和方法，学生可以建立起对民办高校良好的品牌认知，形成积极的品牌态度，这些认知和态度是促使学生最终选择加入学校的直接动因。因此，民办高校的品牌传播不仅关乎学生需求的满足和其对学校品牌的识别，而且涉及形成正向的品牌态度，增强学生的入学意愿。在此过程中，高效的品牌传播策略能够明确消费者的需求，通过满足这些需求来建立和维护学校的品牌形象。

二　学生择校行为影响因素

学生择校行为可以使用消费者行为的相关理论来解释。关于消费者行为影响因素的研究集中在以下几个方向上：第一是以认知心理学为基础，以理性消费概念为前提，关注消费者如何接收产品或服务信息，以及如何处理并使用这些信息，这一类研究主要关注消费者决策过程的信息接收模式以及对品牌的感性评价，通过实证或具体案例分析消费者如何认识与感受品牌方的传播活动；第二是从受众行为研究入手，分析影响消费者行为的情感、社会和文化,这类研究重点关注消费者的选择行为模式以及他们在品牌选择行为产生过程中所生成的一系列影响决策结果的因素;第三是以经济学视角为切入点,分析经济环境与个体经济能力对决策行为的影响,认为教育决策行为是教育服务消费者以理性行动来满足其自身偏好,以最终达到利益与效用最大化。以上研究实际上弥补了彼此的不足,包含了消费者参与购买的决策过程和行为产生的各种原因。

根据20世纪末的学术研究,消费者对产品或服务的兴趣首先源自心理层面的情感反应,有学者明确指出,消费者的兴趣不仅包括情感上的吸引,同时也涉及思维上的理性评估。[1] 消费者在深思熟虑后做出的决策能够支持他们的选择,并减轻由于购买行为而可能引起的担忧,基于这一理论,本书整理了部分学者所总结的影响高等教育择校行为的主要因素,这些因素影响着学生在高等教育择校的选择行为(详见表2-2)。

表2-2　　　　　　**高等教育择校行为的主要影响因素**

主要影响因素	来源
他人影响、教育机构特征、学校宣传、学生个体特征、父母、同龄人以及在校学生	D. Chapman[2]
学术课程、费用、地理位置、家长、辅导老师、校友意见、职业选择、中学课程等	
家庭经济情况、父母职业、父母的教育经历、民族、性别、家庭居住地、学校类型	刘自团等[3]
时代变迁、阶层结构变化、制度变革、教育政策调整等	李春玲[4]

---

[1] Richard P. Bagozzi, Mahesh Gopinath, Prashanth U. Nyer, "The Role of Emotions in Marketing", *Journal of the Academy of Marketing Science*, Vol. 27, No. 2, April 1999, pp. 184-206.

[2] D. Chapman, "Improving Information for Student Choice: The National Effort", *The National Acac Journal*, Vol. 23, No. 1, 1979, pp. 25-28.

[3] 刘自团、谭敏、李丽洁:《不同家庭经济背景子女的高等教育选择差异变化研究》,《高等教育管理》2021年第2期。

[4] 李春玲:《高等教育扩张与教育机会不平等——高校扩招的平等化效应考察》,《社会学研究》2010年第3期。

续表

主要影响因素	来源
学校与专业认知、家长受教育程度、户籍类型、高考录取批次、家庭年收入、升学目的、学校综合实力、学校地理环境、志愿填报方式、信息获取渠道等	肖洁等[1]
旁人建议、离家远近、学校环境、师资水平、学校与专业声誉、经济负担、招生分数、地缘经济等	孙凯等[2]
影响主体、个人动机、城市因素、大学因素等	李强等[3]
家庭文化、社会网络、学校升学服务等	华桦[4]

其中，D. Chapman 对高等教育择校行为模型与影响因素的研究可以说是早期研究成果的主要代表，该模型充分纳入了外部因素对学生选择学校的影响，涵盖了他人影响、机构特征以及学校针对学生群体的宣传。这些影响因素与学生的个体特征相互作用，导致学生对进入大学产生多样化的期待，这种期待主要受到父母、同龄人以及在这所学校就读的学生的影响。他人影响构成了该模型的基础，包括如父母、兄弟姐妹、朋友、高中老师等。在选择过程中，父母的影响与就读成本（主要为学费）有关。他人影响进一步塑造了潜在学生对大学就读生活的"期望"，而期望蓝图建构的内容主要源自正在体验目标大学品牌的在校生的观点。后续学者以该模型为基础不断验证与补充高等教育消费者择校行为影响因素，补充拓展的因素主要从学生个体特征、学校特征、信源影响、所处环境等方面进行分析。

三 信源可信度理论（Theory of Source Credibility，TSC）

信源可信度理论对品牌传播的影响至关重要，该理论由著名的心理

---

[1] 肖洁、卜林：《高考考生择校意愿分析——基于南京工业大学08级新生的调查》，《中国青年研究》2010年第1期。

[2] 孙凯、张劲英：《中国研究型大学新生择校影响因素实证分析——以某"985工程"高校2009级新生为例》，《中国人民大学教育学刊》2013年第2期。

[3] 李强、孙亚梅：《去哪上大学？——高等教育就学地选择的影响因素研究》，《清华大学教育研究》2018年第6期。

[4] 华桦：《新高考下家长参与"大学准备"的影响因素：家庭背景与学校支持》，《教育发展研究》2019年第12期。

学家及其团队提出，实验验证显示，信源的可信度显著影响信息的接收者，信源的专业权威性和可靠性增强了信息的说服力，尤其在处理复杂信息时更为明显。① 在高等教育领域，这一理论的应用尤为关键，高校品牌通过展示其研究成果、教育质量、成功校友、校舍环境、师资团队等因素，有效提升其信源的权威性，从而吸引并维持潜在学生的兴趣和信任。进一步来说，信源可信度理论与说服力详尽可能性模型（ELM）的结合为品牌传播策略提供了更深层的理解框架。当高校品牌通过多渠道保持信息一致性和更新时，能够激发受众通过 ELM 模型中的中心路径深入地处理信息，这种深度信息处理促使更稳定和持久的行为或态度的转变。采用说服力详尽可能性模型通过信源可信度的两个基础构成要素（传播者的信誉与专业权威性），对高等教育领域品牌传播的信息源有效性进行实证研究发现，信息源与决策者的联结越"强"，即接收者与信源的熟悉度越高，受到"传播"的影响就越大。品牌通过"传播"向消费者传递其自身定位与价值，"品牌传播"确保了品牌与消费者行为之间的关系，由品牌方为主体发起的品牌传播活动影响着消费者对品牌的态度与感受。在品牌传播中，作为重要信息发出主体的高校，其品牌传播相关工作人员需要在同一时间里监控各个渠道的传播活动，注意协调发布的时间和操作的频次，力求使传播活动具有活力而非进行机械式的操作。在这个过程中，任何粗心的错误都可能破坏消费者对品牌的正面态度和情感积累，以消费者为中心的效果评估也不意味着要一味迎合消费者。相反，衡量品牌传播效果还需要更有效地塑造品牌，并引导更多的消费者追随。

四 社会认同理论（Theory of Social Identity，TSI）

社会认同理论认为，身份不仅来源于个人的偏好和能力，还来源于个人与社会联系的感知。个体会根据特定的特征，比如生活方式、职业

---

① ［美］卡尔·霍夫兰、欧文·贾尼斯、哈罗德·凯利：《传播与劝服》，张建中、李雪晴、曾苑等译，中国人民大学出版社 2015 年版，第 33 页。

或者教育经历,将他自己归类到一个特定的群体中。通过分类,个体可以更好地理解和定义他自己的身份,同时也可以将他们归类到某一群体的内部或外部。这个分类的过程可以使个体勾勒出他们对当前社会环境的认知,并帮助他们识别其自身在社会中的位置。社会认同理论基于这样一个前提,即定义了与群体有关的个体身份,这种认同增强了他们的自我认同。社会认同理论还表明,将自己归入特定群体的个体通常会认为其自身所处的群体的表现与他们的个人自尊相关。[1] 因此,组群内的个体倾向于高估他们自己所归属群体的绩效。基于此,有学者将"身份"描述为个人对组织的归属感或统一感的程度,包括对个体的分类、群体的独特性、声望以及外部群体的显著性等,个人产生的对组织的认同会引发与身份相符的行为,例如支持体现身份的机构,对自我或他人的刻板印象,以及对群体形成的结果,并强化结果形成的前因。[2] 认同组织的个人定义了他自己与组织的关系,并将组织的成功和失败视为他自己的。将此观点沿用到高校品牌实践中,有学者明确指出,个体对身份识别结果代表组织与个人身份联系强弱的程度。学生对于高校品牌的认同程度取决于对高校的了解、认知和体验。研究结果发现,学生对高校品牌具有多重认同,其中企业性质概念化的产品与营销方法容易导致学生对高校品牌的低认同,上升到企业管理的公关处理方式会使学生产生中级品牌认同,只有充分体现战略规划的品牌文化、价值与承诺的输出才能促使学生对高校品牌产生高认同。[3] 身份认同的感知性建构特点表明,品牌识别与认同主要通过个人与组织之间的直接或间接互动来进行,任何形式上联系的非成员也可以向组织表示认同。一个对特定群体具有强烈认同感的人将他自己与该群体联系起来,与特定群体的

---

[1] Tajfel Henri ed., *Differentiation between Social Groups: Studies in the Social Psychology of Intergroup Relations*, London: Academic Press, 1978, pp. 77-100.

[2] Ashforth, Blake E., Mael Fred, "Social Identity Theory and the Organization", *The Academy of Management Review*, Vol. 14, No. 1, January 1989, pp. 20-39.

[3] John M. T. Balmer, Mei-Na Liao, "Student Corporate Brand Identification: An Exploratory Case Study", *Corporate Communications, an International Journal*, Vol. 12, No. 3, October 2007, pp. 356-375.

认同直接关系到自我认同和自我尊重,社会群体的认同涉及群体内的自我分类,也涉及与其他竞争群体相比具有"偏见"地看待其自己群体的趋势。

在当今激烈的交易市场中,高校采用商业营销策略来提升其品牌影响力的案例不胜枚举。这种趋势反映了高校在资金日益紧张和竞争加剧的环境下,对品牌传播重要性的认识。有效的品牌传播不仅要传达学校的价值和定位,也要与特定的社会文化背景和内外部参与者的身份认同相契合。因此,"大学营销""学校品牌"也成了学术研究的热门话题,在高等教育领域中不乏关于市场营销的学术著作。关于高校品牌策划、市场模式、定位理论和企业形象识别的研究不胜枚举,大学采取营销手段也是不可避免的。随着竞争日益激烈、政府的资助日益减少,品牌逐渐被作为高校营销活动必不可少的一部分。品牌的发展是受到利益相关者之间不同要求影响的,高校品牌与特定社会文化和社会背景下的内部、外部参与者的身份认同和不认同有关。[1]

社会认同理论提供了一种认识高校品牌的框架,它能更好地帮助高校品牌传播活动制定与执行者理解和指导其在品牌传播过程中的各环节活动,使其有效地与各方利益相关者建立联系。社会认同理论被广泛应用于各领域,例如,了解社会身份与群体认同之间的动机,多重身份,群体内关系以及个体、群体和社会指标的认同结果。该理论强调个体或集体在社会结构当中的位置,是通过与他人的相互比较来确定的,延伸到高等教育领域,即高校必须在其品牌传播策略中塑造积极的社会形象,通过与学生、教职工、校友和其他外部群体的互动强化这一形象。学生选择高校就读的过程便存在这样的效应,特别是对于高考分数所处区间相同的学生,该群体就存在一定程度的群体认同效应。

---

[1] Al Shawwa, Lama, Abulaban, Abdulrahman, Abulaban, Ahmed, Merdad, Anas, Baghlaf, Saleh, Algethami, Abdullah, Abu-shanab, Jamal, Balkhoyor, Abdullah, "Factors Potentially Influencing Academic Performance among Medical Students", *Advances in Medical Education and Practice*, Vol. 6, No. 1, January 2015, pp. 65-75.

第二节 品牌传播研究现状

一 国内外品牌传播研究基本情况

（一）国内外品牌传播文献发文量趋势

衡量学科发展水平和科技产出的一个重要指标是该领域内的论文发表情况，文献数量的增长与科学研究质量的增长密切相连。为了解高等教育品牌传播，本书首先从品牌传播的文献入手，通过系统地审视品牌传播相关研究，进一步细化研究焦点，分析高等教育领域品牌传播研究的应用与特点。从宏观的品牌传播理论出发，逐步深入高等教育这一特定领域的品牌传播理论与实践，全面理解其在教育行业中的具体情况。本书首先利用"Web of Science 核心合集"数据库检索与品牌传播相关的英文文献。将检索条件设置为：检索式（Ts = "Brand Communication"）并限定文献类型（Article）。截至 2023 年 8 月，用该检索策略，共检索到 7935 篇相关英文文献，将"高等教育"加入检索关键词后，得到英文文献 239 篇文献。

在国内部分，通过中国知网平台检索"品牌传播"主题词，共检索到 6189 篇中文期刊文献，其中 780 篇的来源为北大核心期刊和 CSSCI 数据库，将"高等教育"加入检索关键词后，得到中文文献 132 篇。

如图 2-1 所示，无论是知网（CNKI）还是"Web of Science 核心合集"的学术文献发文数量均呈现上升趋势，尤其在 2000 年之后，品牌传播主题的研究显著增加。具体来看，知网的发文数量自 2000 年起逐渐增加，特别是在 2015 年以后，增长更为迅速，2021 年达到峰值，之后发文数量开始大幅下降。相比之下，Web of Science 上的发文虽然起步较晚，但增长趋势明显，尤其在 2009 年以后，在 2020 年达到最高峰，随后有所下降。经比较分析表明，在 2000 年之前，两者的发文数量均较少，研究内容尚处于起步阶段。从 2006 年开始，知网上的发文数量迅速增长，并在大多数年份中明显多于 Web of Science。然而，自 2019 年起，Web of Science 上的发文数量首次超过知网，之后两者的差距逐渐缩小。

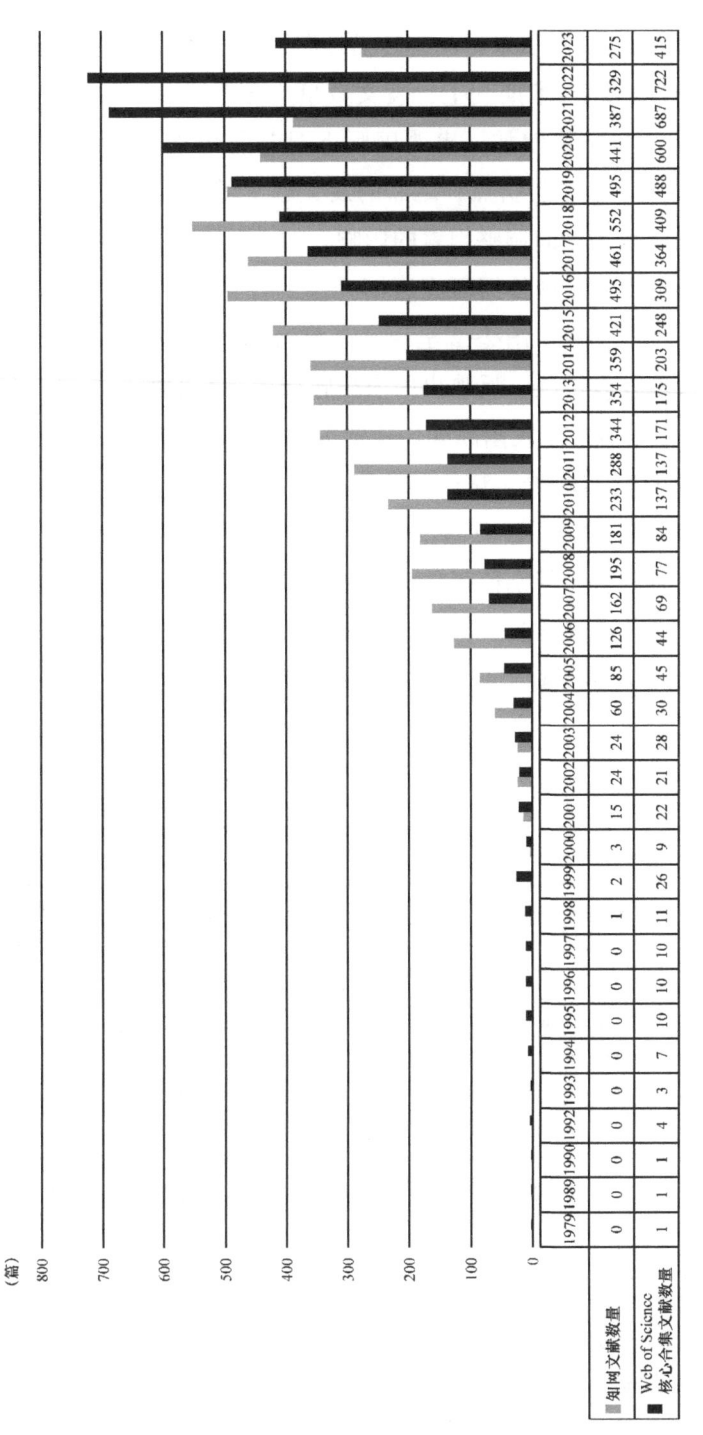

第二章 民办高校品牌传播的理论基础与研究现状

图 2-1 国内外学术期刊品牌传播主题文献发表数量统计

年份	知网文献数量	Web of Science核心合集文献数量
1979	0	1
1989	0	1
1990	0	1
1992	0	4
1993	0	3
1994	0	7
1995	0	10
1996	0	10
1997	0	10
1998	1	11
1999	2	26
2000	3	9
2001	15	22
2002	24	21
2003	24	28
2004	60	30
2005	85	45
2006	126	44
2007	162	69
2008	195	77
2009	181	84
2010	233	137
2011	288	137
2012	344	171
2013	354	175
2014	359	203
2015	421	248
2016	495	309
2017	461	364
2018	552	409
2019	495	488
2020	441	600
2021	387	687
2022	329	722
2023	275	415

总体而言，自 2000 年以来，品牌传播逐渐成为学者关注的热点，无论是在国内还是在国际学术期刊上，发文数量均显著增长。近年来，Web of Science 上的发文数量增加，表明国际上对品牌传播研究的投入不断加大。2021 年成为一个转折点，之后的发文数量增长减缓，考虑是受到外部环境变化或研究方向调整因素的影响。

在全球范围内品牌传播研究逐渐升温的背景下，国内学生对这一领域的关注也不断加深。图 2-2 呈现了来源为北大核心期刊和 CSSCI 数据库的相关文献发表情况，反映出国内品牌传播研究的发展轨迹。如图 2-2 所示，国内学者对于我国品牌传播的关注发轫于 2001 年，但在 2001—2004 年发文量仍然较少，整体关注度有限。自 2005 年开始发文量有所提升，尤其是在 2005—2011 年，品牌传播的研究显著提升，发文数量呈现出明显上升趋势。特别值得注意的是，2012 年品牌传播的论文数量是以前年份的两倍，从这一年开始到 2020 年，研究热度持续上升，但 2021 年开始呈现出下降趋势。本书尝试将我国品牌传播研究的发展历程划分为四个阶段。

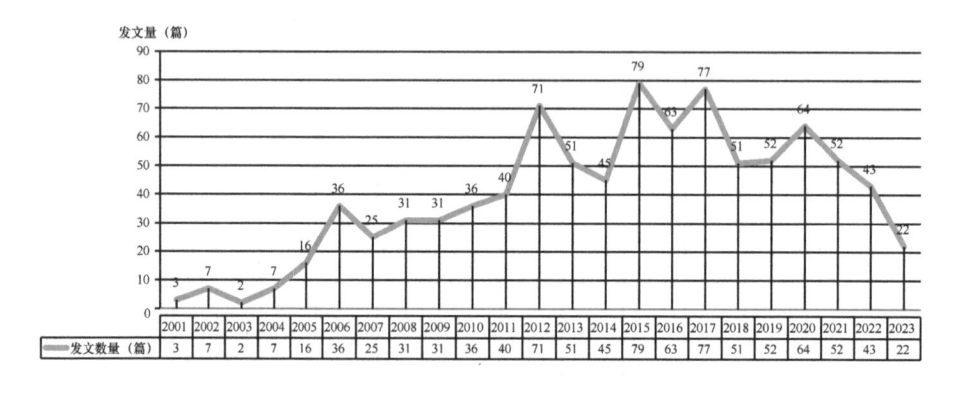

年份	2001	2002	2003	2004	2005	2006	2007	2008	2009	2010	2011	2012	2013	2014	2015	2016	2017	2018	2019	2020	2021	2022	2023
发文数量（篇）	3	7	2	7	16	36	25	31	31	36	40	71	51	45	79	63	77	51	52	64	52	43	22

图 2-2 2001—2023 年品牌传播领域国内研究发文数量及其趋势

第一阶段（2001—2004）是萌芽阶段。自 2001 年以来，我国学者对品牌传播的关注逐渐增加，但发文量相对较少。这一阶段，我国市场正处于品牌传播意识的初探阶段。尽管互联网已经深刻影响了各个领域，但程度相对较低，品牌信息传播的方式仍在探索和试验阶段。这一阶段的变化引发了对品牌传播的关注，体现了品牌传播意识的初步觉醒。

第二阶段（2005—2011）是发展阶段。2005年到2011年对品牌传播的研究进入了更为深入阶段。尽管发文量呈现出增长趋势，但增幅相对缓慢。2006年，发文量达到36篇，表明对品牌传播的关注有所增加。随着互联网普及率的大幅提升，特别是社交媒体的兴起和智能手机的出现，品牌传播的渠道变得更加广泛便捷。在此阶段，学者尝试针对品牌在不同的传播渠道上的各环节展开研究，并积极从其他领域寻求理论指导和有效策略与方法。

第三阶段（2012—2020）是飞跃阶段。2012年至2020年，品牌传播的研究进入了显著的飞跃阶段，发文量显著增加。2012年成为关键的转折点，发文量增长明显，主要归功于智能手机的大范围普及和社交媒体对互动方式的改变。2015年和2017年成为品牌传播理论与实践研究的高峰期，研究关注品牌形象更新、知名度优化、影响力提升与传播效果评估。此阶段出现大量品牌传播理论，并通过实证研究总结出提升品牌传播效果的经验。

第四阶段（2021年至今）是沉淀阶段。2021年以来，发文量呈现出下降趋势，2022年进一步减少。本书认为此阶段品牌传播研究面临着特殊挑战，一方面，疫情防控期间许多实证调研受到一定的延迟，可能导致发文量减少；另一方面，短视频平台的快速崛起对传统品牌传播实践造成了巨大冲击，改变了品牌信息的传播规律和受众互动方式。这一现象说明品牌传播的理论研究仍然是对实践经验的归纳总结，因此发文量的下降在一定程度上是正常的。此外，短视频与直播的流行可能促使学者转向新兴关键词，导致"品牌传播"这一主题词的使用频率降低。因此，需要关注后续年份的发文情况，分析品牌传播研究的演化发展趋势。

（二）国外品牌传播与高校品牌传播研究学科分布情况

如图2-3所示，国外品牌传播研究在学科分布上显示出了明显的偏重，尤其在营销学、传播学和管理学领域的文献数量占比较大，这一现

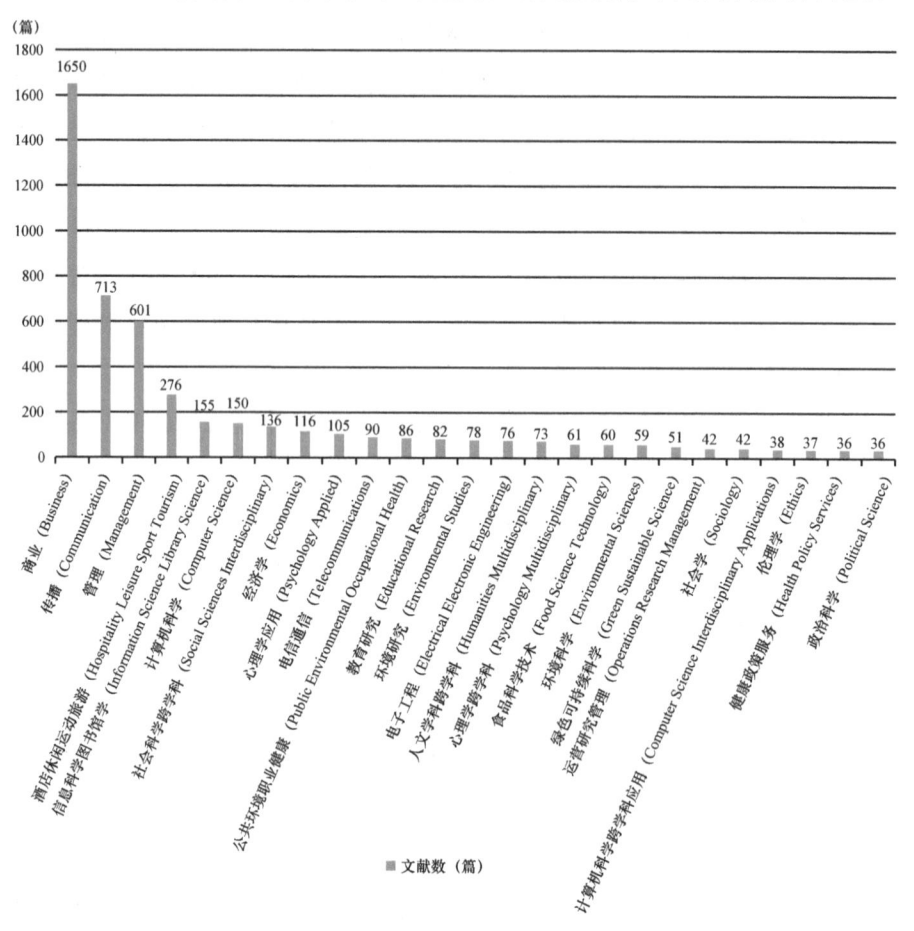

象反映了品牌传播在不同学科中的应用和研究焦点。营销领域的占比最

图 2-3 品牌传播国外研究学科分布

大，达 44.42%，品牌传播的核心功能之一是市场营销，因此营销学作为品牌传播研究的重点领域为品牌传播提供了理论基础和实践指导。传播学紧随其后，占 17.13%，品牌传播的主要手段是通过媒体进行信息传递，探索信息传播的方式、效果和机制。管理学领域也不容忽视，其研究占 13.04%，这部分涉及品牌管理、企业战略、组织管理和运营管理等多个方面。酒店、休闲、运动与旅游相关领域的研究恰恰说明这些领域依赖品牌效应来吸引顾客和建立客户忠诚度。随着数字化和信息技

术的发展，信息科学与图书馆、计算机科学技术和信息技术方面的文献也日益增加，说明品牌传播的数字化需求。可见，国外对品牌传播的研究呈现出以营销学与传播学为主导，管理学为重要补充，以及相关领域多元发展的特点。

将图2-3与图2-4进行对比发现，国外高等教育品牌传播的学科分布与品牌传播有一定的差异，主要体现在教育学领域。在高校品牌传播研究中，教育学领域的研究占据主导地位，其次是营销学和管理学，从传播学视角的研究则较少。这种差异反映出相较于一般的品牌传播研究，高等教育品牌传播具有特殊性。高等教育品牌传播强调通过教育质量、创新教学和教育政策的优化来增强学校品牌的吸引力，这一点与多聚焦

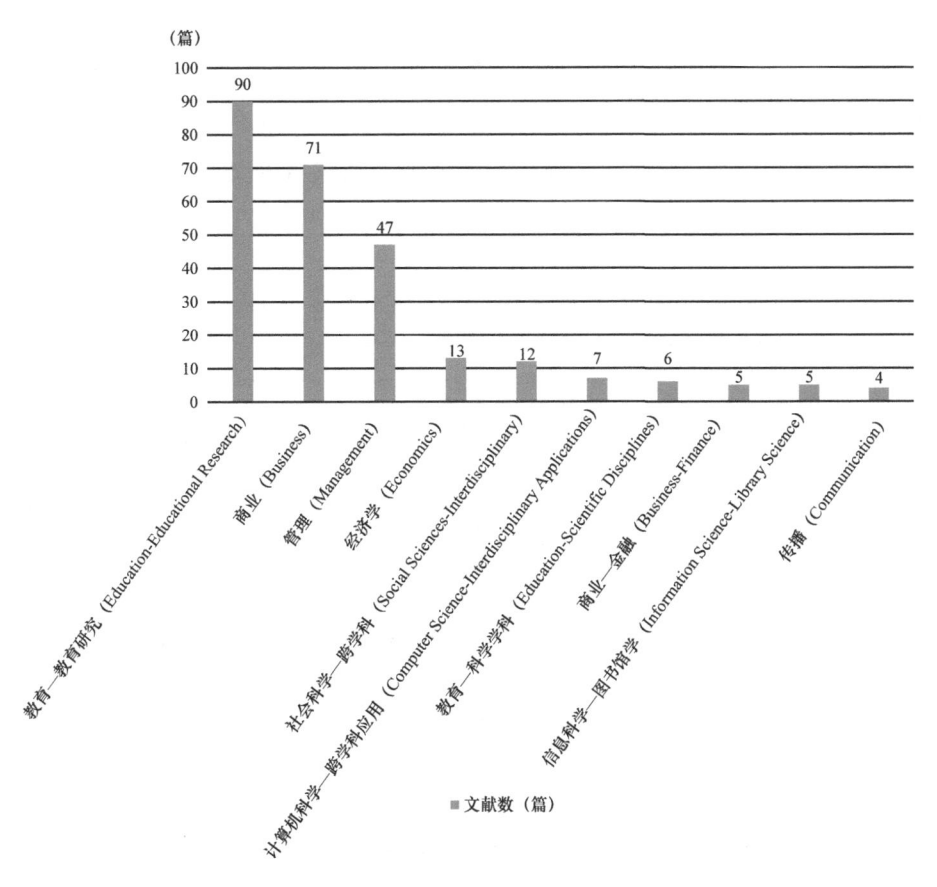

图 2-4 高校品牌传播研究国外学科分布

于商业运作和市场营销策略的企业品牌不同，尽管传播学在这一领域的研究相对较少，但并不意味着从传播学角度理解高校品牌传播的复杂性不重要。这种学科分布特点的差异揭示了高等教育品牌传播强调教育本质的核心地位。

（三）国内品牌传播与高校品牌传播研究学科分布情况

如图 2-5 所示，国内品牌传播研究在新闻与媒体领域的文献数量最多，这与国外研究聚焦传播学领域相呼应，显示出新闻与传媒在国内品牌传播研究中的重要地位。商业经济领域的文章数量略低于新闻与传播，表明国内品牌传播研究在新闻传媒与商业活动领域受到同样重视。另外，在贸易经济和工业经济领域的研究数量也显示出品牌传播在各领域经济发展中的重要性，这与国外研究中的管理学关注点有所重叠。尽管在农业经济、出版、文化、旅游等领域的研究文献相对较少，但表明国内品牌传播研究的多样性。整体来看，国内品牌传播研究在学科分布上展现出与国外研究的相似性，尤其是在经济和传播领域的交叉面，而在关注点的深度和广度上则呈现出各自的特征。

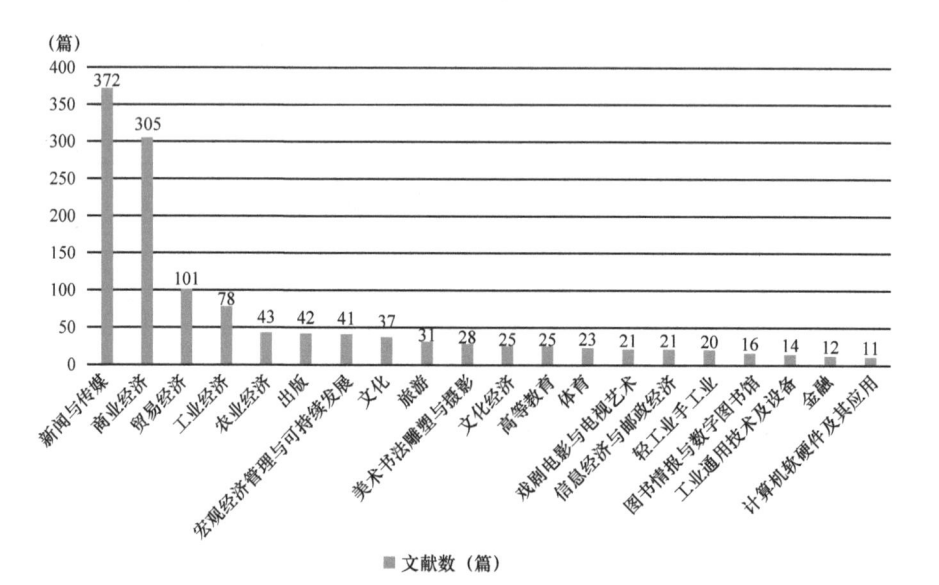

图 2-5 品牌传播国内学科分布

第二章 民办高校品牌传播的理论基础与研究现状　37

国内高校品牌传播跟随着品牌传播研究成果的增长，不同行业背景的研究人员从多元视角对高校品牌传播相关主题进行了研究探索。如图2-6是中国知网数据库关于"高校品牌传播"所属研究领域的学科分布情况，国内高等教育品牌传播研究在教育领域占据着首要地位，这一点与国外高校品牌研究保持一致。党政机关等研究机构有较高的研究数量，这与我国的政治体制结构相关，反映了党政引领在高校品牌传播中所扮演的重要角色。虽然图书馆情报学和新闻传媒对高校品牌传播的研究较少，但反映了高校在信息管理和媒体传播方面对品牌构建的关注。体育、美学书法对高校品牌传播的研究突出了这些特定细分领域在塑造校园文化和提升学校形象方面的积极作用。

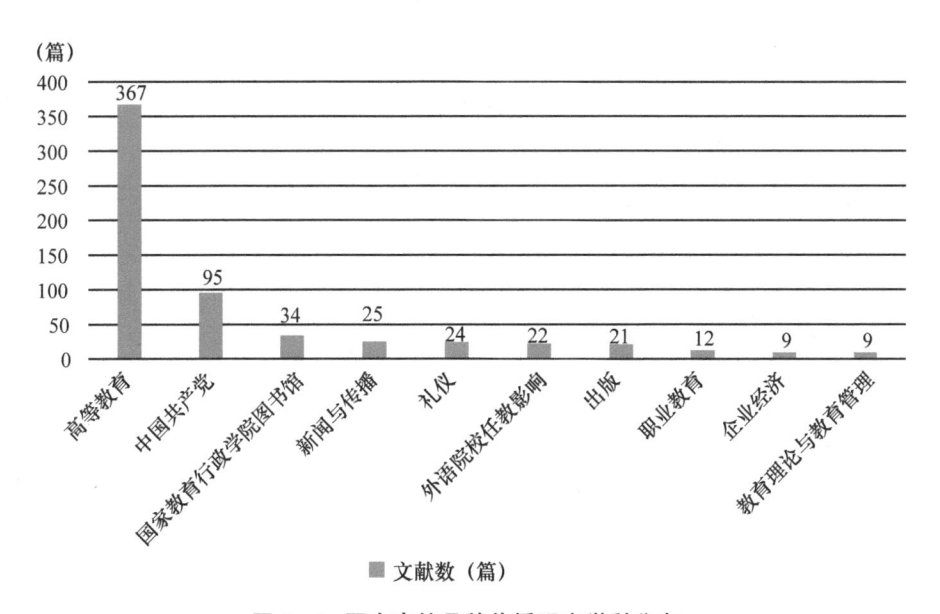

图2-6　国内高校品牌传播研究学科分布

国内有关高等教育品牌传播研究的关键词分布统计如图2-7所示，在高等教育品牌传播的国内研究中，"品牌建设"位居首位，而"民办高校"及其与品牌相关的关键词紧随其后，这凸显了民办高校作为研究对象在品牌传播领域研究中的重要性和学术关注度。民办高校与公办高校相比，它们往往缺少由长期历史积淀而来的品牌信誉和资源优势，这促使它们更加依赖通过品牌传播塑造和提升其自身的品牌影响力。从学术研究角度来看，关注民办高校的品牌传播反映了对当前高等教育体系竞争趋势的响应。

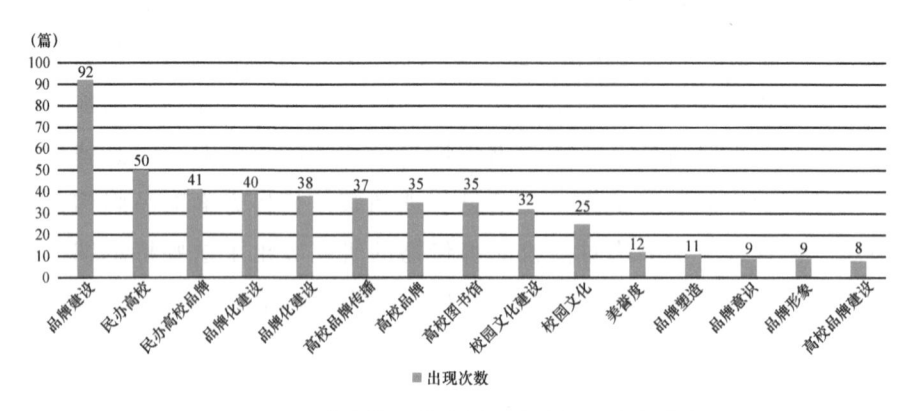

图 2-7　国内高校品牌传播研究关键词分布统计

二　国内外品牌传播经典文献发表情况

通过对国内外学术期刊发表文献数量、被引频次进行统计，分析品牌传播与高等教育品牌传播的整体增长趋势。通过研究经典文献、最早文献和最新文献来分析品牌传播与高等教育品牌传播的研究进展概况。

（一）国外品牌传播经典文献情况

如图 2-8 显示，品牌传播研究是国外学术界广泛关注的重要议题，自 21 世纪以来，相关文献数量和引用频次均显著增长。在过去 20 年间，品牌传播主题的文献数量增长了 10 倍，引用频次也从 2001 年的不足 100 次激增至 2022 年超 24000 次。这种显著增长反映了学术界对品牌传播议题的持续高度重视。品牌传播研究从初创阶段迅速演进到成熟阶段，这主要得益于两大驱动力。一是互联网技术的持续发展；二是全球贸易一体化的推进。互联网技术的进步不仅为品牌传播提供了多样化的手段和渠道，极大地提升了触达目标受众的精准度和效率，还扩大了品牌传播的影响范围与速度。同时，全球贸易一体化进程的完善也为品牌传播开拓了更为广阔的市场和空间，使品牌能够在全球范围内得到更广泛的认同。在此背景

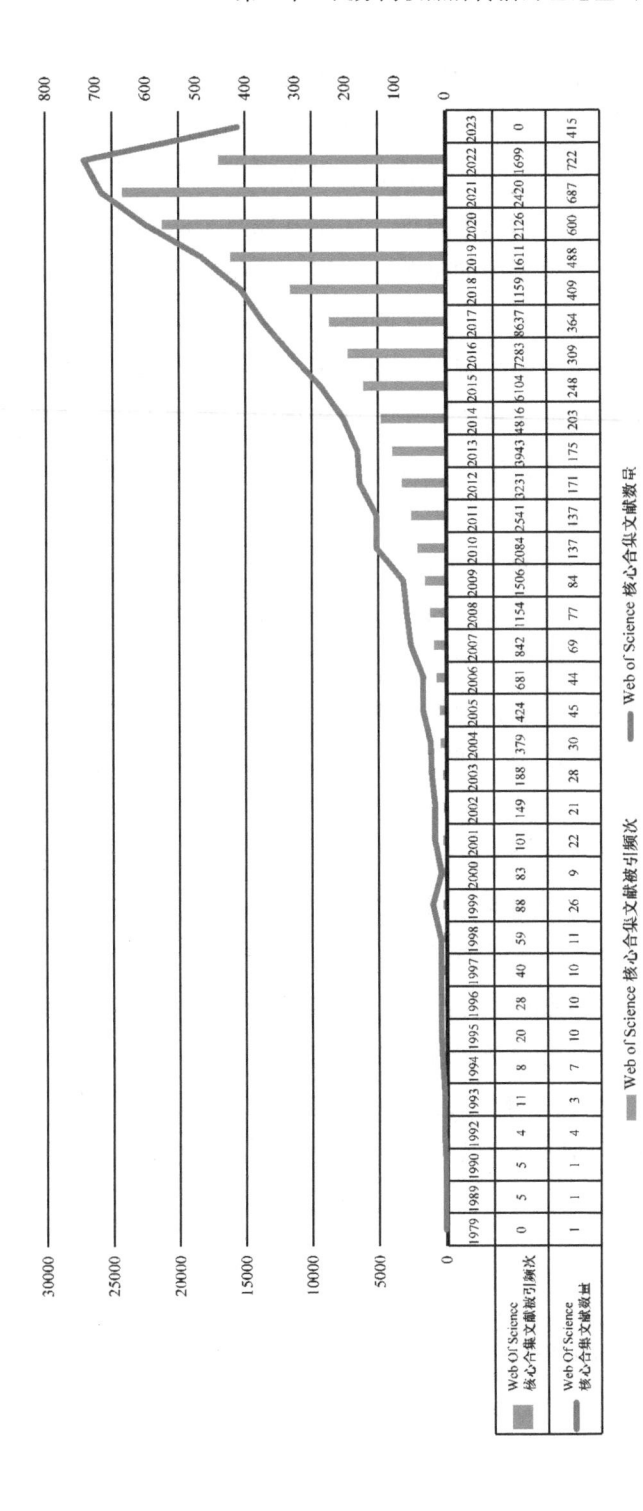

第二章 民办高校品牌传播的理论基础与研究现状

年份	Web of Science 核心合集文献被引频次	Web of Science 核心合集文献数量
1979	0	1
1989	5	1
1990	5	1
1992	4	4
1993	11	3
1994	8	7
1995	20	10
1996	28	10
1997	40	10
1998	59	11
1999	88	26
2000	83	9
2001	101	22
2002	149	21
2003	188	28
2004	379	30
2005	424	45
2006	681	44
2007	842	69
2008	1154	77
2009	1506	84
2010	2084	137
2011	2541	137
2012	3231	171
2013	3943	175
2014	4816	203
2015	6104	248
2016	7283	309
2017	8637	364
2018	1159	409
2019	1611	488
2020	2126	600
2021	2420	687
2022	1699	722
2023	0	415

图 2-8　Web of Science 核心合集品牌传播主题文献被引频次

下,品牌传播作为企业或组织价值传播的关键手段,对其生存和发展至关重要。这种重要性不仅体现在市场占有率和利润提升上,也深远地影响其形象的塑造和消费者行为。随着企业形象和消费者行为的变化,学术界也意识到品牌传播理论的重要性。学术领域对于品牌传播研究的趋势充分印证了全行业品牌意识的觉醒,也因此促使品牌传播理论的快速发展与品牌传播研究的快速增长,这些理论覆盖品牌传播的策略、渠道、方法等多个领域,为企业的品牌活动提供了全方位的指导。此外,数字技术和社交媒体的崛起极大地改变了品牌传播的方式和手段,企业能够利用这些信息平台和工具,精准定位目标受众并有针对性地制定和执行个性化的品牌传播策略。

1. 国外被引最多的品牌传播文献

从文献的引用情况衡量文献的质量,文献被引用次数越多,说明其科学知识生产质量水平越高,所包含的原始创新成分越多,就更受其他学者的认可。如表2-3所示,国外品牌传播方面被引用最多的研究成果主要集中在2010年前后,其主题多聚焦于在线口碑和社交媒体传播上,反映了互联网对品牌传播模式和效果的极大改变。高引用次数表明:第一,现有的口碑传播理论并不能完美适用网络化叙事交流体系,传统的口碑在互联网的双向传播机制下被重新定义,如Kozinets等人的研究显示,网络社区中的口碑传播需要新的理论框架来理解其在网络环境中的行为和影响。社交媒体使品牌与消费者之间的互动变得更为直接和频繁,这种新型的"网络化叙事交流体系"要求品牌更加专注于消费者产生互动和交流。[1] 第二,社交媒体作为品牌传播过程中的优质媒介可以更好地帮助企业建立与顾客的联系,特别是生动且充满互动特征的内容更容易获得关注[2],如De Vries等人所研究的社交媒体营销效果显示,社交媒体

---

[1] Kozinets, Robert V., De Valck, Kristine, Wojnicki, Andrea C., Wilner, Sarah J. S., "Networked Narratives: Understanding Word-of-Mouth Marketing in Online Communities", *Journal of Marketing*, Vol. 74, No. 2, Mar 2010, pp. 71-89.

[2] De Vries, L., Gensler, S. and Leeflang, P. S. H., "Popularity of Brand Posts on Brand Fan Pages: An Investigation of the Effects of Social Media Marketing", *Journal of Interactive Marketing*, Vol. 26, No. 2, May 2012, pp. 83-91.

作为品牌传播的重要媒介有效地建立了品牌与顾客的联系,社交媒体的内容创造和分享特性使得互动与参与成为吸引注意的关键,这种双向互动性质加强了消费者对品牌信息的参与和传播,极大地提高了品牌内容的可见度和影响力。[①] 第三,内容的互动性和影响力,如 Goh 等人的"社交媒体品牌社区与消费者行为"进一步分析了用户生成内容与市场营销人员生成内容之间的影响差异,结果显示,用户生成的内容对其他消费者的影响大于市场人员生成的内容,这一现象强调了社交媒体环境下消费者对真实、原创和互动内容的偏好。第四,数字化口碑的挑战与机遇,如 Dellarocas 的研究所探讨,在线反馈机制的数字化转变带来了口碑传播的新机遇和挑战。互联网不仅加速了信息的传播速度,也增加了信息的可追溯性和分析的复杂性。企业需要新的策略来管理和优化这些在线反馈,以利用好口碑,同时应对可能的负面反馈。由表 2-3 整理可知,引用排名前十的文献全部是以研究线上口碑和社交媒体传播为主题的文章,这足以证明互联网对品牌传播产生了深远影响。经过本书调研与观察发现,民办高校使用社交媒体作为品牌传播工具已经相当熟练。这些高校的品牌宣传人员通过与潜在学生和其他利益相关者进行积极的线上互动,能够实时了解学生的需求和关切,从而在有依据地调整学校服务内容的同时,优化宣传策略。

表 2-3　　　　　　　　　　国外品牌传播经典文献

	题目	作者	年份	被引(次)
1	我真诚地"发推",我激情地"发推":推特用户、情境崩塌与想象的受众(I Tweet Honestly, I Tweet Passionately: Twitter Users, Context Collapse, and the Imagined Audience)	Marwick, A. E.; Boyd, D.	2011	2025
2	品牌体验:是什么?如何测量?是否影响忠诚度?(Brand Experience: What Is It? How Is It Measured? Does It Affect Loyalty?)	Brakus, J. J.; Schmitt, B. H.; Zarantonello, L.	2009	1897

---

① Goh, Khim-Yong, Heng, Cheng-Suang, Lin, Zhijie, "Social Media Brand Community and Consumer Behavior: Quantifying the Relative Impact of User-and Marketer-Generated Content", *Information Systems Research*, Vol. 24, No. 1, May 2013, pp. 88-107.

续表

	题目	作者	年份	被引（次）
3	口碑的数字化：在线反馈机制的前景与挑战（The Digitization of Word of Mouth: Promise and Challenges of Online Feedback Mechanisms）	Dellarocas, C.	2003	1642
4	酒店与旅游管理中的电子口碑（Electronic Word-of-mouth in Hospitality and Tourism Management）	Litvin, S. W.; Goldsmith, R. E.; Pan, B.	2008	1446
5	品牌粉丝页面上品牌帖子的受欢迎程度：社交媒体营销效果研究（Popularity of Brand Posts on Band Fan Pages: an Investigation of the Effects of Social Media Marketing）	de Vries, L.; Gensler, S.; Leeflang, P. S. H.	2012	1130
6	网络叙事：理解在线社区中的口碑营销（Networked Narratives: Understanding Word-of-Mouth Marketing in Online Communities）	Kozinets, R. V.; de Valck, K.; Wojnicki, A. C.; Wilner, S. J. S.	2010	1000
7	品牌粉丝页面上品牌帖子的受欢迎程度：社交媒体营销效果研究（Popularity of Brand Posts on Brand Fan Pages: An investigation of the Effects of Social Media Marketing）	de Vries, L.; Gensler, S.; Leeflang, P. S. H.	2012	1016
8	推特的力量：作为电子口碑的推文（Twitter Power: Tweets as Electronic Word of Mouth）	Jansen, Bernard J.; Zhang, Mimi; Sobel, Kate;	2009	864
9	社交媒体品牌社区与消费者行为：量化用户生成内容与营销者生成内容的相对影响（Social Media Brand Community and Consumer Behavior: Quantifying the Relative Impact of User-andMarketer-Generated Content）	Goh, K. Y.; Heng, C. S.; Lin, Z. J.	2013	746
10	品牌相关的用户生成内容在 YouTube、Facebook 和 Twitter 上有何不同？（How does brand-related user generated content differ across YouTube, Facebook, and Twitter?）	Smith, A. N.; Fischer, E.; Chen, Y. J.	2012	567

2. 国外最早发表的关于品牌传播的文献

对最早发表文献进行统计分析可以了解该领域萌芽时期的状态，国外品牌传播文献在 Web of Science 数据库中记录的最早的一篇发表于 1979 年，具有里程碑式的意义。表 2-4 列出了较早发文的年份与被引状态，通过观察可知，最早收录的文章发表于 1979 年，但在随后的十年中几乎没有其他相关研究出现，其原因可能是当时品牌传播作为独立的研究主体并未被广泛认可或者被视为一个重要的研究领域。另外，需要考虑当时可能存在术语和关键词的使用问题，尽管该文标志性地提出了"品牌传播"这一概念，但在随后的十年间，这一术语可能还没有成为一个标准的学术关键词，当时的学者和研究人员可能倾向于使用其他术语，例如"市场营销""广告"等进行研究和发表，研究术语使用的变化也反映了学术领域对于品牌传播重要性认识的深化过程。直至 1989 年，随着市场营销和消费者行为等理论的发展，品牌传播的研究方法和理论框架逐渐成熟，关于品牌传播的文献开始增多，且涵盖更多的细分领域，如 Hastak 和 Olson 的研究开始探讨品牌相关的认知响应，而 Bone 和 Ellen 则关注通信引发的意象生成及其后果，表明学者开始从不同角度和层面探索品牌传播的影响。

表 2-4　　　　　　　国外品牌传播早期文献

	题目	作者	年份	被引（次）
1	经销商品牌—传播工具（Brand of Distributor-Communication Instrument）	Martel, M.	1979	0
2	评估品牌相关认知反应作为传播对认知结构影响的中介作用（Assessing the Role of Brand-Related Cognitive Responses as Mediators of Communication Effects on Cognitive Structure）	Hastak, M.; Olson, Jc.	1989	56
3	词语间的空间——一种新的传播模型在定量品牌形象测量中的应用（The Space Between Words-The Application of A New Model of Communication to Quantitative Brand Image Measurement）	Gordon, W.; Corr, D.	1990	1

续表

	题目	作者	年份	被引（次）
4	全球品牌形象管理的深度与广度策略（Depth Versus Breadth Strategies for Global Brand Image Management）	Roth, Ms	1992	47
5	传播引发意象的生成与后果（The Generation and Consequences of Communication-Evoked Imagery）	Bone, Pf; Ellen, Ps	1992	192
6	新创企业绩效建模—新创企业战略、行业结构与企业起源分析（Modeling New Venture Performance-an Analysis of New Venture Strategy, Industry Structure, and Venture Origin）	Mcdougall, Pp; Robinson, Rb; Denisi, As	1992	94
7	品牌忠诚度与沿袭—探索研究的新维度（Brand Loyalty and Lineage-Exploring New Dimensions for Research）	Olsen, B.	1993	34
8	消费者心理学的变化背景（The Changing Context of Consumer Psychology）	Poiesz, Tbc	1993	0
9	广告在品牌形象塑造中的作用（The Role of Advertising in Brand Image Development.）	Meenaghan, T.	1995	112
10	品牌资产中有多少可由信任来解释？（How Much of Brand Equity is Explained by Trust?）	Ambler, T.	1997	98

3. 国外最新发表的品牌传播文献

对最新发表文献的统计分析可以了解该领域现今的研究情况，结合上文对最早文献的分析，从一定程度上能够反映该研究领域的发展趋势。通过对国外品牌传播最新研究文献的统计（见表2-5），发现其中重要的关键现象为：第一，多样化的研究主题。最新的文献涵盖了从直播购物和元宇宙的沉浸式体验，到因果营销、文化适配性、社交媒体营销以及企业社会责任传播等多个领域，这表明品牌传播领域的研究正变得越来越综合，涉及技术、文化、心理和社会因素的交互作用。第二，新技术的探讨。研究多聚焦于新兴技术如直播购物和元宇宙对消费者体验的影响。这种关注点反映了学术界对最新技术趋势的迅速响应。有学者关注"直播购物""元宇宙"这些沉浸式环境中发生的社会互动行为，并强调远程呈现对于这类传播方式中的用户体验至关重要，实时互动对于用户体验的满足感也产生了重要影响。这种互动不仅提升了消费者的满意度，还直接促使用户黏性意图与推荐意图的出现。① 本书对资深高校品牌传播人员访谈的数据也证实了直播在改善民办高校招生工作方面确实发挥了积极作用。第三，社会责任与品牌价值。文献中因果营销的研究强调了品牌不仅需要关注利润，还应承担社会责任，即品牌越来越被期望在社会良好变革中发挥作用。因果营销理论指出，品牌的存在并非仅为了商业目的，还肩负着社会责任和义务。品牌通过支持和参与有意义的公益活动，与消费者建立起情感联系和共鸣。该理论的核心内涵是品牌与其所参与的公益活动的匹配程度直接决定了该品牌与所选择的公益事业的价值观和目标的一致程度。在匹配度较高的情况下，消费者更容易与品牌建立积极的情感联系。② 学者探索并验证了因果营销策略在品牌传播中的实现路径，发现将品牌与特定的社会或环境相关联，可以传递特定的社会价值观念，进而激发消费者对品牌的兴趣并培养他们的忠诚度。第四，文化因素的考量。有文献探讨了品牌传播中的文化负荷适配性，强调在全球化市场中，品牌需要关注文化差异，以提高市场沟通的有效性。文化负荷适配理论（Culture-ladenness Fit，CLF）发现品牌产品类别、目标受众、品牌形象以及品牌战略合作伙伴形象的适配一致性对品牌传播效果具有积极影响。这种一致性在品牌传播过程中涉及语言、符号、图像等文化因素。因此，在品牌传播策略的制定中，应充分考虑这些文化因素及其品牌文化与价值观的适配性，以提高品牌传播效果。③ 根据对国外最新品牌传播文献的细致观察，我们可以发现学者们的研究

---

① Barta, Sergio, Gurrea, Raquel, Flavian, Carlos, "Telepresence in Live-Stream Shopping: An Experimental Study Comparing Instagram and the Metaverse", *Electronic Markets*, Vol. 23, No. 29, December 2023, p. 21.

② Jublee, Daniel Inbaraj, Kasilingam, Dharun, Stephen, Gladys, "Investigating the Impact of Brand vs Cause Interaction on Cause Related Advertisements", *Journal of Retailing and Consumer Services*, Vol. 75, November 2023, pp. 487-510.

③ Bartikowski, Boris, Richard, Marie-Odile, Gierl, Heribert, "Fit or Misfit of Culture in Marketing Communication? Development of the Culture-Ladenness Fit Index", *Journal of Business Research*, Vol. 167, November 2023, pp. 114-191.

重心仍然坚定地放在受众研究上。他们从消费者心理与行为、社会文化与感知、企业公益与承诺等多个角度进行全面剖析，深入探讨了社交媒体中品牌传播对消费者行为的影响。这些研究不仅展示了品牌传播在当今社交媒体环境中的重要性，而且揭示了其复杂性和多元性。此外，还有文献特别关注了虚假信息与品牌危机应对措施对品牌利益的影响。在社交媒体环境中，一方面，信息的真实性和可靠性问题日益凸显；另一方面，信息呈现、传递方式也与受众信息接受程度高度相关，有效地管理和控制品牌形象的应对策略是避免潜在的损失并维护品牌利益的关键。

表 2-5　　　　　　　　　国外品牌传播的最新文献

	题目	作者	年份	被引（次）
1	直播购物中的远程临场感：一项对比Instagram和元宇宙的实验研究（Telepresence in Live-Stream Shopping: an Experimental Study Comparing Lnstagram and the Metaverse）	Barta, S.; Gurrea, R and Flavian, C.	2023	1
2	探究品牌与公益事业互动对公益相关广告的影响（Investigating the Impact of Brand Vs Cause Interaction on Cause Related Advertisements）	Jublee, D. l.; Kasilingam, D.; Stephen, G.	2023	0
3	营销传播中的文化契合还是不契合？文化负载因素契合指数的开发（Fit or Misfit of Culture in Marketing Communication? Development of the Culture-Ladenness Fit Index）	Bartikowski. B.; Richard, M. O.; Gierl H.	2023	0
4	表现得像一种人际关系：联合品牌拟人化提升产品评价和购买意愿（Acting Like an Interpersonal Relationship: Co-Brand Anthropomorphism Increases Product Evaluation and Purchase Intention）	Han. J.; Wang, D. S.; Yang, Z. H.	2023	0
5	向我表明你在做广告：产品的视觉显著性减弱网红广告中说服知识激活的不利影响（Show Me that You are Advertising: Visual Salience of Products Attenuates Detrimental Effects of Persuasion Knowledge Activation in Influencer Advertising）	Bruns, J. D.; Meissner, M.	2023	0

续表

	题目	作者	年份	被引（次）
6	通过有效沟通打破常规：社会倡议如何提升品牌的社会认知，并激发亲环境行为和购买意愿（Breaking the Mold with Effective Communication: How Social Initiatives Enhance a Brand & Apos; Ssocial Perception and Catalyze Pro-Environmental and Purchase Intentions）	Surira, M. D.; Zakkariya; KA and Sajid, M.	2023	0
7	让有权力的人发声：在产品危害危机和道德危害危机期间，首席执行官作为代言人以及使用视频渠道的影响（Let those with Power Speak: the Effects of a Ceo as a Spokesperson and Using a Video Channel During a Product-Harm Crisis and a Moral-Harm Crisis）	Beldad, A.; Rosenstiel, L.	2023	0
8	奢侈品牌的社交媒体营销：拟社会互动与赋能以增强忠诚度和支付溢价的意愿（Social Media Marketing aor Luxury Brands: Parasocial Interactions and Empowerment for Enhanced loyalty and Willingness to Pay a Premium）	Zha, I.; Aw, E. C. X.; Fernando, A. G.	2023	0
9	厄瓜多尔的绿色行动：剖析有机产品品牌忠诚度背后的动机（Going Green in Ecuador: Unpacking the Motivations Behind Brand Loyalty for Organic Products）	Bonisoli, L; Guanuna, R. A. B.	2023	0
10	企业社会责任沟通的对话性感知和真实性如何通过在线品牌社区参与意向带来信任和品牌忠诚（How Perceptions of Dialogic Communication and Authenticity Of Csr Communication Lead to Trust and Brand Loyalty through Online Brand Community Engagement Intention）	Lim, J. S.; Jiang, H.	2023	0

(二) 国内品牌传播经典文献情况

1. 国内被引最多的品牌传播文献

本书将国内品牌传播被引频次最多的文献进行了汇总（见表2-6）。通过观察表中的文献发现并结合品牌传播研究的发展四阶段来分析，发现我国品牌传播研究的逐步演进体现了学术界对这一领域深刻理解的需求与市场变化之间的关系，在不同的时间节点，品牌传播的研究主题涉及从传统媒体和品牌策略到数字化和社交媒体的转变。品牌传播研究尚处于起步阶段的早期文献（如2002年的《论"品牌传播"》）集中在基础的品牌传播的本体论上，而近期的文献（如2020年的《抖音短视频平台的品牌营销策略研究》）则更多地关注新兴的社交媒体和数字营销工具的应用。这种变化反映了全球化和技术革新对品牌传播领域的深刻影响，以及品牌传播策略必须适应数字化媒体环境和消费者行为的快速变化，这一研究趋势与国外研究基本保持一致。整个这一发展过程不仅显示了技术进步和市场需求对品牌传播的推动作用，特别是对社交媒体营销和区域品牌建设如城市和农产品品牌等领域的深入探讨，反映了学术界在理论、方法、关注内容上的逐步深入，以适应不断变化的社会文化、技术环境和消费者行为。

表2-6　　　　　　　　国内品牌传播被引次数最多的文献

	题目	作者	年份	被引（次）
1	论"品牌传播"	余明阳、舒咏平	2002	616
2	碎片化：品牌传播与大众传媒新趋势	黄升民、杨雪容	2005	295
3	城市品牌形象的整合传播策略	樊传果	2006	224
4	整合品牌传播的理论与实务探析	张金海、段淳林	2008	169
5	社群经济背景下的品牌传播与营销策略研究	王战、冯帆	2017	140
6	试论品牌传播的消费者导向原则	陈先红	2002	133
7	抖音短视频平台的品牌营销策略研究	董鑫	2020	121
8	体育赛事与城市品牌营销新时代	纪宁	2008	101
9	我国农产品品牌建设的现实问题与对策	任强	2010	96
10	地理标志农产品对品牌营销竞争力的影响——以四川省为例	谢敏	2017	93
11	社会化媒体时代的品牌沟通品牌社区认同研究综述	黄敏学、潘海利、廖侯云	2017	84

续表

	题目	作者	年份	被引（次）
12	社会化媒体中品牌传播效果评价研究	谢新洲、刘京雷、王强	2014	84
13	社交媒体时代品牌传播策略分析	于潇	2010	74
14	奥运会品牌管理经验及对我国体育赛事品牌创建的启示	陈志辉、张宇、李兵、资武成	2014	74
15	国外旅游目的地品牌化研究现状与分析	刘丽娟、李天元	2012	70

2. 国内最早发表的品牌传播文献

本书将国内品牌传播较早发表的文献进行了汇总（见表2-7）。国内品牌传播研究的早期文献发表情况显示出该领域的发展历程和研究重点。较早的品牌传播文献集中在2001年至2004年，涵盖了品牌传播的不同层面，反映了当时国内学术界对品牌传播的初步探索。

表2-7　　　　　　　国内品牌传播发表较早的文献

	题目	作者	年份	被引（次）
1	品牌传播效果的衡量指标及测定	宁昌会	2001	56
2	十大品牌传播模式	秦川、志雄	2001	3
3	品牌信息传播的四个层次	曹颖	2002	4
4	试论品牌传播的消费者导向原则	陈先红	2002	13
5	论"品牌传播"	余明阳、舒咏平	2002	16
6	品牌、传播与公共关系探讨	周慧萍	2002	7
7	强势品牌形象的塑造	刘世雄、周志民	2002	32
8	网络广告的品牌传播理论初探	熊澄宇、孙剑波	2002	37
9	品牌传播如何互动？	肖俊崧	2002	1
10	中国男子篮球甲A联赛品牌策略探讨	宋君毅、许永刚、陈书华	2003	30
11	试论品牌资产以及增值	刘凤军	2004	28

续表

	题目	作者	年份	被引（次）
12	传奇"酒鬼"，演绎品牌新经典——"湘酒鬼"全力打造品牌八大传奇概念	杨志琴	2004	0
13	自有品牌的整合传播透析	何军红、张德鹏	2004	11
14	品牌传播的全球化与本土化策略	尹春兰	2004	44
15	品牌的推广与管理	欧阳泉	2004	3

首先，2001年宁昌会发表的《品牌传播效果的衡量指标及测定》一文，具有较高的引用次数（56次），表明其对品牌传播效果评价的研究具有一定的学术影响力。随着时间的推进，秦川和志雄在同年发表的《十大品牌传播模式》开始探讨品牌传播的实际操作模式，虽然被引次数较少（3次），但奠定了该领域早期的模式化研究基础。

进入2002年，国内品牌传播研究进入了一个活跃期，发表了多篇有影响力的文献。例如，陈先红的《试论品牌传播的消费者导向原则》（13次被引）和余明阳、舒咏平的《论"品牌传播"》（16次被引），都对品牌传播的理论基础和原则进行了深入探讨。其中，余明阳等人的文章引用较多，反映了其在品牌传播理论构建方面的重要贡献。此外，曹颖的《品牌信息传播的四个层次》和周慧萍的《品牌、传播与公共关系探讨》进一步扩展了品牌传播与公共关系的层次分析。

2003年至2004年，研究进一步多样化，涵盖了品牌资产、品牌策略、品牌全球化与本土化等多个维度。例如，刘凤军的《试论品牌资产以及增值》（28次被引）与尹春兰的《品牌传播的全球化与本土化策略》（44次被引）深入分析了品牌价值及其传播中的国际与本土化挑战。此外，杨志琴对特定商业品牌"湘酒鬼"传播案例的分析展示了品牌在市场中的实战过程，为后来品牌传播实践研究提供了实证数据。

综上所述，国内品牌传播领域的早期研究文献呈现出理论构建与实证分析并重的特征，其研究内容涵盖了品牌传播效果、模式、策略及本土化等多个方面，反映了该领域从基础理论向多维度实践发展的过程。

研究的初期多集中于理论探讨和模式建立，而随着时间的推进，实证研究与案例分析逐渐丰富。

3. 国内最新发表的品牌传播文献

本书将国内品牌传播最新发表的文献进行了汇总（见表2-8），可以看出国内品牌传播研究正呈现出与时代趋势紧密结合的特征，尤其是在新媒体、数字化以及跨境传播等领域的探索愈加深入。2023年发表的文献体现了以下几个主要研究趋势：

首先，品牌传播与中国传统文化结合的研究，如丁娜的文章《中国文化在企业品牌传播中的运用探析——以茅台二十四节气文化传播为例》即是其中的代表。该文探讨了如何通过文化元素提升品牌传播效果，显示出品牌在融入传统文化中的创新性策略。这类研究表明，随着中国文化软实力的增强，品牌传播逐渐注重本土文化元素的挖掘与呈现。

其次，随着新媒体时代的到来，品牌传播策略的多样化和复杂性日益突出。李晴与张志鹏的《新媒体时代下品牌传播策略及包装设计研究》以及吴文瀚和王昱非的《城市品牌形象传播的文化意向建构研究——以城市品牌传播片〈5分钟的历史之旅，与杜甫隔空相望〉为例》均表明，在新媒体传播环境中，品牌传播的模式、内容以及媒介选择对品牌形象的构建至关重要。新媒体尤其是社交平台的发展，使品牌传播更加互动化、多元化，这为品牌的精准营销提供了新契机。

跨境电商与国际化品牌传播也是当前研究的一个热点。李权格的《跨境电商中服务品牌的国际化传播策略研究》探讨了在全球化背景下，跨境电商如何通过品牌传播提高国际竞争力。这类研究反映了随着电商行业的蓬勃发展，品牌传播已不再局限于国内市场，跨文化传播与全球化品牌塑造成为重要议题。

另外，虚拟技术与数字化转型推动了品牌传播的新形式。刘畅与鲍海波的《大型虚拟体育赛事赋能城市品牌建设的机制与路径——基于整合营销传播视角》展示了通过虚拟赛事提升城市品牌知名度的方式，这种基于整合营销传播的研究反映了虚拟技术在品牌传播中的重要性，尤其是在城市品牌建设中表现出创新的应用前景。

品牌传播的"绿色"趋势也逐渐显现，贺静宇与陈李红的《服装品牌传播的绿色信息影响机制》则从可持续发展和环境保护的角度，探讨了绿色信息在品牌传播中的重要作用。这表明消费者日益关注品牌的社会责任感，绿色传播成为品牌在竞争中凸显的关键要素。此外，最新文献还显示了品牌传播在特殊情境下的应对策略。例如，商超余与姚曦的《重大公共危机下品牌人性化传播逻辑的构建——基于新社会经济学"镶嵌"理论的分析框架》通过分析危机中的品牌传播策略，指出了品牌人性化传播的重要性。

综上所述，最新的品牌传播研究反映了国内学者紧跟时代发展的步伐，关注品牌传播的多维度创新，从新媒体传播、绿色传播、跨境电商到虚拟技术应用的研究，为品牌传播提供了全新的视角和策略指导。同时，这也表明国内品牌传播研究正逐步迈向国际化、多元化和数字化的新时代。

表2-8　　　　　　　　　国内品牌传播的最新文献

	题目	作者	年份	被引（次）
1	中国文化在企业品牌传播中的运用探析——以茅台二十四节气文化传播为例	丁娜	2023-08	1
2	新媒体时代下品牌传播策略及包装设计研究	李晴、张志鹏	2023-07	6
3	跨境电商中服务品牌的国际化传播策略研究	李权格	2023-07	3
4	大型虚拟体育赛事赋能城市品牌建设的机制与路径——基于整合营销传播视角	刘畅、鲍海波	2023-07	8
5	服装品牌传播的绿色信息影响机制	贺静宇、陈李红	2023-06	1
6	乡村振兴战略北京下乡村阅读推广品牌化运作路径研究——以"新时代乡村阅读季"为例	严贝妮、王露雅	2023-06	4
7	隐私关注视角下个性化广告对品牌营销有效性的影响	郑海容、房桂芝	2023-06	4

续表

	题目	作者	年份	被引（次）
8	城市品牌形象传播的文化意向建构研究——以城市品牌传播片《5分钟的历史之旅，与杜甫隔空相望》为例	吴文瀚、王昱非	2023-06	5
9	新时代会计师事务所品牌建设的困境与策略——基于1389份调查问卷的分析	俞明轩、温伟荣、鲍明龙	2023-06	2
10	读者浸合助力出版品牌传播建设路径	曹建、霍赵杨	2023-05	0
11	以"点"连接：品牌的行动者网络搭建与价值扩容——基于场景内生逻辑	黎明、王思婷	2023-05	3
12	消费者沉浸体验对品牌推崇的影响——基于整合模型研究	贺建平、黄秋皓	2023-03	8
13	重大公共危机下品牌人性化传播逻辑的构建——基于新社会经济学"镶嵌"理论的分析框架	商超余、姚曦	2023-03	8
14	融媒体时代学术期刊品牌建设路径	关平、陆子远	2023-03	1
15	文化记忆视域下老字号品牌故事幻想主题分析——以北京地区中华老字号为例	丛珩	2023-03	6

三 国内外品牌传播研究热点演化分析

（一）分析方法与数据来源

本书运用CiteSpace（6.2.R4）对品牌传播与高校品牌传播研究相关文献进行定量分析和定性解读。通过对文献的发表年份、作者及所属机构、关键词等进行共现分析，尝试分析我国品牌传播与高校品牌传播研究的基本态势、脉络以及发展趋势。为保证检索结果的代表性和精准性，数据源使用在Web of Science核心合集中检索到的7935篇相关英文文献为样本。中文文献使用中国知网（CNKI）高级检索功能，以"品牌传播"为主题进行检索，为保证数据样本获取的完整性，未对文献的前置年限进行限定，同时将检索范围限定为北大核心期刊与CSSCI数据库（含拓展版面），检索时间为2023年8月8日。初次遴选得到期刊文献数据904条，进一步利用人工筛选方式剔除发刊词、会议新闻、杂志订阅、征稿启事等无效样本，最终导出期刊数据867条，软件内时间阈值设定为2001—2023年，时间切片（years per slice）为1，分析来源（node type）为"Keyword（关键词）、Author（作者）、Institution（机构）"，筛选参数设置为Top N=50。

（二）空间分布

1. 作者网络分析

通过对国内外品牌传播研究文献著作者进行共线分析，探究该领域作者间的合作网络，图2-9展示了该研究领域领军学者以及主要研究人员之间的合作关系。国内的网络包含180个节点和33条连线，其网络密度为0.002，国外的网络则包含597个节点和1566条连线，密度为0.008，这表明国内学者的合作网络相对稀疏，节点与连线数量较少，相比较之下，国外学者的合作网络则更大且更加紧密，显示出更高的合作密度和活跃度。

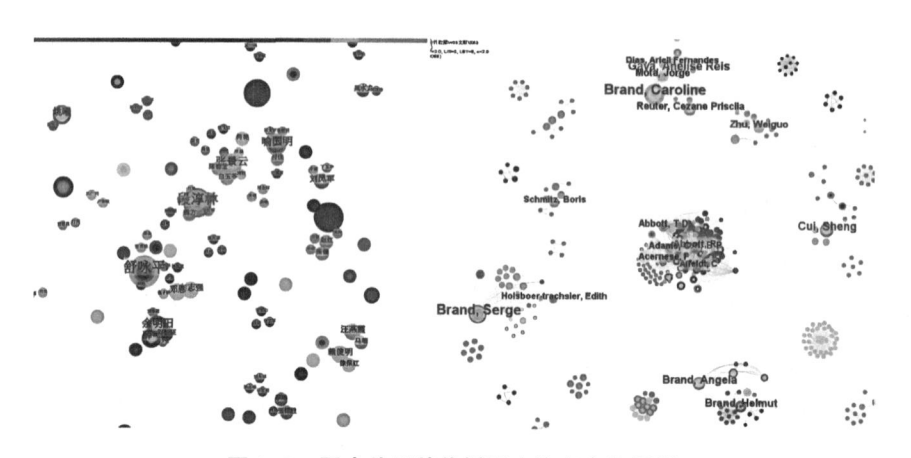

图2-9 国内外品牌传播研究作者合作图谱

对国内外品牌传播学术研究发文量较高的作者进行统计，可以观察到国内和国外均涌现出了一批发文量较高的核心作者，这些作者在品牌传播研究领域扮演了重要的角色。国内作者情况如表2-9所示，其中以舒咏平和段淳林为代表，两位学者发文量均超过10篇，发文量超过4篇的学者有7位。国外作者情况如表2-10所示，多位作者的发文量超过

10 篇，其中 S. A. F. Haye 以 30 篇的发文量位居首位。可见，国内外在研究品牌传播的学术领域已经形成了较为明显的核心作者群，核心作者的发文量和中心度体现了他们在该领域的显著影响力和关键作用，反映了他们在推动品牌传播研究发展和学术网络中的核心地位。

表2-9　　　　国内发文量超过4篇的学者统计

序号	作者	发文量（篇）
1	舒咏平	10
2	段淳林	10
3	戴元初	9
4	刘明洋	8
5	余明阳	5
6	刘晓英	4
7	喻国明	4

表2-10　　　　国外发文量超过10篇的学者统计

序号	作者	发文量（篇）	中心度
1	S. A. F. Haye	30	0.07
2	J. F. Hair	18	0.01
3	S. Lomer	17	0.02
4	AlWi SFS	15	0.02
5	B. A. Watkins	14	0.01
6	R. B. Kline	13	0.05
7	J. Pringle	12	0.00
8	J. Hemsley-Brown	12	0.03
9	R. Rutter	11	0.00
10	P. Foroudi	11	0.01
11	P. A. Rauschnabel	11	0.01
12	S. Panda	10	0.04
13	R. Rutter	10	0.01

2. 主要国家/地区分布

图 2-10 中包含 118 个节点和 697 条连线，密度为 0.10，显示出国家间在品牌传播领域科研合作的较高连通性。从表 2-11 中可以看出，尽管中国、美国和英国在发文量上位列前三，但其在国际科研合作网络的中心度并不突出。相对而言，墨西哥（23 篇）和哥伦比亚（11 篇）等发文量较低的国家却显示了较高的中心度（均为 0.28），表明这些国家在品牌传播研究领域展示出较大影响力，在全球科研合作网络中扮演了关键角色。而瑞士、波兰和芬兰等国家虽发文量较少，却因其在品牌传播实践中的重要性而显示出较高的中心性。

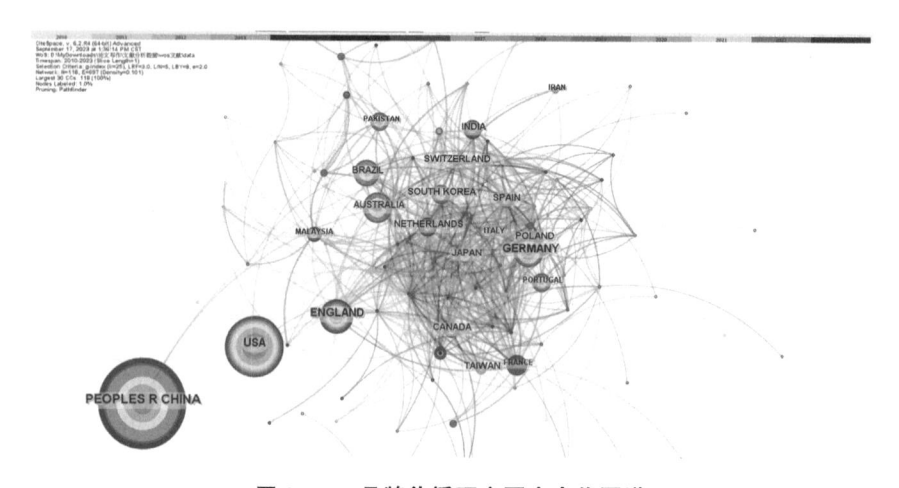

图 2-10 品牌传播研究国家合作图谱

表 2-11　　　　　　　　　发文国别具体信息

序号	国家/地区	发文量排序	中心度	国家/地区	中心度排序	发文量（篇）
1	中华人民共和国（People's Republic of China）	938	0.03	墨西哥（Mexico）	0.28	23
2	美利坚合众国（the United States）	632	0.00	哥伦比亚（Colombia）	0.28	11

续表

序号	国家/地区	发文量排序	中心度	国家/地区	中心度排序	发文量（篇）
3	英国（United Kingdom）	250	0.00	苏格兰（Scotland）	0.24	40
4	德国（Germany）	246	0.01	俄国（Russia）	0.21	50
5	澳大利亚（Australia）	203	0.08	新西兰（New Zealand）	0.21	30
6	巴西（Brazil）	172	0.02	波兰（Poland）	0.19	124
7	荷兰（the Netherlands）	154	0.00	芬兰（Finland）	0.19	31
8	韩国（South Korea）	147	0.00	瑞士（Switzerland）	0.18	95
9	印度（India）	134	0.09	葡萄牙（Portugal）	0.17	64
10	日本（Japan）	134	0.00	白俄罗斯共和国（Republic of Belarus）	0.17	3

3. 研究机构分布

国内外研究机构合作图谱分析显示，国内的研究机构如大众报业集团、中国传媒大学、中国人民大学等，在发文量上较为活跃（见表2-12）。该领域的研究机构也主要集中在高等教育院校和新闻传播领域，说明在品牌传播理论研究中中国高等教育机构扮演着核心角色。然而，国内合作图谱包含415个节点和133条连线，连线密度仅为0.002，说明虽然有较多的研究机构涉足该领域，但机构之间的合作并不十分密切，在该领域的研究上存在较为独立的研究方向或项目。相比之下，国外如加州大学系统、N8研究合作伙伴关系、悉尼大学等不仅发文量大，其合作图谱包含495个节点和1906条连线，密度为0.012，展现了更为集中和协同的研究模式。

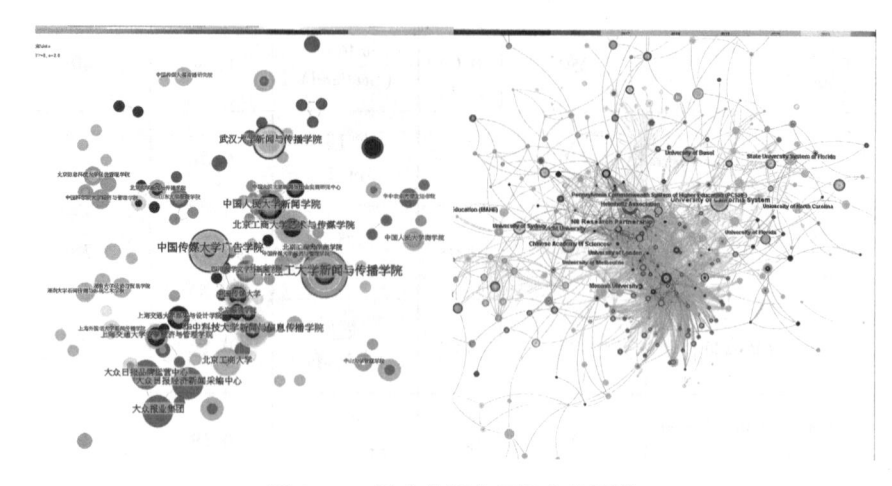

图 2-11　国内外研究机构合作图谱

表 2-12　　　　　　　　国内研究机构发文量统计

序号	发文量（篇）	机构
1	23	大众报业集团/大众日报经济新闻采编中心/大众日报品牌运营中心
2	15	中国传媒大学
3	13	中国理工大学新闻与传播学院
4	13	中国人民大学新闻学院/中国人民大学/中国人民大学商学院
5	9	环球舆情调查中心
6	8	北京工商大学艺术与传播学院
7	8	武汉大学新闻与传播学院
8	7	华南理工大学新闻与传播学院
9	7	华中科技大学新闻与信息传播学院
10	6	北京工商大学

如表 2-13 所示，国外机构在品牌传播研究领域形成了一种更为集中且协同的研究模式，而国内尽管参与者众多，但合作相对较少，长远来看，国内科研机构未来可能会加强机构间合作，在理论与实践研究中争取更大进展。

表 2-13　　　　　　　国外研究机构发文量及中心度统计

序号	发文量（篇）	机构	所属国家	中心度
1	75	加州大学系统（University of California System）	美国	0.32
2	51	N8 研究合作伙伴关系（N8 Research Partnership）	英国	0.10
3	41	佛罗里达州立大学系统（State University System of Florida）	美国	0.09
4	34	巴塞尔大学（University of Basel）	瑞士	0.11
5	29	马斯特里赫特大学（Maastricht University）	荷兰	0.12
6	29	北卡罗来纳大学（University of North Carolina）	美国	0.11
7	28	格罗宁根大学（University of Groningen）	荷兰	0.12
8	24	中国科学院（Chinese Academy of Sciences）	中国	0.18
9	23	亥姆霍兹协会（Helmholtz Association）	德国	0.21
10	22	悉尼大学（University of Sydney）	澳大利亚	0.23

（三）研究热点聚焦

1. 国内关键词共现分析

在品牌传播领域的关键词共线和关键词突现分析揭示了研究主题和技术演进的重要趋势，以及这些趋势对社会、技术和市场变化的响应，同时说明在这一演化过程中外部环境的重要推动作用。从关键词共线分析（见图 2-12）、词频和中心性（见表 2-14）来看，"品牌传播"是研究中的核心主体，词频达到 239，中心性为 0.99，说明它是连接其他研究主题的核心节点。

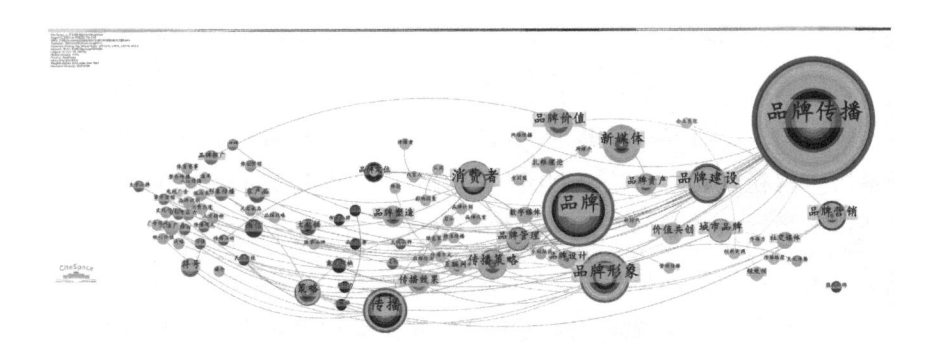

图 2-12　国内品牌传播研究关键词共线图谱

表 2-14　　　　　　　国内品牌传播关键词共线分析

序号	关键词	词频	中心性	初始年份
1	品牌传播	239	0.99	2002
2	品牌	77	0.30	2002
3	品牌形象	36	0.26	2002
4	传播	31	0.09	2002
5	消费者	31	0.08	2005
6	品牌建设	23	0.08	2006
7	新媒体	22	0.07	2012
8	品牌策略	14	0.08	2015
9	品牌价值	14	0.03	2006
10	品牌营销	13	0.05	2015
11	策略	10	0.06	2006
12	城市品牌	8	0.07	2012
13	品牌管理	8	0.00	2006
14	价值共创	8	0.00	2017
15	传播效果	7	0.07	2010

此外，"品牌""品牌形象"和"传播"等相关关键词自2002年以来一直是讨论的焦点。随着时间的推移，新的关键词如"新媒体"和"品牌策略""城市品牌"以及"价值共创"开始出现，反映出新技术和新市场策略对品牌传播研究领域的影响。从2012年开始，"新媒体"成为研究焦点，其词频、中心性也显示出品牌传播与互联网和数字技术的关联。这种技术革新使品牌传播方式多样化，注重利用社交平台和数字媒介。随着消费者越来越多的在线活动，"消费者"这一关键词在2005年增加，凸显了研究者对消费者在数字环境中的新行为模式的关注，促使品牌重视在线互动和社交网络的影响力。随着研究的不断深化，新的理论模型如"价值共创"（2017年）提供了新的分析视角，强调品牌与消费者之间互动的重要性。

总体而言，国内品牌传播领域研究的关键词分析揭示了研究主题和技术演进的伴随趋势，强调了外部环境对这一演化过程的积极推动作用。

随着新技术的市场策略的不断涌现,品牌传播研究逐渐聚焦于数字媒介、消费者互动及价值共创,反映出对现代品牌传播模式的深刻理解和应用。

关键词突现分析如图 2-13 所示,早期的研究焦点如"传播法则"和"品牌价值"在 2005 年之后逐渐减少,可能是由于这些概念被较为充分地理解和采纳。而"新媒体""社交媒体""人工智能"等关键词的

被引频次突增强度最强的前25个关键词

关键词	年份	强度	开始	结束	2001—2023
传播法则	2001	1.87	2002	2005	
品牌	2001	3.73	2004	2011	
品牌价值	2001	1.88	2005	2006	
人际传播	2001	1.75	2006	2008	
品牌战略	2001	2.15	2007	2009	
品牌核心价值	2001	1.85	2008	2009	
品牌推广	2001	1.98	2009	2012	
价值	2001	1.78	2009	2015	
传播效果	2001	2.51	2010	2013	
符号	2001	2.07	2011	2013	
传播	2001	2.29	2013	2014	
新媒体	2001	4.88	2015	2017	
传播策略	2001	2.15	2015	2020	
品牌设计	2001	2.02	2015	2019	
品牌营销	2001	1.86	2015	2017	
互联网思维	2001	1.7	2015	2016	
品牌资产	2001	1.68	2016	2019	
社会化媒体	2001	2.76	2017	2019	
品牌传播策略	2001	2.58	2017	2019	
品牌建设	2001	5.39	2019	2023	
价值共创	2001	2.71	2020	2023	
传播力	2001	1.75	2020	2021	
公共图书馆	2001	1.75	2020	2021	
人工智能	2001	1.62	2020	2023	
社交媒体	2001	2.4	2021	2023	

图 2-13 国内品牌传播研究关键词突现图谱

突现标志着技术发展对品牌传播领域的深远影响。特别是从2012年起，"新媒体"的讨论增多，在2017年达到高峰，随后，由于技术进一步演化，"社交媒体"和"人工智能"开始成为近几年的焦点，"人工智能"成为新的关键词，再次验证了技术在品牌传播研究中的核心推动作用。

这些关键词的突现再次说明技术进步对品牌传播研究的深刻影响，还反映了学术界对外部变化的迅速响应和适应能力。技术的不断演变促使研究焦点不断转移，说明品牌传播领域研究对创新的持续关注和探索。

2. 国内关键词聚类分析

在关键词聚类图谱中，主要依靠聚类序号判断聚类规模的大小，聚类序号越小，包含的关键词数目越多。Q值和S值是评估聚类科学化水平的重要指标（Q值表示聚类的结构化水平，S值表示聚类内部的一致性水平），一般认为，当Q值大于0.3，S值大于0.7时，相应的聚类具有较高的可信度。图2-14中Q=0.7457，S=0.8021，聚类共生成八个聚类，各聚类轮廓系数均大于0.9，聚类较理想，如聚类#6"传播策略"的S值高达0.976，说明该聚类中的关键词如整合传播、口碑传播和品牌效应等具有高度相关性，表明在品牌传播策略研究中，整合多渠道的传播方式和评估传播效果是当前的主要趋势。这些聚类不仅显示了品牌传播研究的多样性，也指示了未来研究可能聚焦的新方向，如数字媒介的运用、城市品牌的传播策略以及品牌忠诚度与消费者行为之间的关系。在国内品牌传播研究的聚类分析中，本书筛选了排名靠前的八个不同聚类。聚类标签是根据聚类文献搜索引主题词，使用极大似然算法提取特征词得到的。通过梳理聚类标签的核心主题和关键词，分析品牌传播领域的研究热点，例如，聚类#0"品牌传播"聚焦于品牌传播的多元化策略，涵盖了价值共创、情感共鸣等元素，显示出研究者如何从人的情感和信息设计的角度来增强品牌传播的效果。而聚类#1"消费者"则突出了品牌形象、品牌联想等与消费者直接相关的概念，强调了品牌形象在塑造消费者认知和行为中的重要性。

关键词聚类分析结果如表2-15所示，揭示了品牌传播领域的研究结构和热点方向，特别是在传播策略、消费者行为和数字媒介等方面的研

第二章 民办高校品牌传播的理论基础与研究现状

究趋向。通过高 Q 值和 S 值的分析可以看出，当前研究在多渠道传播和品牌效应评估方面的高度相关性，同时也预示了未来研究可能关注的新兴领域，例如城市品牌传播策略和消费者品牌忠诚。

表 2-15　　　　　　国内品牌传播关键词聚类分析

聚类标签	聚类名称	成员数量	S 值	主要关键词
#0	品牌传播	34	0.962	品牌传播、价值共创、情感共鸣、信息设计、个性化需求
#1	消费者	24	0.953	品牌形象、品牌联想、品牌空心化、体验过程、形象代言人、传播通道
#2	品牌	16	0.920	乡村旅游、品牌核心价值、全面品牌管理、品牌哲学、品牌更新、品牌定位
#3	品牌建设	15	0.935	品牌名称、建设思考、品牌要素、传播创新、互动媒体、数字媒介、品牌记忆、扎根理论、品牌资产
#4	品牌传播策略	13	0.913	品牌营销、新媒体时代、新闻传播、媒介战略、传播理念、传媒环境、主体间性、媒介建构、传播策划
#5	城市品牌传播	12	0.934	传播视野、城市管理者、健康传播、网络传播平台、创新实践、新媒体平台、突发公共事件、短视频平台、政务新媒体、公立医院
#6	传播策略	12	0.976	整合传播、口碑传播、旅游景区、品牌效应、行为传播、广告传播效果、传播法则、消费者导向、公关传播、品牌承诺
#7	品牌传播效果	9	0.972	传播活动、品牌购买态度、品牌忠诚度、品牌偏好、重复购买率、品牌满意度、影响因素、logistic 模型

本书对引文聚类网络进行了时间线（Timeline View）分布（见图 2-14），在时间线视图中，同一个聚类的文献被放置在同一水平线上，文献发表时间与横线上方紫色的数字吻合，越向右，说明文献的发表时间越新。时间线视图还能说明属于该聚类的文献发表的时间跨度以及某一聚类研究的兴起与衰落的时间。时间线视图不仅揭示了各聚类主题的研究持续

性和焦点的变迁，也提供了一种直观的方式来理解研究趋势的历史发展。首先，"品牌传播"聚类自21世纪以来一直是研究的热点，其重要性和学者对其研究兴趣持续不减。这与关键词共线分析中所呈现的中心内容相吻合。其次，"消费者"聚类从2004年开始显现为研究热点，这与市场营销和消费文化的变化有关，品牌形象和品牌联想等因素开始被学者广泛讨论。再次，"品牌传播策略"和"城市品牌传播"的聚类发展表明，这些领域具有高度时间敏感性和背景依赖性。品牌传播策略从2004年持续至今，反映了媒体环境的变化对传播渠道和技术的影响，而城市品牌传播的研究热点从2010年持续至2020年，这与全球化背景下城市形象和城市竞争力成为关注焦点密切相关。最后，"品牌传播效果"聚类从2001年持续到2022年的研究，说明评估品牌传播活动效果的重要性及其对品牌策略调整的指导作用。

时间线视图（见图2-14）直观展示了品牌传播研究领域各研究主题的演变轨迹和热点变迁，其中"品牌传播""消费者行为""品牌传播策略"以及"城市品牌传播"成为不同时间段的研究热点。通过这一视图，可以清晰地理解各聚类研究的兴起、发展与衰退，以及这些趋势与媒体环境和全球化背景的关联。

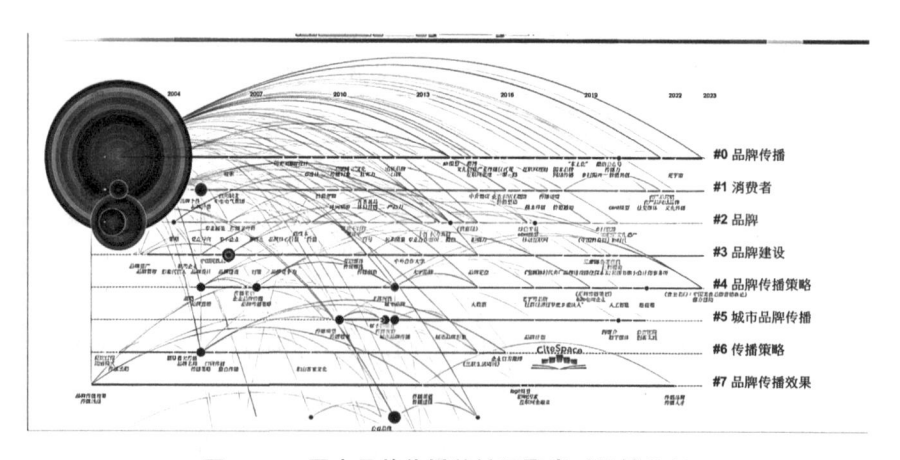

图2-14 国内品牌传播关键词聚类时间轴分析

3. 国外关键词共线分析

根据图2-15所示，在国外品牌传播研究的关键词共现分析中，有538个节点，3699条连线，密度为0.03。表2-16显示出影响（impact）一词出现频次最高，自2012年以来一直是研究的热点，表明学者极其关注品牌传播对消费者行为、市场定位和企业绩效的影响。高等教育（higher education）的频次为168，说明品牌传播策略在教育行业中的研究深入且广泛。模型（model）一词出现150次，表明建立和优化传播模型也是品牌传播研究的核心方向。其中，高中心度的关键词有联想（association，中心度为0.19）、食品（food，中心度为0.16）、识别（identification，中心度为0.09）和行为（behavior，中心度为0.08），以上关键词的高中心度说明，学者认为品牌联想在形成品牌形象和消费者感知中扮演着关键角色，同时，对品牌影响消费者识别和行为模式有着深入探讨，而食品作为一个重要关键词的出现，表明国外学者对与健康、安全和营养相关的品牌传播战略有较高的关注。总的来说，关键词共线分析呈现出国外品牌传播研究在多个领域都有应用和探索，不仅涵盖了传统的品牌和消费者行为，还拓展到了高等教育、健康和食品安全领域。

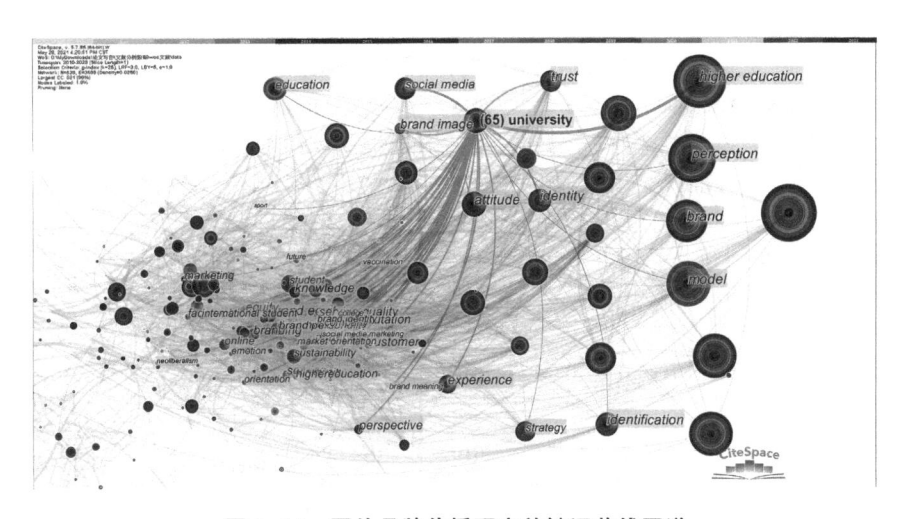

图2-15 国外品牌传播研究关键词共线图谱

表 2-16　　　　　国外品牌传播关键词共线分析

序号	高频关键词			高中心性关键词		
	关键词	频次（次）	初始年份	关键词	中心度	初始年份
1	高等教育（Higher education）	200	2012	关联、联想（Association）	0.19	2011
2	模型（Model）	168	2012	食品（Food）	0.16	2010
3	品牌（Brand）	150	2010	模型（Model）	0.10	2010
4	绩效（Performance）	143	2010	消费（Consumption）	0.10	2013
5	质量（Quality）	135	2010	认同、识别（Identification）	0.09	2010
6	消费（Consumption）	124	2010	需求（Demand）	0.09	2010
7	满意度（Satisfaction）	122	2010	行为（Behavior）	0.08	2010
8	健康（Health）	121	2010	水（Water）	0.08	2012
9	信息（Information）	82	2013	增长（Growth）	0.08	2013
10	教育（Education）	76	2015	风险（Risk）	0.07	2010
11	风险（Risk）	74	2010	管理（Management）	0.07	2011
12	管理（Management）	71	2012	选择（Choice）	0.07	2012
13	产品（Product）	70	2010	认知、感知（Perception）	0.06	2010
14	态度（Attitude）	68	2010	产品（Product）	0.06	2010
15	高等教育（Higher education）	68	2011	青少年（Adolescent）	0.06	2014

国外品牌传播研究的关键词共线分析揭示了国外品牌传播研究所涉及领域广泛且探索多元，特别是在影响力、教育行业、模式建构以及食品安全等领域。高频出现的"影响"词汇和高中心度的"联想""食品"等关键词，表明国外的品牌传播学者的研究不仅关注传统的品牌形象和消费者行为，还广泛延伸拓展到高等教育和健康领域，呈现出研究的多元化趋势和对新兴话题的深入探讨。

在对国外品牌传播研究关键词突现分析（见图2-16）中，可以观察到从2010年到2023年研究主题的演变，早期（2010—2016）关注点如"风险（risk）""吸烟（smoking）"和"癌症（cancer）"与全球公共健康议题的关注增加有关，表明在该阶段品牌传播聚焦于健康教育和疾

被引频次突增强度最强的前20个关键词

关键词	年份	强度	开始年份	结束年份	2010—2023
风险	2010	6.27	2010	2014	
吸烟	2010	5.52	2010	2016	
体外实验	2010	5.89	2011	2014	
歧视	2010	4.88	2012	2014	
样本	2010	4.23	2012	2017	
癌症	2010	4.14	2012	2016	
分类	2010	3.76	2012	2014	
价格	2010	5.15	2013	2015	
态度	2010	3.79	2013	2016	
市场	2010	5.17	2016	2019	
光谱学	2010	4.23	2017	2018	
压力	2010	3.82	2017	2019	
美国	2010	4.99	2018	2019	
权利	2010	4.79	2018	2020	
策略	2010	4.53	2018	2019	
创新	2010	5.34	2020	2021	
机制	2010	4.18	2020	2021	
购买意愿	2010	5.68	2021	2023	
新冠肺炎	2010	5.37	2021	2023	
声誉	2010	4.07	2021	2023	

图2-16　国外品牌传播研究关键词突现图谱

病预防上。2016年至2023年，全球市场环境快速变化，研究主题转向了"市场（market）"和"策略（strategy）"，凸显了学者对品牌传播应对数字化转型和全球化挑战的关注。近几年出现的关键词"声誉（reputation）"则强调了对品牌形象的塑造与维护的关注，特别是在危机管理和消费者信任建设等方面。这些关键词的变化反映了国外品牌传播研究的学术发展轨迹。

4. 国外关键词聚类分析

根据表2-17所示，在国外品牌传播关键词聚类分析中，可以观察到学者的关注焦点随时间演进的变化，以"高等教育（higher education）"聚类为例，其主要关键词包括社交媒体、国际学生、社会互动、大学录取和消费者参与，说明高等教育机构正越来越多地利用社交平台来增强其品牌的吸引力和国际影响力。该聚类的S值为0.730，反映了该聚类中关键词的紧密关联，虽不是很高，但表明在该领域中关键词相对集中且关系紧密，这种内聚性强调在高等教育领域中，品牌传播策略与最新社交媒体趋势和国际学生需求的结合，同时显示出学者对社交媒体策略优化招生宣传和提升学生参与度的集中讨论。此外，"企业社会责任（corporate social responsibility）"聚类中的关键词如"名人代言"和"消费者特征"表明，品牌传播正日益关注企业的社会形象和消费者群体的多样性。聚类分析结果解释了品牌传播研究的关键领域和趋势，突出跨领域方法的重要地位。

表2-17　　　　　　　　国外品牌传播关键词聚类分析

聚类标签	聚类名称	成员数量	S值	主要关键词
#0	身体活动（physical activity）	87	0.783	身体活动；青少年；肥胖；社会营销；品牌延伸；风险评估；高等教育（physical activity/adolescents/obesity/social marketing/brand extension/risk assessment/higher education）
#1	水（water）	82	0.799	水；氧化石墨烯；降解；高性能；重金属；面部化妆品（water/graphene oxide/degradation/high performance/heavy metals/facial cosmetics）

续表

聚类标签	聚类名称	成员数量	S 值	主要关键词
#2	高等教育（higher education）	68	0.730	社交媒体；国际学生；拟社会互动；大学招生；消费者参与度（social media/international students/parasocial interaction/college admissions/consumer engagement）
#3	行为（behavior）	54	0.691	行为；态度；消费者行为；可持续发展；系统文献综述；产品质量；平台销售（behavior/attitudes/consumer behavior/sustainable development/systematic literature review/product quality/platform selling）
#4	供应链管理（supply chain management）	54	0.700	品牌；态度；政策；诉求；属性；消费；模型；选择；促销；质量（brand/attitudes/policy/appeals/attributes/consumption/models/choice/promotion/quality）
#5	感知价值（perceived value）	52	0.767	感知价值；品牌资产；满意度；酒店品牌忠诚度；品牌信任；品牌形象；企业社会责任；社会经济生产能力（perceived value/brand equity/satisfaction/hotel brand loyalty/brand trust/brand image/corporate social responsibility/socioeconomic productive capacity）
#6	企业社会责任（corporate social responsibility）	41	0.726	企业社会责任；名人代言；消费者人口统计学特征；社交网络；性别刻板印象；企业社会责任（corporate social responsibility/celebrity endorsement/consumer demographics/social networks/gender stereotypes/corporate social responsibility）
#7	荧光光谱法（fluorescence spectroscopy）	25	0.902	荧光光谱法；机器学习；本科一年级学生；一般（的相关内容，需结合更多语境准确理解，这里暂直译）；墨水分析；定量分析（fluorescence spectroscopy/machine learning/first-year undergraduate/general/ink analysis/quantitative analysis）
#8	公共卫生（public health）	25	0.845	公共卫生；结构方程模型；品牌忠诚度；定价；品牌态度；汽车行业（public health/structural equation model/brand loyalty/pricing/brand attitudes/auto industry）
#9	模式识别（pattern recognition）	17	0.912	模式识别；异质性；识别；提取；电子舌；挥发性化合物（pattern recognition/heterogeneity/identification/extraction/electronic tongue/volatile compound）

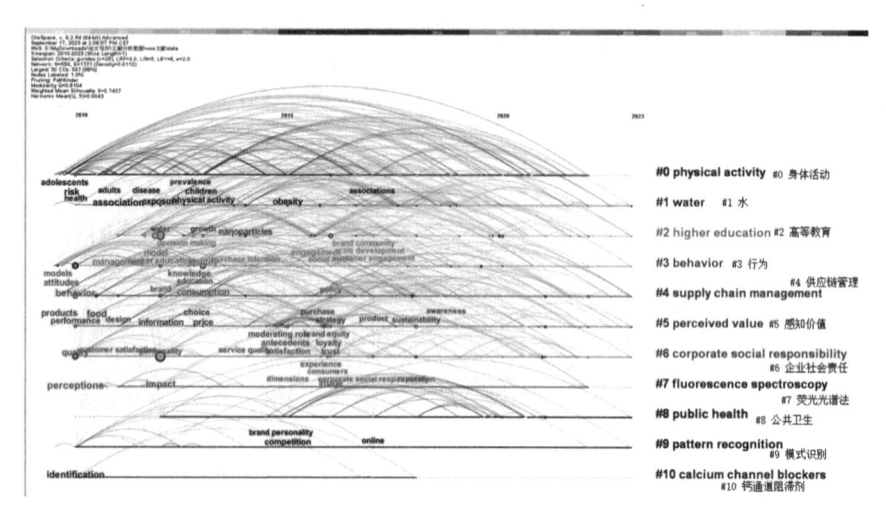

图 2-17　国外品牌传播关键词聚类时间轴分析

第三节　高等教育品牌传播研究现状

一　高等教育品牌研究基本情况

（一）国外高等教育品牌传播经典文献发表情况

如图 2-18 所示，高等教育需求的增长导致了供求关系的变化，自 21 世纪以来，高校普遍引入"品牌"概念，并将其作为学校运营与管理的战略指导。随着高等教育市场化的到来，高校开始关注如何吸引目标学生，提供符合他们需求的学术课程建议与服务。本书统计了各年份发表主题为"高等教育品牌传播"的英文论文数量，该主题的文献在 2010 年以后呈现出明显的增长趋势。这种趋势与高校自 2000 年起开始引进和应用品牌传播概念的实际情况相吻合。由于本书检索文献时间截取到 2023 年 7 月，因此，国外高校品牌传播主题论文发表的数量以 2022 年最多。相关文献的被引量也在 2013 年以后迅速增长，这表明高等教育品牌传播研究的研究在学术领域的影响力稳步上升。对高校品牌传播研究文献的学科分布主要集中在教育教学、营销学、管理学、经济学、社会科学等交叉学科上，这种分布反映了这一主题

第二章 民办高校品牌传播的理论基础与研究现状

在多个领域中的重要性和应用价值。在这些学科中，教育教学研究和商业营销研究领域的成果最为丰富，进一步证实了品牌传播在高等教育领域中的重要地位。

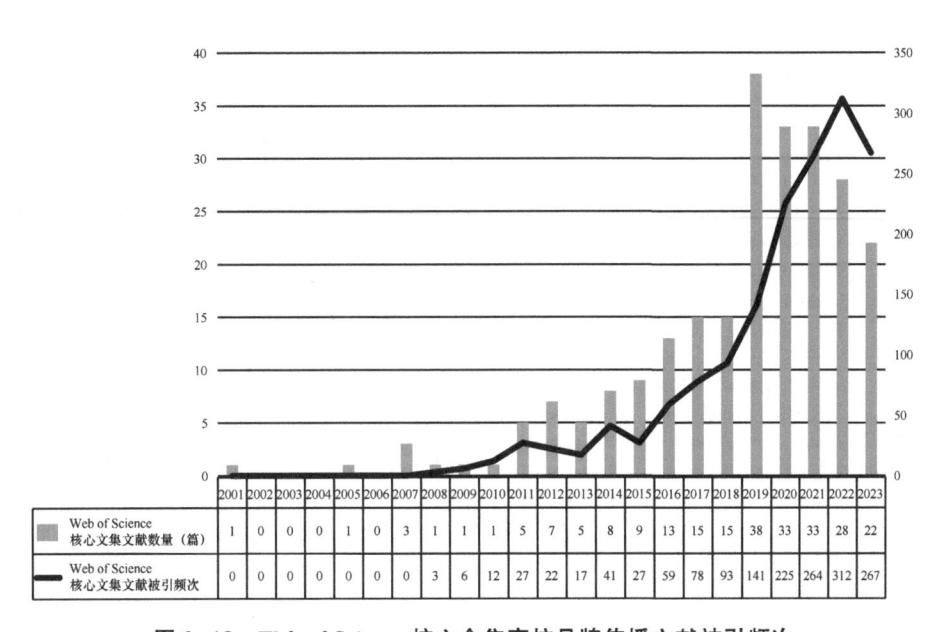

	2001	2002	2003	2004	2005	2006	2007	2008	2009	2010	2011	2012	2013	2014	2015	2016	2017	2018	2019	2020	2021	2022	2023
Web of Science 核心文集文献数量（篇）	1	0	0	0	1	0	3	1	1	1	5	7	5	8	9	13	15	15	38	33	33	28	22
Web of Science 核心文集文献被引频次	0	0	0	0	0	0	0	3	6	12	27	22	17	41	27	59	78	93	141	225	264	312	267

图 2-18　Web of Science 核心合集高校品牌传播文献被引频次

1. 国外被引最多的高等教育品牌传播文献

表 2-18 是 Web of Science 给出的高等教育品牌传播领域的经典文献。根据引文数量的统计结果，对于高等教育品牌传播这一主题的研究被引量排名靠前的文献主要集中在 2014—2017 年。可见，近十年是高等教育品牌理论发展的黄金时期，在此期间，研究主要集中于以下几个关键议题：关系营销、自我感知、身份认同、社交媒体互动、高校品牌管理、品牌形象以及品牌信任。文献中不乏关于国际化策略和社交媒体使用的研究，这些研究议题构成了高等教育品牌传播的核心研究内容，并为我们深入理解这一领域的发展现状提供了重要视角。

表2-18　　高等教育品牌传播国外经典文献

序号	题目	作者	年份	被引（次）
1	关系营销成功的身份显著性模型：非营利营销的案例（The Identity Salience Model of Relationship Marketing Success: The Case of Nonprofit Marketing）	Arnett, D. B.; German, S. D.; Hunt, S. D.	2003	433
2	国际高等教育市场中的品牌协调（Brand Harmonization In The International Higher Education Market）	Hemsley-Brown, J; Goonawardana, S.	2007	152
3	自我感知就业能力：大学生量表的构建与初步验证（Self-Perceived Employability: Construction And Initial Validation of a Scale For University Students）	Rothwell, Andrew; Herbert, Ian; Rothwell, Frances	2008	119
4	高等教育中的社交媒体：探究高校如何使用脸书（Social Media In Higher Education: Understanding How Colleges And Universities Use Facebook）	Peruta, A.; Shields, A. B.	2017	83
5	整合营销传播的前置因素以及高等教育中有计划的品牌形象所带来的影响（Imc Antecedents And The Consequences of Planned Brand Identity In Higher Educatior）	Foroudi, P.; Dinnie, K.; (…); Foroudi, M. M.	2017	61
6	高等教育品牌塑造：身份塑造过程中的等同性与差异性（Branding Higher Education: Equivalence And Difference In Developing Identity）	Lowrie, A.	2007	60
7	高等教育中的品牌个性：拟人化的大学营销传播（Brand Personality In Higher Education: Anthropomorphized University Marketing Communications）	Rutter, R.; Lettice, F.; Nadeau, J.	2017	56
8	社交媒体互动、大学品牌与招生绩效（Social Media Interaction, The University Brand And Recruitment Performance）	Rutter, Richard; Roper, Stuart; Lettice, Fiona	2016	54
9	服务质量、机构品牌和行为意向的综合过程模型：以一所大学为例（An Integrated-Process Model of Service Quality, Institutional Brand And Behavioural Intentions Thecase of a University）	Sultan, P.; Wong, H. Y.	2014	51

续表

序号	题目	作者	年份	被引（次）
10	高等教育中的品牌管理：大学品牌个性量表（Brand Management In Higher Education: The University Brand Personality Scale）	Rauschnabel, Philipp A.; Krey, Nina; Babin, Barry J.;	2016	49

在经典文献中，被引用最多的文献是"The Identity Salience Model of Relationship Marketing Success: The Case of Nonprofit Marketing"，该文作者主张，高等教育机构应与主要利益相关者构建持久的紧密联系。作者开发了一个非营利性质的关系营销模型，旨在解析基于个人或社会层面的交流互动关系，此模型中的核心概念为身份显著性，是关系营销成功的关键，此篇文章截至检索时已被引用了 433 次。① 相较于国内高校品牌传播研究，国外学者对国际学生的研究更为深入和全面。这是由于资金和政府支持的减少，许多国外高校为增加收入而积极寻求招收更多的国际学生。全球学生流动的趋势推动了国外高校对品牌表达与发展的需求，进而呈现出一种高校品牌企业化的趋势。② 社交媒体在高等教育品牌传播研究中是十分重要的议题，有学者发现不同类型的高等教育机构在社交媒体平台上获得的关注存在显著差异，这种差异的产生主要归因于两个关键因素：平台类型和内容发布频率。在通常情况下，高校通过潜在消费者或利益相关者习惯使用的平台便捷快速地接触到目标受众。同时，发布频率适中且内容质量上佳的账号往往能吸引更多的关注，也就是说，高校需要发布既有深度又能满足受众特定需求的优质内容才能引发他们的共鸣，从而发生进一步的转发分享行为。③ 可以看出高等教育品牌传

---

① D. B. Arnett, S. D. German, S. D. Hunt, "The Identity Salience Model of Relationship Marketing Success: The Case of Nonprofit Marketing", Journal of Marketing, Vol. 67, No. 2, April 2003, pp. 89-105.

② Hemsley-Brown, Jane, Goonawardana, Shivonne, "Brand Harmonization in the International Higher Education Market", Journal of Business Research, Vol. 60, No. 9, September 2007, pp. 942-948.

③ Peruta, Adam, Shields, Alison B., "Social Media in Higher Education: Understanding How Colleges and Universities Use Facebook", Journal of Marketing for Higher Education, Vol. 27, No. 1, September 2007, pp. 131-143.

播的研究领域正逐渐适应全球化和数字化的挑战。学术界对于如何有效利用社交媒体、如何通过品牌传播提高国际竞争力,以及如何构建和维护品牌身份的探讨,切实反映了现实中的需求变化。

2. 国外最早发表的高等教育品牌传播文献

检索结果见表2-19,国外学者早在1982年就对高等教育品牌传播进行了研究并发表了相关论文,这一时间点仅比品牌传播最早文献发表时间(1979年)晚三年,充分体现出高等教育领域对品牌传播理论需求之急迫。1980年代初,全球高等教育面临着竞争增加和市场化趋势,特别是在资金减少和招生压力增加的背景下,高等教育机构开始寻求新的方法来吸引学生和资金,因此推动了将市场营销理论应用于教育领域的研究。早期对高等教育品牌传播的研究主要集中在市场营销理论、择校行为、品牌形象、视觉传播元素以及品牌身份的认同与影响等方面,这些早期研究反映了尝试将商业市场营销策略应用于教育领域的趋势。通过观察还发现,高等教育品牌传播的研究不仅关注理论的发展,还强调实际应用,如择校行为和品牌形象的研究,直接关联到学生的选择和学校的市场定位。

表2-19　　　　　　　　高等教育品牌传播国外早期文献

序号	题目	作者	年份	被引(次)
1	在喧嚣世界中被听见——高校营销中的信息与媒体匹配(On Being Heard in a Noisy World-Matching Messages and Media in College Marketing)	Litten, L. H.; Brodigan, D. l.	1982	11
2	大学——推销的是理论,而非牙膏(The University-Marketing Theories, Not Toothpaste)	Krimsky, S.	1982	0
3	学生学业成绩水平、他们对未来入学的偏好以及对大学的印象之间的关系(The Relationship between Students Levels of School-Achievement, Their Preferences for Future Enrollment and Their Images of Universities)	Stanley, G.; Reynolds, P.	1994	3

续表

序号	题目	作者	年份	被引（次）
4	所授课程的趋势——来自大学营销集团（CMGs）高校教师数据库的见解（Trends in Courses Taught-Insights from Cmgs College Faculty Database）	Hood, J. F.	1995	0
5	关系营销成功的身份显著性模型：非营利营销的案例（The Identity Salience Model of Relationship Marketing Success: The Case of Nonprofit Marketing）	Arnett, D. B.; German, S. D.; Hunt, S. D.	2003	339
6	高校营销中的学术营销工具集（Academic Marketing Instrumentarium in the University Marketing）	Dudinska, E.	2004	0
7	外科手术教育与基于互联网的模拟：世界虚拟大学（Surgical Education and Internet-based Simulation: The World Virtual University）	Mutter, D.; Rubino, E.; Marescaux, J.	2005	10
8	中外合作办学项目中高等教育品牌建设研究（Research on Establishment of Higher Education Brand in Sino-Foreign Joint Education Program）	Zhen, Li; Yang, Baoling	2006	0
9	国际高等教育市场中的品牌协调（Brand Harmonization in the International Higher Education Market）	Hemsley-Brown, J.; Goonawardana, S.	2007	152
10	高等教育品牌塑造：身份塑造过程中的等同性与差异性（Branding Higher Education: Equivalence and Difference in Developing Identity）	Lowrie, A.	2007	60

3. 国外最新发表的高等教育品牌传播文献

国外高等教育品牌传播最新研究文献的统计结果见表2-20。其研究主要集中在以下两个方面：第一，社交媒体和线上口碑同样是高校品牌的研究重点。最新发表的文献也重点探讨线上口碑和社交媒体的影响，最新的研究文献集中探讨社交媒体平台（如Instagram、Bilibili等）在高等教育品牌传播中的应用。这些研究关注如何通过社交媒体提高品牌的可见度和参与度。第二，数据驱动的策略和评估方法。文献中提到了使用回归模型和其他统计分析方法来评估社交媒体策略的有效性，少数涉及高等教育品牌资产积累与大数据挖掘和分析，表明高等教育机构越来越依赖数据分析来优化其品牌传播策略。

在高等教育领域，品牌传播已变得越来越普遍和重要，其研究方向基本与品牌传播研究保持一致。尽管学者采用的研究视角和方法有所不同，但并未改变高等教育品牌传播研究的核心目标，即探究影响学生择校决策的因素并提高高等教育品牌传播的效果。此外，这也指出了未来研究的方向，即聚焦民办学校的核心业务，如何通过创新的数字营销策略和数据驱动的决策过程来提高民办学校的招生效果和品牌价值。

表2-20　　　　　　　　高等教育品牌传播国外最新文献

	题名	作者	年份	被引
1	通过构建员工品牌资产促进大学内部品牌建设及价值实现（Internal Branding of a University Business Through Building and Gaining from Employee-Based Brand Equity）	Duh, H. l.；Wara, H. U.	2023-07	0
2	高等教育社区的品牌发帖与协同创造：基于社会传播过程理论的研究（Brand posts and brand co-creation in higher education communities: a social communication process theory）	Le, Q. H；Tan, L. P.；Hoang, T. H.	2023-07	0
3	基于哔哩哔哩平台的中国高校品牌营销效能评估研究（Using social media for efficient brand marketing: An evaluation of Chinese Universities using Bilibili）	Li, L.；Zhang, J. Y.；An, X.	2023-08（在线发表）	0
4	演化战略管理中的信息技术：智能大学决策支持系统研究（Information Technology In Evolutionary Strategic Management: Decision Support system In Smart University）	Luckyardi, S.；Rahayu, A.；Hurriyati, R.	2023-06	0

续表

	题名	作者	年份	被引
5	大型初级保健儿科队列研究参与度影响因素分析——基于目标儿童纵向队列研究的发现（Factors associated with research participation in a large primary care practice-based pediatric cohort. Results from the Target Kids! longitudinal cohort study）	Li, X. D. ; Keown-Sttoneman, C. D. G. ; TARGetKids Collaboratiorn	2023-04	0
6	西班牙高校社交媒体传播的回归模型研究：高校社交网络参与度与关注者数量回归分析（Regression Model Study Of The Communication Of Spanish Universities On Social Media regression Analysis Of Engagement And Followers Of Universities On Social Networks）	Perez-Bonaventura, M. ; Josana, J. V.	2023-04	0
7	高校社交网络关注度与粉丝数量的回归模型验证（Regression Analysis Of Engagement And Followers Of Universities On Social Networks）	Perez-Bonaventura, M. ; Vilajosana, J.	2023-04	2
8	Instagram作为学术传播渠道的全球顶尖高校运营策略比较研究（Instagram as a communication channel in the academic field. Comparison of the strategies of the best universities in the world）	Blanco-Sanchez, T. ; Moreno-Albarracin, B.	2023-03	0
9	机构社交媒体活跃度评估模型构建及其在全球高校中的应用（A model for assessing the active presence of institutions on social media: application to universities worldwide）	Capriotti, P. ; Oliveira, A. ; Carreton, C.	2023-02	1
10	高校社交媒体内容战略的评估体系研究（Evaluating the content strategy developed by universities on social media）	Capriotti, P. ; Losada-Diaz, J. C. ; Martinez-Gras, R.	2023	9

(二) 国内高等教育品牌传播经典文献发表情况

上述有关高等教育品牌传播的文献发表量增长趋势表明，高校品牌传播的研究自诞生之日起便呈现出增长态势，并且逐步发展成为一个新的研究课题。学者也逐渐意识到，高校品牌传播是影响学生择校的重要因素，对学生择校行为的研究促进了高校品牌传播研究的进一步发展。随着高校生源竞争日趋激烈，公众对教育的需求日益增长，社会对人才的重视程度与日俱增，如何把握学生与学生家长的择校心理，理解并运用适应教育消费者的信息接收的传播方式，提升信息传递的有效性成为高校持续发展，品牌竞争力改进提升的关键。

1. 国内被引用最多的高等教育品牌传播文献

表2-21中所示的国内高等教育品牌传播经典文献清单反映了几个关键现象，首先，研究主题呈现出明显的多样性与深入性，涉及从高校图书馆品牌营销到专业品牌建设等多个方面。其次，高校品牌研究呈现出明显的递进性，可见，学者对于高校品牌形成和管理的持续关注。随着高等教育规模的拓大，高校之间的竞争愈发激烈，使得品牌建设成为高校吸引学生、教师并提高学校影响力的关键策略。需要关注的是，社会对教育质量的期待也快速上升，因此高校需要通过有效的品牌策略来提升其自身教育和服务的品牌影响力。从国内发表的高等教育品牌传播经典文献的梳理来看，学者在深化理论探讨的同时，也力求为实践者提供具体的操作策略，为快速有效构建和管理高校品牌提供助力。分析在中国知网检索统计得到的高校品牌传播研究领域被引用次数排名前十的文章（详见表2-21）可知，高校品牌传播的经典研究成果主要集中出现在2005—2009年，其研究课题主要集中在高校品牌概念的提出以及品牌化的构建要素，高校利益相关者、高校品牌文化的培育与品牌战略的实施上，这与上文中关键词分析也比较吻合。其中以张悦、张燚两位学者参与发表的文献最多，被引用次数排名也十分靠前，所涉及的三篇文献主要从高校利益相关者理论、高校品牌形成机制探讨品牌塑造与发展的重要性、大学品牌定位、高校品牌塑造与管理、高校品牌传播以及利益相关者的品牌体验评价，并对西方国家在高校品牌传播领域的代表性研究

成果进行了回顾与深入分析,具有较高的参考价值。①

表 2-21　　　　国内被引最多的高等教育品牌传播文献

序号	题目	作者	年份	被引（次）
1	高校利益相关者理论的研究现状及趋势	张燚、张锐、高伟	2009	68
2	基于微信的高校图书馆品牌营销现状与策略研究	洪海娟、卢振波	2014	63
3	高校品牌形成的驱动机理及塑造方法研究	张锐、张燚	2009	32
4	高校品牌研究：回顾与展望	张锐、张燚	2008	32
5	我国高校雇主品牌的要素与结构研究	赵书松、张要民、周二华	2008	30
6	高校专业品牌化建设刍议	施爱平、杨敏官、陈汇龙、叶丽华	2005	22
7	高校校园文化品牌培育策略探究	何小梅	2016	21
8	刍议我国高校体育文化品牌的基本要素	史冬博	2009	21
9	高校品牌的构建要素和经营策略分析	何志祥、祝海波	2007	21
10	浅议高校品牌战略的实施	刘芳	2005	21

2. 国内最早发表的高等教育品牌传播文献

笔者在中国知网上统计得出国内有关高校品牌研究主题的最早文献。由统计结果分析可知,我国学者对高校品牌传播的研究是进入 21 世纪后才开始的,这一时期国内对高校品牌的研究较少,主要集中在高校品牌意识的树立与品牌概念的认知和应用上,这也符合进入 21 世纪品牌相关理论越来越受到我国企业管理者重视这一趋势。表 2-22 展示了国内高等教育品牌传播早期阶段的特征和焦点,当时的研究主要关注于高校品牌的策略制定、品牌化建设以及品牌在高校竞争中的作用。例如,论

---

① 张燚、张锐、高伟：《高校利益相关者理论的研究现状及趋势》，《高教发展与评估》2009 年第 6 期；洪海娟、卢振波：《基于微信的高校图书馆品牌营销现状与策略研究》，《现代情报》2014 年第 12 期；张锐、张燚：《高校品牌形成的驱动机理及塑造方法研究》，《重庆文理学院学报》（社会科学版）2009 年第 1 期。

文标题中频繁出现"品牌战略""品牌竞争优势"和"品牌化建设"等词汇，反映了当时学术界和高校管理层对高校品牌建设重要性认识的提高。随着我国进入WTO以及更广泛的全球化进程，高等教育市场开始从封闭向开放转变，其中建立强有力的品牌形象成为关键策略之一。从被引次数来看，这些早期研究较多地引起了学者们的关注，尤其是像《新制独立学院终极所有权归属以及影响探析》这样的文章，探讨了独立学院的所有权问题及其对品牌建设的影响，显示了市场化背景下高等教育管理和运营所面临的复杂问题。这些研究的累积为后续更深入的高校品牌传播研究打下了基础，也为高校提供了实践中实施品牌战略的理论支持。

表2-22　　　　　　　　国内高等教育品牌传播早期文献

序号	题目	作者	年份	被引（次）
1	关于高校学报品牌栏目策划的思考	阎现章	2003	12
2	打造品牌：高校文科学报的根本出路	翁奕波	2003	5
3	新制独立学院终极所有权归属以及影响探析	朱军文	2004	33
4	品牌战略与高校软环境建设	黄步军	2005	14
5	高校专业品牌化建设刍议	施爱平、杨敏官、陈汇龙、叶丽华	2005	22
6	浅议高校品牌战略的实施	刘芳	2005	21
7	打造普通高校学报对外交流的知名品牌——以《MCCU》为例谈高校学报的未来发展	诸红、李宗红、李哲峰	2006	6
8	高校品牌竞争优势及其法则	谢祁	2006	7
9	高校品牌：走进传播新时代	谢祁	2006	11
10	高校竞争迈入品牌经营阶段	林慧	2006	1

3. 国内最新发表的高等教育品牌传播文献

表2-23列举了国内高校品牌传播研究的最新文献，可以看出，高校品牌传播的研究在发展过程中不断拓宽，研究主题更加细致，新技术、

新理念的应用也更加符合当下现实情况的需求。研究主题聚焦于媒体融合下的品牌策略、地区发展机遇，如粤港澳大湾区对民办高校的影响、"双一流"战略下的品牌路径分析、高校内部管理与文化活动的品牌效应，以及社会化和政治教育的品牌化。这些主题的出现反映出高校为适应数字化与媒体融合的挑战、响应区域经济发展策略、优化内容管理并通过品牌建设实现社会责任与教育目标的现代化途径。可见，高校品牌不再是笼统的概念，而是更加具体的、可进行实践操作的理论，这一点也符合品牌传播这一应用学科的特征。

表 2-23　　　　国内高等教育品牌传播最新研究成果

序号	题目	作者	年份
1	媒体融合视域下高校学报品牌传播现状与策略	朱峻宵、马德运、杨子岐、蔡振治、冯英姿	2020
2	粤港澳大湾区机遇下民办高校品牌建设策略研究	谭家颖、吴沁蓉、杨媛媛	2020
3	民办高校大学生品牌社团建设研究	李彦峰、范成博	2020
4	"双一流"战略下地方行业特色高校品牌建设路径分析	毕浩然、曾智	2020
5	基于企业形象识别系统理论的"双一流"高校品牌管理	季小雨、曾智	2020
6	精细化、品牌化和标准化对高校后勤改革的驱动性研究——以青岛大学后勤为例	周轶、孙超、姜文超	2020
7	"守正创新"的商圣文化衍生品高校品牌塑造与推广研究	傅瑜芳	2020
8	高校品牌文化活动对学生的影响及教育研究	马靖莹、彭立学	2020
9	民办高校大学生思想政治教育工作品牌化发展研究——以宿舍为主线	张顺友、李凤晴、王辰显	2020
10	融媒体视域下高校微信公众号品牌建构策略探析	韦丹阳、张雪	2020

二 高校品牌传播研究主要观点

本书通过梳理高校品牌传播的现有文献，发现相关研究主要集中在四个方向。首先，关于高校品牌识别与形象管理，该部分研究表明在全球化背景下，高等教育机构通过深入理解和应用品牌识别、内部品牌共创以及针对出口市场的定位策略来强化其品牌形象并提升其国际竞争力。其次，高校品牌定位与消费者行为分析的研究揭示了学生对高校品牌的感知直接影响其对学校的满意度、忠诚度以及推广行为，这一发现反映了高等教育机构在商业实践与社会理想间的定位。这部分不仅突出了品牌触点管理在塑造学生期望和提升教育体验中的重要性，还探讨了学生的择校行为如何受到品牌传播策略的影响，是高校品牌传播研究的核心部分。再次，社交媒体与高校品牌传播效果的研究强调了社交媒体在影响潜在学生的品牌感知和选择中的关键作用，以及如何通过口碑和网络互动强化或改变高校品牌形象。这些研究凸显了社交媒体在高等教育品牌传播中的战略重要性，尤其是在将学生视为消费者的观念日益普及的今天，社交媒体已成为塑造和传播高校品牌的关键平台。最后，关于高校品牌资产与效益评估，这一方向研究强调品牌资产是通过消费者对品牌的认知、情感和行为反应累积而成的。对于高校而言，这意味着通过有效的品牌传播不仅可以塑造独特的市场地位，而且可以直接影响潜在学生的入学决策。品牌资产理论的应用突出了高校品牌在塑造消费者对品牌价值感知方面的重要性。本书将深入探讨这四个方向的主要内容及其相关研究成果，为研究提供理论支撑。

（一）高校品牌识别与形象管理

在当前国际教育环境中，高等教育机构自身执行的品牌传播活动在品牌塑造和形象提升过程中发挥着重要作用。众多学者强调了高校品牌的多维性和动态性，他们明确指出在全球教育市场中高校品牌识别和形象管理的关键作用，学者研究表明，高校品牌的识别和形象管理需要综合考虑内部共创、全球化适应、市场定位策略以及文化多样性。有学者采用质性（案例分析、文本编码）与量化（回归分析与结构方程模型）的研究方法，探讨了高等教育中品牌识别、品牌内涵、品牌形象、品牌声誉以及品牌联盟等概念的应用，深入理解高等教育机构的品牌架构。[1] 特别是在高等教育机构品牌建设方面，有学者特别强调高等教育机构的品牌识别不仅是外部传播的结果，也是内部共创的过程。品牌共创的概念强调通过员工、管理层、同事及学生之间的互动，塑造和维护一致的高校品牌形象。这种内容互动确保了品牌信息的一致性和真实性，能够对外部品牌形象的塑造起到关键支撑作用。这种内部品牌共创的品牌思维可以有效地帮助高等教育机构内部利益相关者理解和传播品牌信息，促进品牌内涵的持续发展，在高校品牌识别与形象管理中占据核心地位。[2] 另外，有研究提供了高校的全球化与文化多样性适应的品牌战略视角，人类迁徙成为高校文化多样性的主要推动力，高校需要加强适应这种"文化熔炉"现象，以满足品牌组织和管理的需求，这一发现满足了品牌组织和管理的现实需求，随着全球化趋势加快，高校需在品牌管理中考虑文化多样性所带来的挑战和机遇，高校品牌的国际形象管理不仅要适应不同文化背景的学生需求，还要表现出高校的包容性和国际化特质。[3] 这种文化敏感性是高校在全球市场中维护和增强品牌形象的关键。还有学者通过探讨对外教育服务的市场定位进一步拓展了高校品牌管理与品牌形象塑造的领域，该视角不仅关乎教育服务的地理和文化拓展，也是高校品牌声誉管理的重要组成部分。[4]

---

[1] Hemslty-Brow, Melewar, Nguryen, and Wilson, "Exploring Brand Identity, Meaning, Image, and Reputation (BIMIR) in Higher Education: A Special Section", *Journal of Business Research*, Vol. 69, No. 8, August 2016, pp. 3019–3022.

[2] Dianne Dean, Ramon E. Arroyo-Gamez, Khanyapuss Punjaisri, Christopher Pich, "Internal Brand Co-Creation: The Experiential Brand Meaning Cycle in Higher Education", *Journal of Business Research*, Vol. 69, No. 8, August 2016, pp. 3041–3048.

[3] Felix Maringe, "Strategies and Challenges of Internationalisation in He: An Exploratory Study of UK Universities", *International Journal of Educational Management*, Vol. 23, No. 7, September 2009, pp. 553–563.

[4] Yousra Asaad, T. C. Melewar, Geraldine Cohen, John M. T. Balmer, "Universities and Export Market Orientation: An Exploratory Study of UK Post-92 Universities", *Marketing Intelligence Planning*, Vol. 31, No. 7, October 2013, pp. 838–856.

综上所述，高校品牌识别与形象管理涉及多方面因素的复杂过程，突出了内部参与者在塑造高校的公共形象、建立信任和吸引潜在学生方面所体现出的重要作用。

(二) 品牌定位与消费者行为

对高校品牌定位与消费者行为的关系的研究表明，品牌传播不仅影响学生的择校过程，还塑造了他们对教育质量感知和高校价值的长期态度。[1] 有研究指出，学生对高校品牌定位感知深刻地影响着他们对学校的满意度、忠诚度以及推荐行为，认为高校品牌的战略定位不仅需要聚焦于提升知名度和声誉，还应当关注学生的具体需求和期望。诸多学者使用市场营销理论对高校教育品牌传播进行分析，例如，有研究使用SWOT方法分析高等教育品牌传播的挑战与机遇，强调要提升高校声誉、选择合适的品牌战略及拓展与主要利益相关者的联系。其研究结果显示，品牌价值共创在高等教育领域具有重要的实践意义，高校需要通过有效的品牌管理与互动提升学生关注与社会影响。[2] 还有学者通过识别高等教育品牌传播过程中关键的品牌接触点，如入学前的期望设定、学习过程中的体验以及毕业后的职业发展支持等，认为这些接触点的构建和维持是强大高校品牌的关键，且直接作用于学生对高校品牌的感知和忠诚度。[3] 在这些研究中不乏消费者行为理论的分析，有学者探讨了教育作为"消费品"的学生感知路径，发现学生对于教育的期望与现实之间存在差距。其研究结果表明，高校在进行宣传推广时需要关注教育的实际价值和质量，不能过度依赖商业运作强化学生对理想化校园生活方式的

---

[1] Riza Casidy, "The Role of Brand Orientation in the Higher Education Sector: A Student-Perceived Paradigm", *Asia Pacific Journal of Marketing and Logistics*, Vol. 25, No. 5, November 2013, pp. 803-820.

[2] Francescan Pucciarelli, and Andreas Kaplan, "Competition and Strategy in Higher Education: Managing Complexity and Uncertainty", *Business Horizons*, Vol. 59, No. 3, May-June 2016, pp. 300-320.

[3] Monica Khanan, Isaac Jacob, and Neha Yadav, "Identifying and Analyzing Touchpoints for Building a Higher Education Brand", *Journal of Marketing for Higher Education*, Vol. 24, No. 1, June 2014, pp. 122-143.

期望。① 有学者指出，在将学生视作"高校客户"的概念下，很少有研究直接证明高额学费对学生的消费倾向及学生成绩的影响，研究发现，在消费导向概念介入了传统的求学者身份后，强烈的消费观念倾向会导致学生的学习成绩下滑。②

综上所述，这些研究共同解释了高校在塑造品牌和进行市场定位时，需要考虑到消费者行为的多维度影响，特别是在不同信源或传播渠道的价值传递对学生以及家长实际需求的满足程度，在消费者行为方面的研究中关于学生择校模型的研究体量庞大且成果丰富，这部分文献综述将在后续的分析中单独加以详细论述。

（三）社交媒体与高校品牌传播效果

有研究分析了"五大"性格模型中的三个维度（外向性、情绪稳定性和开放性）与社交媒体使用之间的关系，发现外向性和开放性与社交媒体使用呈正相关，而情绪稳定性与其呈负相关，这说明性格特质是影响社交媒体使用频率的重要因素，尤其是在年轻群体中，外向性的影响尤为突出③，这种人格特征与社交媒体使用的关联为高校提供了在品牌传播过程中针对特定学生群体的新视角。也有学者分析了学生在被作为"高校客户"视角下，支付高额学费对其消费行为和学生成绩的潜在影响。研究发现，高消费者取向的学生往往学习成绩不佳，显现出学费投入与教育质量感知之间的复杂关系④，这一发现对中国民办高校的品牌传播提出了新挑战，即如何平衡商业化推广与教育质量的真实展示。另

---

① Helen Haywood, Rebecca Jenkins, and Mike Molesworth, *The Marketisation of Higher Education and the Student as Consumer*, London: Routledge, 2010, p. 13.

② L. Bunce, A. Baird and S. E. Jones, "The Student-As-Consumer Approach in Higher Education and Its Effects on Academic Performance", *Studies in Higher Education*, Vol. 42, No. 11, January 2016, pp. 1958-1978.

③ Teresa Corres, Amber Willard Hinsley, and Homero Gil De Zúñiga, "Who Interacts on the Web? The Intersection of Users' Personality and Social Media Use", *Computers in Human Behavior*, Vol. 26, No. 2, March 2010, pp. 247-253.

④ Louise Bunce, Amy Baird, and Siân E. Jones, "The Student-As-Consumer Approach in Higher Education and Its Effects on Academic Performance", *Studies in Higher Education*, Vol. 42, No. 11, November 2016, pp. 1958-1978.

外,基于社交媒体目前的使用情况,有学者特别关注社交媒体平台上口碑传播在高等教育选择中的作用,指出不同的信息源在学生决策过程中的影响力各不相同。高校品牌态度主要通过口碑传播信息的认知处理形成,社交媒体加强了该因素对学生行为的影响[1],这也是本书要重点探讨的内容,民办高校需要明确哪些信源会对学生产生何种影响,如何能够通过有效管理和引导口碑传播来塑造其品牌形象。可见,这些研究从学生的性格特征对社交媒体使用的影响,到社交媒体如何作为一个强有力的口碑传播工具,以及学生如何作为"消费者"在这个过程中发挥作用进行了深入研究。

（四）高校品牌资产与效益评估

有学者关注通过精确的市场细分和个性化传播提升品牌传播效果,在美国和德国的对比分析中发现,尽管互联网是获取学校信息的主要渠道,但是大学依旧没有抛弃传统出版印刷物料的使用,这显示出高校在整合传统和现代传播渠道时需要更加关注信息的质量和交互性。[2] 国内学者的研究进一步深化了品牌资产的概念,强调顾客基于品牌的认知所产生的品牌资产不仅包括知识和情感,还涵盖行为反应。高校通过传递强有力的品牌信息,激发学生和家长的品牌反应,不断累积和增强其品牌资产。高校品牌的强度和独特性能够显著影响潜在学生的选择,这种影响体现在学生对学校的偏好、购买意愿及对品牌教育服务的价值感知上。这些研究表明高校品牌资产的积累不仅依赖于有效的外部品牌传播,还需要内部的品牌管理和价值实现。品牌资产的强化最终影响学校的市场表现和学生招募成效,是高校品牌传播效果的关键衡量标准。[3] 这些研究为本书提供了采用多信息源渠道来有效评估高校品牌传播效果的理论基础。本书根据

---

[1] Kristiina Herold, Anssi Tarkiainen, and Sanna Sundqvist, "How the Source of Word-of-Mouth Influences Information Processing in the Formation of Brand Attitudes", *Journal of Marketing of Higher Education*, Vol. 26, No. 1, January 2016, pp. 64-85.

[2] Katrin Obermeit, "Students' Choice of Universities in Germany: Structure, Factors and Information Sources Used", *Journal of Marketing for Higher Education*, Vol. 22, No. 2, December 2012, pp. 209-230.

[3] 余明阳、朱纪达、肖俊崧:《品牌传播学》,上海交通大学出版社2016年版,第50—56页。

文献资料整理出整合营销传播以建立品牌资产关系的途径（见图2-19）。

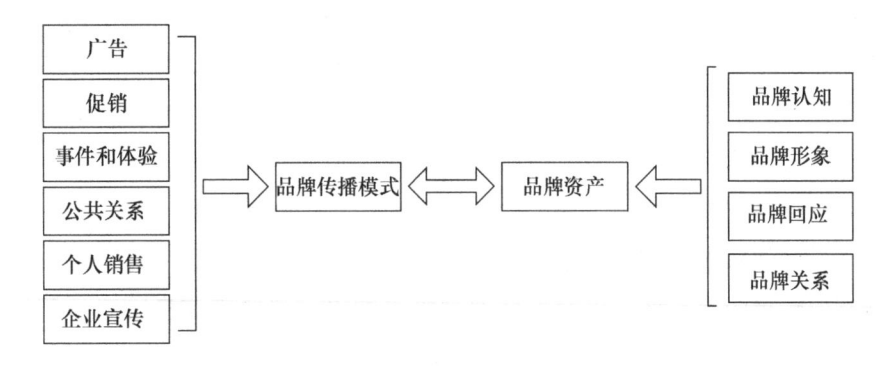

```
┌─────────┐
│  广告    │
├─────────┤
│  促销    │
├─────────┤                                      ┌─────────┐
│事件和体验│                                      │品牌认知 │
├─────────┤      ┌─────────┐      ┌─────────┐    ├─────────┤
│  公共关系│ ──► │品牌传播  │ ◄──►│品牌资产 │◄── │品牌形象 │
├─────────┤      │  模式    │      └─────────┘    ├─────────┤
│  个人销售│      └─────────┘                     │品牌回应 │
├─────────┤                                      ├─────────┤
│  企业宣传│                                      │品牌关系 │
└─────────┘                                      └─────────┘
```

图 2-19　整合营销传播建立品牌资产

资料来源：笔者通过对美国菲利普·科特勒、凯文·莱恩·凯勒、亚历山大·切尔内夫所著的《营销管理》（陆雄文、蒋青云、赵伟韬、徐倩、许梦然等译，中信出版集团 2022 年版，第 73—86 页）文献中资料整理而得。

（五）学生择校模型

对学生择校模型的研究正处于整理发展中，现代高等教育市场的品牌化现象逐渐显著。有学者强调，高校应采用精准的市场策略来吸引适合的学生。这包括运用关系营销理论来满足学生的信息需求、提供优质的服务，并满足学生的期望。针对学生的独特需求，高校应量身定制传播策略，从学生初次查询信息开始一直到其毕业求职。在整个过程中，高校都应与学生保持持续的联系，确保信息的准确传达。这样做不仅可以提高入学学生的留存率，还能够增强毕业学生对高校的口碑评价。学者借鉴品牌选择框架来分析学生如何在众多大学中做出选择。这一分析框架认为，所有品牌都可以被归类为"总集"，"总集"又被划分为"认知集"与"无认知集"。那些尚未被认知的品牌都存在于"无认知集"中，处于"无认知集"中的品牌是无法被消费者考虑甚至选择的。因此，必须采取各种努力与措施使品牌进入消费者的"认知集"中。但进入"认知集"并不意味着一定会被选择，在"认知集"内部，又细分为三类：考虑集、无效集和无能集，分别代表了积极、中性和消极三种品牌感知或者说品牌形象。这一划分充分表明，只有那些成功进入"考虑集"中的品牌才有可能被选择，获得消费者的青睐。换言之，只有那些成功进入"考虑集"中的高校才有可能引发学生的择校行为（见图2-20）。有学者研究发现，"考虑集"内的高校品牌一般不会超过5所，且学校类别存在一定差异，"考虑集"的特点包括其数量、类型和决定介质，其中决定介质通常是家人、朋友或其他认识的人与该高校的相关的经历。在学生选择高校的过程中，决策往往会受到他人经验和影响，尤其是家人、朋友或其他熟人在该校的学习或工作经历的显著作用。这凸显了高校品牌有效传播的重要性，以及如何通过恰当的渠道将关键信息准确地传递给学生[1]，这是触发学生择校行为的核心因素。此外，在校生、毕业生和教职工中也扮演着重要的角色，尤其是在校生和毕业生对高校品牌的体验和满意度，对于高校品牌的整体影响力至关重要。需要注意的是不同国家和地区在高等教育志愿填报制度与录取政策上有所不同，在使用该模型进行择校行为分析时存在差异，尽管如此，作为择校行为模式的底层逻辑依然具有普适性。

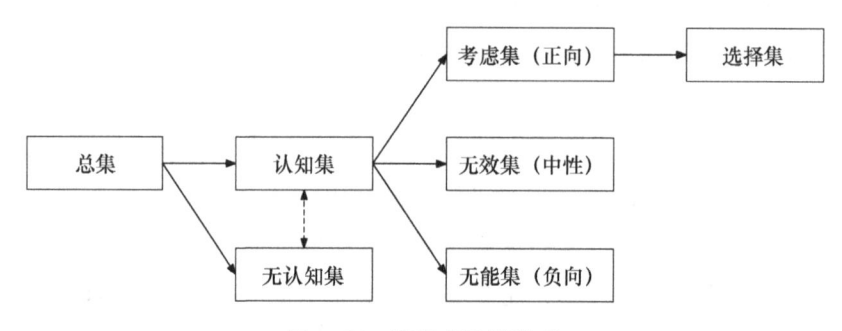

图2-20 消费者决策模式

资料来源：A. L. Stephenson, D. B. Yerger, "Does Brand Identification Transform Alumni into University Advocates?", *International Review on Public and Nonprofit Marketing*, Vol. 11, No. 3, June 2014, pp. 243-262. 笔者通过对比文献中资料加以整理得出。

通过对现有研究的梳理，发现大多数学生择校模型研究是基于D.

---

[1] Turley, L. W., Leblanc, R. P., "An Exploratory Investigation of Consumer Decision Making in the Service Sector", *The Journal of Services Marketing*, Vol. 7, No. 4, April 1993, pp. 11-18.

Chapman 在 1978 年提出的择校模型的演变和发展（见图 2-21）。D. Chapman 认为，在选择大学时，学生会受到外部因素的影响，包括他人的影响、机构的特征以及学校对学生群体的宣传。特别强调了家人、朋友、高中老师等对学生对大学期望形成的重要性，其中尤其是在与学费和就读成本相关的决策方面，父母的影响尤为显著。[①]

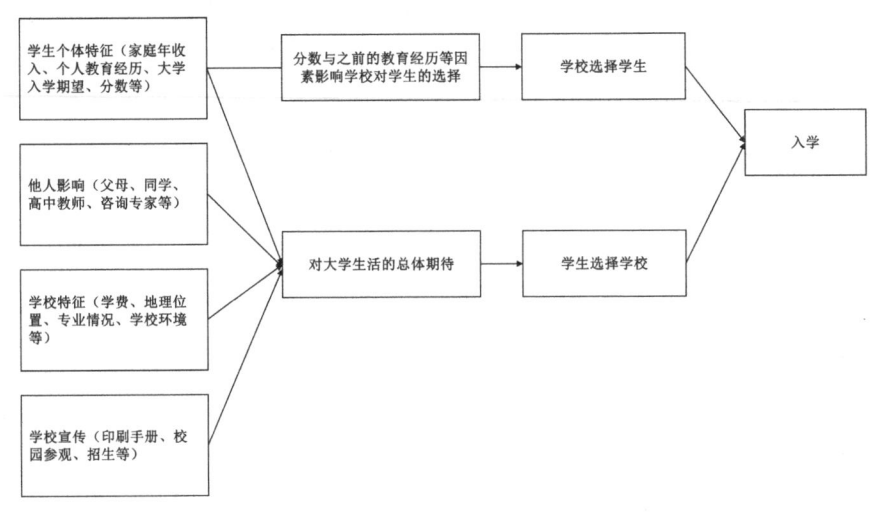

图 2-21　D. Chapman 择校模型

资料来源：D. Chapman, "A Model of Student College Choice", *The Journal of Higher Education*, Vol. 52, No. 5, October; 1981, pp. 490-505.

该模型充分考虑了外部因素对学生择校的影响，主要包括他人的影响、学校的特征以及学校对学生群体的宣传。需要特别说明的是，该模型不仅考虑了学生个体特征对择校结果的影响，还特别强调了学校宣传的重要性。这些外部因素（他人的影响、学校的特征、学校的宣传）与内部因素（学生个体特征）相结合，使得不同学生对进入大学就读产生了多样化的期待。在该模型中，他人的影响是一个重要因素，学生对大学学习的期待主要源自家人、同龄人以及在该校就读的学生的影响。另一个

[①] D. Chapman, "Improving Information for Student Choice：The National Effort", *The National Acac Journal*, Vol. 23, No. 1, Journal 1979, pp. 25-28.

主要因素是机构的特征，学生在选择学校时优先考虑那些招收与他们自己学术能力相似的学校。机构特征的影响因素包括录取条件、学校所在地以及所选专业等。最后一个重要因素是"传播"，研究发现，在最初的选择过程中，学校印刷的宣传材料在影响学生对某一高校的看法时所发挥的作用很小。因此，Chapman 建议将学生的研究扩展到对其家长的研究上，以更好地理解"宣传"在吸引学生过程中的作用。从这个模型可以看出，择校行为是双向的。一方面，学生在确定目标院校并提交申请后，学校也要决定向哪些学生发送录取通知书。随后，学生又面临着一次选择——是否接受录取。只有当这个过程完结时，择校行为才真正结束。

R. Chapman 1986 年对 D. Chapman 的学生选择大学的行为模型做了进一步发展，将学生选择大学的过程细分为五个阶段：1——搜索前行为；2——搜索行为；3——申请决定；4——选择决定；5——入学决定。[①] R. Chapman 指出，第一阶段是研究中最具挑战性的部分，因为每个学生的经历都是独特的，对于某些学生而言，这一阶段可能从小学就已经开始，伴随着家长和亲友对大学的持续讨论。在此阶段，学生主要依赖父母、朋友、老师或目标学校的校友来获取学校信息，也有学生选择进行校园参观以加深理解。

1993 年，R. Chapman 进一步扩展了这一模型，加入了信息感知变量对学生择校决定的影响，强调了学生对学校信息的感知及其形成的偏好。这一新模型分为三个阶段：第一阶段——感知判断阶段；第二阶段——偏好形成阶段；第三阶段——选择行为阶段。在感知判断阶段，学生和家长会评估学校的教学质量、声誉、录取标准、毕业生就业率、整体形象和办学性质（如公立或私立），同时对学校提供的生活质量和地理位置进行考量。到了第三阶段，学生开始积极寻找目标院校，与学校的利益相关者进行沟通，甚至可能通过实地参观来评估未来的学习生活。

---

① R. G. Chapman, "Non Simultaneous Relative Performance Analysis: Meta-Analysis from 80 College-Choice Surveys with 55, 276 Respondents", *Journal of Marketing for Higher Education*, Vol. 13, No. 4, July 1993, pp. 405-422.

有学者基于 R. Chapman 五阶段模型，提出了一个六阶段大学品牌选择决策过程模型：1——产生需求；2——信息收集；3——选择集评估；4——选择决定；5——决策执行；6——购后评估。[①] 前三个阶段主要是关于大学特征信息的收集和评估，这些信息的评估通常基于口碑传播或其他来源的影响，直至影响最终决策阶段的发生，最终进入购后评估阶段，以评估决策后的满意度。

有学者使用 R. Chapman 的模型进行实证研究，发现影响学生择校的因素可分为"理性因素"和"情感因素"。理性因素包括学术、就业、教育质量、成本、学费和学校声誉等，而情感因素则涉及个人价值观、愿望、期望和社会文化的影响，这些因素较难衡量，因为它们基于个人和主观的标准。[②] 随着研究的深入，学者越来越认识到没有任何一个模型能够适用于解释所有学生的择校行为。因此，有学者尝试将现有的择校行为模式进行系统分析，将其划分为经济成本模型、社会情感决策模型与混合模型。[③] 经济成本模型强调对学术声誉、学校认证、学费成本、就业前景、教学质量等因素的评价。在大学择校过程中，经济因素通常占据主导地位，学生和家长会将选择学校视为一种"投资行为"，评估学业完成后提升社会地位的潜在收益。社会情感决策模型主要考虑个人接触、父母的影响、地理位置、社会生活等方面。社会学模型包括学生的个人特征、种族、同伴群体、学校环境、父母的期望及学生和父母的志向等因素。其中演化出心理学模型，该模型关注学生对大学教育对其个人影响的看法。研究发现社会、经济因素及之前的经验和习惯是影响择校的主要因素。同时，结合社会学和心理学模型的研究建构了一个择校地位获得模型，由于国外私立院校的学术水平和学校形象通常与较高

[①] [美]菲利普·科特勒、凯伦·F. A. 福克斯：《教育机构的战略营销》，庞隽、陈强译，企业管理出版社 2005 年版，第 75 页。

[②] F. Angulo, A. Pergelova, J. Rialp, "A Market Segmentation Approach for Higher Education Based on Rational and Emotional Factors", *Journal of Marketing for Higher Education*, Vol. 20, No. 1, January 2010, pp. 1-17.

[③] M. Raposo, H. Alves, "A Model of University Choice: An Exploratory Approach", *Mpra Paper*, Vol. 1, No. 5523, October 2007, pp. 203-218.

的学费相对应，因此更受高收入家庭学生的青睐。混合模型综合了经济学、社会学和心理学的因素，反映了消费导向型择校模型的发展，突出了高校对营销宣传的重视。研究发现，在做出大学品牌决策时，消费者会考虑学校的整体声誉、教育机会、教学条件水平、先前对学校的了解、个人因素以及他人的影响。研究显示，决策的形成是这些因素相互作用的结果，每个因素都很重要，但没有哪一个因素是决定性的。因此，学校需要平衡地对待这些影响学生决策的各种因素。

第四节 民办高校品牌传播各变量的内涵

高校品牌传播需要将师资、课程、设施等，以及文化、价值观等与其自身形象相关的信息传递给潜在消费者，而消费者对学校的态度、联想以及支持行为等，都可以被视作高校品牌资产。[1] 品牌传播在高等教育领域可以被细分为两大类：一是高校能够控制的传播活动，如广告、促销、推广、定价、售后服务等；二是超出高校掌控范围的传播，如口碑的形成。[2] 研究表明，高校品牌传播的核心在于向学生提供清晰的服务承诺和显著的顾客价值，培养学生并使其获得相应的知识和技能，从而支持其职业生涯的发展。[3] 因此，高校品牌传播需确保及时提供准确且真实的信息，避免学生因不切实际的期望而做出错误的教育选择。[4] 由于教育服务的提供与消费同时进行，高校品牌传播面临着独有的风险。学生的体验和反馈可以显著影响其他潜在学生的决策，因此需要

---

[1] Khoshtaria, Tornike, D. Datuashvili, and A. Matin, "The Impact of Brand Equity Dimensions on University Reputation: An Empirical Study of Georgian Higher Education", *Journal of Marketing for Higher Education*, Vol. 30, No. 2, July 2020, pp. 239-255.

[2] Apaydin, Fahri, "Examining the Effects of Nonprofit Brand Communications on Nonprofit Brand Evaluation", *Mediterranean Journal of Social Sciences*, Vol. 2, No. 3, September 2011, pp. 106-118.

[3] Stephenson, Amber L., A. Heckert, and D. B. Yerger, "College Choice and the University Brand: Exploring the Consumer Decision Framework", *Higher Education*, Vol. 71, No. 4, July 2015, pp. 489-503.

[4] Ana I. Callejas-Albiñana, Fernando E. Callejas-Albiñana, Isabel Martínez-Rodríguez, "Emotional Effects on University Choice Behavior: The Influence of Experienced Narrators and Their Characteristics", *Frontiers in Psychology*, Vol. 24, No. 7, May 2016, pp. 689-710.

高校对这些"消费者声音"进行适当的管理,鼓励学生提供准确的反馈。高校品牌的复杂性还体现在其与多个利益相关方(学生、父母、教师、行业人员、专业团体、政府、校友等)建立长期关系的需要上。选择高校是学生面临的一项重大且有风险的决策,高等教育不仅仅是提供学位,更关键的是促进学生的心智发展、专业技能提升以及实现毕业后的职业目标。因此,高校必须通过系统综合的品牌传播策略,确保潜在学生和其家庭能够基于全面和准确的信息进行最合适的教育选择。

本书通过文献梳理得出品牌传播的主要方式(详见表2-24),前四种更多的是大众媒体传播类型,后四种是更加个体化的传播方式。

表2-24　　　　　　　　　　品牌传播方式

传播方式	内涵定义
广告(advertising)	特定的品牌所有者以非个人的付费形式发布品牌、商品或服务介绍和促销信息的活动
促销(sales promotion)	鼓励使用或购买产品或服务的各种短期激励措施
事件和体验(events and experiences)	由品牌所有者赞助的活动,旨在创造与品牌相关的互动
公共关系(public relations)	旨在促进或保护公司形象或其品牌产品的各种计划
个人销售(personal selling)	与一个或多个潜在消费者进行面对面互动(现在也包括社交网络的一对一连接),以产品或服务特性进行演示、回答问题和获取订单
直接营销(direct marketing)	品牌所有者使用邮件、电话、传真、电子邮件或互联网直接与特定的顾客或潜在消费者沟通
互动营销(interactive marketing)	通过直接或间接的在线活动以提高顾客或潜在消费者对品牌的认知,改善品牌形象,促进产品或服务的销售

续表

传播方式	内涵定义
口碑营销 （word-of-mouth marketing）	人与人之间的口头、书面或电子交流，涉及购买或使用产品或服务的优点或经验

资料来源：[美]肯尼思·E. 克洛、唐纳德·巴克：《广告、促销与整合营销传播》，应斌、王虹译，清华大学出版社2015年版，第330—337页。笔者通过对这一文献资料整理得出。

一 民办高校官方传播

品牌所有者在选择传播方式的同时，也明确了传播的渠道，这可以从企业或组织的营销视角分为两大类：亲密渠道和大众渠道。亲密渠道涉及两个或更多人之间的直接交流，能够提供高度个性化的互动。这类渠道的受众群体通常较小，有时甚至是一对一的沟通形式，如电话、电子邮件或在线即时通信。该渠道允许根据每位接收者的具体需求和偏好定制信息。这种个性化的传播方式使得信息更加贴合接收者的实际情况，通信双方可以直接互动，实现即时反馈和对话，这不仅有助于双方深入了解，还提高了信息的传递效率和信任度。由于亲密渠道通常一对一进行，其信息具有一定的定制性，因此质量较高，更有利于建立深层次的个人联系。大众渠道指的是向广泛受众传播品牌信息的方式，包括媒体、促销活动、公关等。这种渠道通常不针对特定个体定制信息，而是向大量人群传达相同或类似的消息。其主要特点包括一对多的传播方式、非个性化信息、延时反馈以及广泛的覆盖范围。大众渠道允许一个信息源同时向多个接收者发送信息，例如通过电视广播、报纸、杂志或在线平台。这种传播方式可以迅速覆盖广大的受众群体。与亲密渠道相比，大众渠道的反馈通常是间接的和集体的，获取和处理反馈信息需要依赖调查和分析工具。通过扩大传播范围，大众渠道能够产生广泛的影响力。

民办高校要确保学生招得进、留得住、推得出，除了师资、课程、设施等方面外，还需要将文化、价值观等与其自身形象相关的信息传递给公众。因此，高校必须进行有效的品牌传播以确保信息的准确传递。高校品牌传播的主要任务包括：树立与提升其自身的品牌形象；向受众提供产品与服务的信息，以吸引潜在教育消费者；提升在校生、毕业生与员工的满意度，并获取他们的支持；满足家长、社会、用人单位、政府等利益相关者的信息需求，等等。高校品牌传播的主要传播对象包括潜在教育消费者（学生）、学生家长、用人单位等其他合作单位、政府、社会等。本书认为，"民办高校官方传播"是由学校作为传播主体，以学生群体作为受众进行的品牌传播活动。这种传播可以通过亲密渠道和大众渠道来实现，各自有不同的特点。亲密渠道包括与潜在学生进行的一对一招生咨询，以及通过定制化的短信或社交通信即时消息直接与学生及其家长进行一对一的沟通。而大众渠道则通过媒体宣传、促销活动和公关活动等方式，将学校的信息广泛传播给更多的受众，包括潜在学生、家长以及其他利益相关者。

二 口碑传播：个人社交口碑和公共渠道口碑

从心理学角度来看，消费者行为是指在消费决策过程中进行的一系列行为，这些行为是由于个人感知某种需求未被满足而产生的，消费者决策的过程并不总是做出理性判断，在消费者某个个人愿望的需求特别强烈时，具有一定专业知识或经验的人的意见可以促使消费者产生行为意向，从而产生行为。早期的学者将其定义为品牌、产品或服务感知的传播者与信息接收者之间口头的、面对面的交流，也就是口碑（Word of Mouth，WOM）[1]，是做出购买决策前信息的主要来源，是形成消费者态度的关键，通常被认为是消费者之间与购买、消费、体验相关的非正式的信息交换。有学者对口碑的内涵进行补充，认为口碑传播既存在于宏观层面的探究（跨群体的交流）上，又存在于微观层面的探究（群体内部的交流）[2]上。口碑传播是概念化的一种群体现象，即两个或两个以上的人的意见、思想和观念的交流，在这个

---

[1] Arndt, Johan, "Selective Process in Word of Mouth", *Journal of Advertising Research*, Vol. 8, No. 3, August 1968, pp. 19–26.

[2] Jacqueline Johnson Brown, Peter H. Reingen, "Social Ties and Word-of-Mouth Referral Behavior", *Journal of Consumer Research*, Vol. 14, No. 3, December 1987, pp. 350–362.

群体中没有任何传播者是代表品牌官方进行活动的。① 口碑传播是将其自己对品牌的产品或服务的不满告知身边至少一个朋友或熟人，尽管许多组织已经意识到消费者意见的重要性，并且试图鼓励消费者与组织方进行沟通，过去的研究发现，这种报告不满和投诉的行为发生的概率并不高，但是在互联网普及的时代，这种传播从时间与空间层面波及的范围极广。② 有研究发现，三分之二的受访者表示，当他们对产品或服务感到不满意时，他们并不是直接与服务提供商沟通，由于各种原因，一些不满意的消费者表示他们自身不愿意"抱怨"，还有一些消费者认为，与工作人员因不满意的事宜进行沟通只会引起额外的烦恼。后者可能会采取替代行动，也就是负面口碑，产生负面的传播行为，以宣泄他们的不满，这时消费者选择将他们的不满和问题告诉身边的人而不是品牌本身。口碑传播的概念被许多学者定义为信息传播者与信息接收者关于品牌、产品、组织或者服务的非正式、非商业形式的人与人之间的信息交换，"非正式"与"非商业"形式表明，这类口碑传播是一种不可操纵的传播方式，并且它是独立于品牌官方组织之外的。③ 麦肯锡公司的一项分析指出，超过三分之二的美国经济受到口碑传播的影响④，但是也有学者认为口碑的世界是可被管理的，企业或组织可雇用人进行口碑传播，在一定程度上使其变得可操控，并且可以作为一种正式品牌传播方式进行管理。⑤

有学者揭示了高等教育领域中口碑传播被作为品牌官方传播的重要补充，将评估复杂性纳入品牌态度维度，深化了对口碑传播影响的解

---

① Paula A Fitzgerald Bone, "Determinants of WOM Communication during Product Consumption", *Advances in Consumer Research*, Vol. 19, January 1992, pp. 579-583.

② Vincent K. Omachonu, Joel E. Ross, *Principles of Total Quality*, Boca Raton: CRC Pr I Llc, 1994, p. 329.

③ Eugene W. Anderson, "Customer Satisfaction and Word of Mouth", *Journal of Service Research*, Vol. 1, No. 1, August 1998, pp. 5-17.

④ Paula A Fitzgerald Bone, "Determinants of WOM Communication during Product Consumption", *Advances in Consumer Research*, Vol. 19, January 1992, pp. 579-583.

⑤ K. Michael Haywood, "Managing Wom Communications", *The Journal of Services Marketing*, Vol. 3, No. 2, February 1989, pp. 55-67.

释，这项研究包含两类信源渠道：一是个人社交口碑；二是公共渠道口碑。个人社交口碑指的是学生对品牌信息的接收是从其个人社交圈内获取的，这类信息通常来源于他们认为可靠的个人（如朋友、家人或已经就读或毕业的学生）。相比之下，公共渠道口碑（如广告、官方宣传等）的信息则多被视作简单的信息线索。[1] 该部分也为本书提供了理解民办高校学生择校影响因素的理论基础。在此基础上，有学者尝试使用个人社交口碑与公共渠道口碑两种传播信源来验证其对学生择校行为的影响[2]，个人社交口碑包括学生或家长的社交关系，例如，朋友、家人、熟人和同事、其他消费者评论等传播方式属于强关联口碑传播；公共渠道口碑包含专栏、文章、记者、报纸或杂志等出版物、网络论坛，或专家评论等。[3]

口碑传播在高等教育领域也有十分明显的效果，研究表明，通过高校品牌态度的形成来评估不同信源对学生决策行为的影响，证实口碑传播作为品牌信息传递的信息源所产生的传播效果对学生与家长有直接影响。[4] 中国高校面临的问题是，考生高考分数线划定后，学生有若干个志愿可以选择，因此能否进入考生的"选择集"十分重要。随着2020年新高考制度在我国部分试点省市落地，某些省份的考生可选择高达96个志愿。在这种情况下，学校的口碑直接影响着考生和家长对目标高校、目标专业的认知和偏好，对他们的"选择集"产生重要影响。当前，消费者通常利用智能手机、计算机、平板电脑等终端设备通过互联网获取品牌相关信息，通过视频、图片、文字等直观方式来接收品牌信息。在这种情

---

[1] K. Herold, A. Tarkiainen, S. Sundqvist, "How the Source of Word-of-Mouth Influences Information Processing in the Formation of Brand Attitudes", *Journal of Marketing for Higher Education*, Vol. 26, No. 1, January 2016, pp. 64–85.

[2] Sénécal, Sylvain, Pawel Jan Kalczynski and Jacques Nantel, "Consumers' Decision-Making Process and Their Online Shopping Behavior: A Clickstream Analysis", *Journal of Business Research*, Vol. 58, November 2005, pp. 1599–1608.

[3] Sénécal, Sylvain and Jacques Nantel, "The Influence of Online Product Recommendations on Consumers' Online Choices", *Journal of Retailing*, Vol. 80, January 2004, pp. 159–169.

[4] Jonah Berger, "Word of Mouth and Impersonal Communication: A Review and Directions for Future Research", *Journal of Consumer Psychology*, Vol. 4, October 2014, pp. 586–607.

况下，出现了在线口碑（E-Word of Mouth，E-WOM）的概念，这指的是消费者在网络上分享他们对特定产品或服务使用的个人经验，尤其是一些录制的分享品牌体验的视频更能够引起关注。[1] 研究发现，近80%的网民在购买前会阅读他人的意见或评论，其中超过一半的人选择相信这些评论，在线口碑影响了20%—50%的消费者的购买决策。可见，E-WOM提供了极具影响力的说服信息，远比其他付费广告的影响要大，现阶段学生和家长在选择高校和专业时也会倾向于通过在线口碑来获取高校品牌传播信息。

三 民办高校品牌服务质量感知

有研究表明，服务质量感知是指个体对特定服务提供者所提供服务的主观认知和评价[2]，在高等教育领域，服务质量感知通常涉及学生对学校所提供的教学、科研、管理以及学校设施和校园环境等方面的评价。学生对学校服务质量感知直接影响其对学校的满意度和忠诚度，对于提升学校的品牌形象、吸引优质生源、提高教育质量具有重要作用。[3] 感知价值强调学生（作为消费者）对教育服务质量（作为产品或服务）的主观感知，这一理论在学校满意度研究中得到广泛应用。[4] 感知价值理论（Perceived Value Theory）最早由Philip Kotler在1967年提出，是解读消费者购买行为的理论，它的提出者认为该理论能有效弥补经济学理论在消费者体验、评价等主观因素测量上的不足。随着该理论的发

---

[1] Ana I. Callejas-Albiñana, Fernando E. Callejas-Albiñana, Isabel Martínez-Rodríguez, "Emotional Effects on University Choice Behavior: The Influence of Experienced Narrators and Their Characteristics", *Frontiers in Psychology*, Vol. 24, No. 7, May 2016, pp. 689-710.

[2] A. Parasuraman, V. A. Zeithaml, Leonard L. Berry, "Servqual: A Multiple-Item Scale for Measuring Consumer Perceptions of Service Quality", *Journal of Retailing*, Vol. 64, No. 1, Spring 1988, pp. 12-40.

[3] Katrin Obermeit, "Students' Choice of Universities in Germany: Structure, Factors and Information Sources Used", *Journal of Marketing for Higher Education*, Vol. 22, No. 2, December 2012, pp. 209-230.

[4] Gruber, Thomas, Fuß, Sandra, Voss, Rüdiger, Gläser-Zikuda, Michaela, "Examining Student Satisfaction with Higher Education Services: Using a New Measurement Tool", *International Journal of Public Sector Management*, Vol. 23, No. 2, March 2010, pp. 105-123.

展和应用，Zeithaml 提出"服务质量—价值—满意度"模型[①]，Holbrook 和 Hirschman 提出了"消费者价值理论"，并将感知价值作为一项核心变量进行评估，重点强调消费者对产品或服务的主观评价和情感反应。[②] 进入 21 世纪，Voss、Roth 和 Chase 等人提出了感知价值的多维度模型，将其分为经济价值、功能价值、情感价值和社会价值等不同维度。[③] 感知价值理论在学生满意度领域的应用可以追溯到 20 世纪 90 年代初，它被认为是一种有效评估学生对学校教育服务感知价值和学生满意度的工具，可以测量并理解学生的需求与期望。[④] 有学者研究表明学生对学校的满意度测量指标涵盖教学与管理的各个环节，包括但不限于教学因素、环境因素、服务因素和品牌形象因素。这些测量指标不仅是高校对外展现其教学质量承诺的关键，也反映出高校多元化的服务属性[⑤]，这种多元化体现在高校从教学到品牌形象的全面服务中，从而体现出教育服务的全方位覆盖。[⑥] 这些指标也构成了学生对教学服务质量感知的基础，作为衡量教学服务水平的关键要素，直接影响学生对学校的整体评价。[⑦]

[①] Zeithaml, Valarie A., Berry, Leonard L., Parasuraman, Am, "The Behavioral Consequences of Service Quality", *Journal of Marketing*, Vol. 60, No. 2, April 1996, pp. 31–34.

[②] Holbrook, Morris B., Hirschman, Elizabeth C., "The Experiential Aspects of Consumption: Consumer Fantasies, Feelings, and Fun", *Journal of Consumer Research*, Vol. 9, No. 2, September 1982, pp. 132–140.

[③] Voss, Christopher, Roth, Aleda V., Chase, Richard B., "Experience, Service Operations Strategy, and Services as Destinations: Foundations and Exploratory Investigation", *Production and Operations Management*, Vol. 18, No. 3, February 2000, pp. 297–311.

[④] Mai, Li Wei, "A Comparative Study between UK and US: The Student Satisfaction in Higher Education and Its Influential Factors", *Journal of Marketing Management*, Vol. 21, No. 7–8, August 2005, pp. 859–878.

[⑤] Gremler, Dwayne D., McCollough, Michael A., "Student Satisfaction Guarantees: An Empirical Examination of Attitudes, Antecedents, and Consequences", *Journal of Marketing Education*, Vol. 24, No. 24, August 2002, pp. 150–160.

[⑥] Felix Maringe, "Strategies and Challenges of Internationalisation in He: An Exploratory Study of UK Universities", *International Journal of Educational Management*, Vol. 23, No. 7, September 2009, pp. 553–563.

[⑦] 兰元巧：《服务营销组合对民办高校品牌资产的影响研究——基于服务利润链视角》，博士学位论文，辽宁大学，2012 年，第 42 页。

首先，教学质量是民办高校教育服务质量感知的重要变量之一。教学质量包括教师教学水平、教学方法和教学资源等方面的评价。学生对教师的专业能力、教学内容的丰富程度以及教学过程的有效性等方面的感知会直接影响他们对教学质量的评价。其次，科研水平也是民办高校教育服务质量感知的重要变量之一。学生对学校科研实力的认知会影响他们对学校综合实力的评价，进而影响对教育服务质量的感知。科研水平包括学校科研项目数量、科研成果质量、科研团队实力等方面。最后，管理水平也是影响民办高校教育服务质量感知的重要变量之一。学生对学校管理制度、管理效率和管理人员的素质等方面的感知会直接影响他们对学校服务质量的评价。良好的管理水平能够为学生提供良好的学习和生活环境，从而提升教育服务的质量。

四 民办高校品牌认同

相关研究表明，消费者在选择品牌时，不仅会追求该品牌产品实际的功能与属性，同时也希望该品牌能够满足其自我表现的需求，或者其社会地位以及其自身形象的提升。[1] 基于社会认同理论的研究，高校品牌对学生身份的塑造具有重要影响，通过建立学生对高校的认同感和归属感，大学品牌能够转化为学生成为其品牌的忠实倡导者，这种转变以学生对高校的依恋和认同为特征。[2] 大学品牌认同被视为学生与高校直接互动后产生的归属感，在高校教育过程中，学生的直接经历和体验使他们对大学产生认同感。[3] 一旦学生对其所属学校的认同产生，高校品牌便成为学生身份的一部分。这种身份识别是一个自赋予的过程，发生在高校品牌与学生身份产生联系后。高校品牌赋予的身份对学生的吸引

---

[1] 何志毅:《中国消费者的产品利益偏好研究——基于耐用消费品的探索性研究》,《管理世界》2005年第3期。

[2] Stephen Wilkins, Farshid Shams, Jeroen Huisman, "The Decision-Making and Chaning Behavioural Dynamics of Potential Higher Education Students: The Impacts of Increasing Tuition Fees in England", *Educational Studies*, Vol. 39, No. 2, April 2012, pp. 1–17.

[3] Jonathon R. B. Halbesleben, Anthony R. Wheeler, "Student Identification with Business Education Models: Measurement and Relationship to Educational Outcomes", *Journal of Management Education*, Vol. 33, No. 2, April 2009, pp. 166–195.

第二章　民办高校品牌传播的理论基础与研究现状

力越强,学生对所属学校的认同感就越强,此时高校与学生就会共享并共塑目标、身份和价值观。① 高校品牌认同可以使学生与大学建立联系,从而提高他们的自我概念或自我形象,对大学有强烈认同感的学生会更加投入并表现出超越其角色的要求,这使学生能够代表并支持他们的大学②,从而产生择校行为。因此,大学品牌认同为学生提供了与大学建立长期合作关系的机会,随着消费化将学生变成"顾客",大学变成"服务提供商",大学品牌认同提供了了解品牌如何影响学生对大学的看法和行为的解释。有实证研究检验了学生支持学校的综合模型,该研究考察了大学品牌个性、大学品牌知识和品牌声望在发展大学生认同中的作用。调查结果表明,大学品牌知识和大学品牌声望在决定大学生对学校认同中起着关键作用,对大学品牌产生认同的学生会将他们自己的命运与大学品牌交织在一起,从而驱使他们进行支持大学品牌的行为。③ 因此大学应该增强学生对大学的认同感,增强学生对大学品牌的支持。例如,高校品牌认同会影响校友的晋升、捐赠、竞争态度以及通过网站和社交媒体寻求联系,高校品牌认同还与潜在的学生对大学的择校行为意图有关④,研究发现高校品牌认同会影响学生对教学质量、高校生活幸福感以及对高校品牌的态度和支持行为,对大学的认同程度会影响学生的自尊和自我效能感,进而影响他们的目标导向行为。只有学生对大学的评价是正向积极的,才有可能培养出对大学的归属感,

---

① Stephen Wilkins, Melodena Stephens Balakrishnan, Jeroen Huisman, "Student Choice in Higher Education: Motivations for Choosing to Study at an International Branch Campus", *Journal of Studies in International Education*, Vol. 16, No. 5, December 2011, pp. 413-433.

② Stephen Wilkins, Farshid Shams, Jeroen Huisman, "The Decision-Making and Changing Behavioural Dynamics of Potential Higher Education Students: The Impacts of Increasing Tuition Fees in England", *Educational Studies*, Vol. 39, No. 2, April 2012, pp. 1-17.

③ Adrian Palmer, Nicole Koenig-Lewis, Yousra Asaad, "Brand Identification in Higher Education: A Conditional Process Analysis", *Journal of Business Research*, Vol. 69, No. 8, August 2016, pp. 3033-3040.

④ Stephen Wilkins, Melodena Stephens Balakrishnan, Jeroen Huisman, "Student Choice in Higher Education: Motivations for Choosing to Study at an International Branch Campus", *Journal of Studies in International Education*, Vol. 16, No. 5, December 2011, pp. 413-433.

这种归属感有助于学生对大学产生强烈的认同感。① 这些研究证实了高校品牌认同可以促使学生产生积极的大学品牌认知，从而产生高校品牌支持行为。

可以基于社会认同理论，通过对大学的认同来预测学生的态度和行为，与不认同大学的学生相比，学生认同大学的表现是，他们对大学的态度更加积极。大学认同会影响学生购买大学产品的态度和意图，社会认同研究者认为，人们愿意积极寻求与团体的联系，从而使个体能够在社会背景下与他人区分开来。② 大学品牌认同可以让学生表达自我，从而促使他们产生支持大学的行为。有研究表明，与认识的人以积极的方式谈论大学，或在社交场合对大学评价正向的会间接或直接地提升其身份，当学生强烈认同高等教育机构时，他们更有可能倾向于与他人谈论他们自己在该机构的经历并将其推荐给其他人。在高校竞争环境下，大学品牌对学生的吸引力越强，对大学品牌的了解越多，他们对大学的认同感就越强，从而促使他们产生择校行为。

高校品牌传播反映了拥护者的想法和追求，并被作为品牌追随者身份和地位的象征。高校品牌传播必须承认的是学生将作为媒介向公众传播学校教育服务体验。有吸引力的高校品牌必须是含有其独特文化内涵和精神品格的品牌，即使一个小的细节也能反映其核心价值。学校文化是否能够传达价值并成为社会行为的文化代表，要看学校品牌向外界表达精神文化的最终体现者，即毕业生的质量和社会认可，这也是学校制定品牌传播策略时要考虑的重要因素。

在品牌传播中，品牌传播人员需要在同一时间监控各个渠道中的传播活动，注意协调释放时间的选择和操作的速度，试图使传播活动具有活力而非机械地操作。在此过程中，即使是粗心的错误也可能破坏消费

---

① James E. Cameron, "Social Identity and the Pursuit of Possible Selves: Implications for the Psychological Well-Being of University Students", *Group Dynamics: Theory, Research, and Practice*, Vol. 3, No. 3, September 1999, pp. 179-189.

② Michael Ahearne, C. B. Bhattacharya, Thomas Gruen, "Antecedents and Consequences of Customer-Company Identification: Expanding the Role of Relationship Marketing", *Journal of Applied Psychology*, Vol. 90, No. 3, May 2005, pp. 574-585.

者对品牌的正面态度和情感积累，以消费者为中心的效果评估并不意味着要一味迎合消费者，相反，衡量品牌传播效果还需要更有效地塑造品牌，并引导更多的消费者追随。学生在选择就读高校的过程中，也存在相同的效应，特别是对于高考分数处于区别度不大中的学生群体，他们存在着一定程度的群体认同效应。

五 研究假设

（一）不同信源对学生民办高校品牌认同的影响

民办高校品牌认同的形成需要考虑到学校通过不同渠道进行的品牌传播活动，这包括官方传播、个人社交口碑传播和公共渠道口碑传播。这些渠道向学生和家长传递学校的品牌信息，影响他们对学校的态度和认知。本书通过先期学生访谈与民办高校招生宣传资料整理确定民办高校官方传播、个人社交口碑与公共渠道口碑传播接收信息的具体方式与内容。从文献的角度来看，学校品牌传播是学校对学生做出的品牌承诺，是使学生形成品牌认同的重要途径。[1] 受众接触到的关于品牌任何情况都可称为品牌受众接触点，品牌的信息有很多种类型，内容传递的管道也并非一种选择，因此了解接触点如何影响受众对于驱动品牌与受众关系至关重要。[2] 消费者通过咨询朋友、家人和老师，以及通过宣传活动或者互联网等平台获取信息。互联网在线信息的搜索让学生能更直接地接触到关于学校的信息，更有利于学生形成对学校的个人判断。[3] 学生与家长也在寻求证据，以证明他们做出的决定的正确性，因此大学排名

---

[1] A. Parasuraman, V. A. Zeithaml, Leonard L. Berry, "Servqual: A Multiple-Item Scale for Measuring Consumer Perceptions of Service Quality", *Journal of Retailing*, Vol. 64, No. 1, Spring 1988, pp. 12–40.

[2] Thomas Duncan, Sandra E. Moriarty, "A Communication-Based Marketing Model for Managing Relationship", *Journal of Marketing*, Vol. 162, No. 4, April 1998, pp. 1–13.

[3] S. Briggs, "An Exploratory Study of the Factors Influencing Undergraduate Student Choice: The Case of Higher Education in Scotland", *Studies in Higher Education*, Vol. 31, No. 6, December 2006, pp. 705–722.

系统成为许多家庭搜索大学信息的重要参考[1]，从实际工作角度来看，在民办高校的品牌传播过程中，学生在接触学校宣传资料时，所呈现的视觉资料影响学生对学校品牌认同的形成，在有些人眼中，品牌传播中的图像就是宣传的"一切"，因此大学名称、标志、招生简章设计、官网图片与信息质量作为品牌传播策略的一种视觉形式，也是影响学生与家长择校的重要因素。[2] 在学校品牌传播过程中，与学生接触最多的就是学校的工作人员，尤其是一线员工。在学生心目中，学校的工作人员直接代表了学校的形象。当员工在与消费者进行有效沟通时，可以使消费者对品牌产生更多了解，并与品牌建立更积极的联系。[3] 学者研究证明，消费者形成品牌认同的另一个重要影响因素就是与内部利益相关者的接触，因此，员工作为品牌形象大使之一，成为品牌传播过程中不可忽视的环节。[4] 因此本书提出以下假设：

H1a：民办高校官方传播可以增强民办高校品牌认同。

H1b：个人社交口碑传播可以增强民办高校的品牌认同。

H1c：公共渠道口碑传播可以增强民办高校的品牌认同。

H2：民办高校品牌视觉形象在民办高校官方传播和民办高校品牌认同之间具有正向调节作用。

H3：民办高校工作人员形象在民办高校官方传播和民办高校品牌认同之间具有正向调节作用。

（二）民办高校服务质量感知对民办高校品牌认同的影响

教育服务质量感知包含学校课程、学习生活环境和教学质量、教学

---

[1] E. Hazelkorn, *Higher Education Rankings and the Global "Battle for Talent"*, New York: Institute of International Education, 2009, pp. 79-94.

[2] M. Zainol Idrisa, T. W. Allan Whitfieldb, "Swayed by the Logo and Name: Does University Branding Work?", *Journal of Marketing for Higher Education*, Vol. 23, No. 1, January 2014, pp. 41-58.

[3] Mary Jo Bitner, Bernard H. Booms, Leonard A. Mohr, "Critical Service Encounters: The Employee's Viewpoint", *Journal of Marketing*, Vol. 58, No. 4, October 1994, pp. 95-106.

[4] Leslie De Chernatony, Susan Cottam, Stephen Segal-Horn, "Communicating Services Brands' Values Internally and Externally", *The Service Industries Journal*, Vol. 26, No. 8, December 2006, pp. 819-836.

管理、学校收取的学费以及可提供的奖学金与贷款等。研究发现，学生特别强调了高校教师教学技能，专业知识的重要性，是影响学生对大学品牌看法的主要因素。① 服务品牌通过品牌传播向消费者表明品牌承诺，最终影响消费者对品牌所提供服务的能力与质量的感知。② 其他学者的研究肯定了教学对学生择校的影响，因此，本书也对"教学"因素进行标记，作为教育服务质量感知，一般来说，服务属性由使用者来评估，在高等教育领域，在一些公众心目中，大学学位往往被简化为一纸"文凭"③，在这种背景下，高校管理者需要明确向消费者传达学校教育对未来学生及其家庭所带来的价值与意义。有学者认为，将高校品牌价值描述为学生相信其"投资效用和财务及机会成本"的有利组合，并且应该使其在经济和个人层面产生积极的效果，认为这个投资是值得的，这种价值传递对于潜在学生和他们的家庭影响显著。④ 有学者对其进行研究并验证，发现学生在选择大学时把特定学位、就业以及完成学位的预期联系起来⑤，表明学生和家长十分关注大学教育获得学位的价值。因此提出以下假设：

H4a：民办高校官方传播通过提升民办高校教育服务质量感知增强民办高校品牌认同。

H4b：个人社交口碑传播通过提升民办高校教育服务质量感知增强民办高校品牌认同。

---

① T. Shanka, Victor Quintal, Robert Taylor, "Factors Influencing International Students' Choice of an Education Destination—A Correspondence Analysis", *Journal of Marketing for Higher Education*, Vol. 15, No. 2, April 2006, pp. 31-46.

② 兰文巧：《服务营销组合对民办高校品牌资产的影响研究——基于服务利润链视角》，博士学位论文，辽宁大学，2012年，第42页。

③ G. W. McClung, and M. W. Werner, "A Market/Values Based Approach to Satisfy Stakeholders of Higher Education", *Journal of Marketing for Higher Education*, Vol. 18, No. 1, January 2008, pp. 102-123.

④ P. Nurnberg, M. Schapiro, and D. Zimmerman, "Students Choosing Colleges：Understanding the Matriculation Decision at a Highly Selective Private Institution", *Economics of Education Review*, Vol. 31, No. 1, February 2012, pp. 1-8.

⑤ D. Chapman, "Improving Information for Student Choice：The National Effort", *The National Acac Journal*, Vol. 23, No. 1, Journal 1979, pp. 25-28.

H4c：公共渠道口碑传播通过提升民办高校教育服务质量感知增强民办高校品牌认同。

（三）学生个体特征差异的验证

消费者属性与消费者自身的社会经济特征和品牌体验有关。消费者品牌认同不仅与消费者的体验感知有关，也与其自身特征密切相关[1]，有研究表明，人口统计学特征对产品或服务感知的评价存在较大影响。在高等教育领域的研究中，一些学者将目光聚焦在不同个体特征的学生对学校品牌认同的影响上，将学生的个体特征分为两类：一类是先赋因素，如性别、生源地、父母受教育程度和家庭经济状况等；另一类是身份特征因素，如年级、学科、是否第一志愿、是否学生干部等。[2] 研究发现，从先赋因素角度来看，性别因素对学生的教学满意度存在争议[3]，父亲受过高等教育的学生和在城市居住的学生满意度显著高于父亲未受过高等教育的学生和农村居住的学生[4]，但也有研究发现，来自乡村地区的学生对学校评价通常较高[5]。关于家庭收入的影响，一些学者认为不显著，但也有学者发现研究型大学中贫困生的学习经历满意度普遍低于非贫困生。[6] 从身份特征因素来看，第一志愿学生和非班干部的学生对学校教学相关因素的满意度明显高于非第一志愿和班干部学生。可见，学生满意度确实与其个体差异显著相关，但由于现有研究的调研群体不同，这些关联分析的结果并不一致。因此分析民办高校学生群体的个体特征因素对学生满意度的影响十分必要，对民办高校的品质提升和改进具有现实意义。本书依据文献，将性别、家庭子女情况、父母受教育程

---

[1] 杨暑东：《本科生教育服务需求特征对比研究：公办与民办高校》，《黑龙江高教研究》2022年第11期。

[2] 王芳：《基于分层线性模型的大学生教学满意度影响因素分析》，《复旦教育论坛》2018年第1期。

[3] 郭国峰、毛圆圆：《基于因子分析的大学生对高校办学质量的满意度研究》，《平顶山学院学报》2018年第1期。

[4] 王洋、祝宁、申倩：《C大学学生在校满意度调查与分析》，《高教论坛》2021年第11期。

[5] 刘俊学、李正辉、王增新、梁丽芳：《大学生求学满意度实证研究——某高校学生个体特征对满意度单项要素的影响分析》，《现代大学教育》2006年第2期。

[6] 熊静、余秀兰：《研究型大学贫困生与非贫困生的学习经历差异分析》，《高等教育研究》2015年第2期。

第二章 民办高校品牌传播的理论基础与研究现状

度、家庭收入、家庭所在地、高考分数与志愿填报等因素作为消费者属性特征对学生个体特征进行标记。有研究表明，在专业以及职业的选择中，人口和个人因素起了很大作用，人口统计因素包括父母的职业和教育水平、家庭收入、性别等；个人因素包括文化背景、受教育程度以及价值观、兴趣、个性等。因此提出表2-25假设。

表2-25　　　　　　　　学生个体特征差异假设的提出

假设编号	假设内容	学生个体特征	存在差异
H5a	学生个体特征在民办高校官方传播上存在差异	高考成绩、性别、志愿填报情况、是否为独生子女家庭、家庭所在地、父亲文化程度、母亲文化程度、家庭年收入	是
H5b	学生个体特征在个人社交口碑传播上存在差异	高考成绩、性别、志愿填报情况、是否为独生子女家庭、家庭所在地、父亲文化程度、母亲文化程度、家庭年收入	是
H5c	学生个体特征在公共渠道口碑传播上存在差异	高考成绩、性别、志愿填报情况、是否为独生子女家庭、家庭所在地、父亲文化程度、母亲文化程度、家庭年收入	是
H6	学生个体特征在民办高校品牌认同上存在差异	高考成绩、性别、志愿填报情况、是否为独生子女家庭、家庭所在地、父亲文化程度、母亲文化程度、家庭年收入	是

根据以上假设建立的理论模型如图2-22所示。

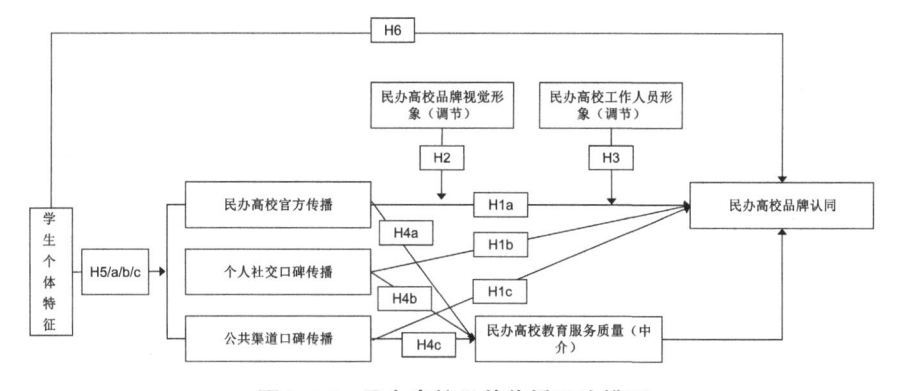

图2-22　民办高校品牌传播理论模型

第三章 研究设计与方法

第一节 研究设计

一 研究对象的选择与抽样

本书使用的调查方法是问卷调查与半结构式访谈。目前民办高校的投资形式包括集团投资、个人投资、独立学院转设以及非营利性社会组织投资办学四种,本书选取中国内地11所民办高校作为样本(样本高校的具体情况见表3-1)。问卷调查面向样本高校2019级在校生,访谈对象是从样本学校随机选取的管理者、举办者、学校招生工作人员、2019级在校生以及学生家长。

表3-1　　　　　　　　样本高校具体情况

学校编号	投资形式	学校类型	地理位置	建校时间(年)
PY01	非营利性社会组织	综合性	浙江省	1984
PY02	集团	理工类	山东省	1990
PY03	集团	综合类	山东省	1991
PY04	个人	综合类	山东省	1993

续表

学校编号	投资形式	学校类型	地理位置	建校时间（年）
PY05	集团（2008年被国资委收购，现为国有民办高校）	医药类	山东省	1995
PY06	个人	财经类	陕西省	1995
PY07	个人（2017年被集团收购）	综合类	湖南省	1997
PY08	个人办学（2019年被集团收购）	综合类	山东省	1998
PY09	个人	综合类	福建省	2000
PY10	集团	财经类	浙江省	2001
PY11	集团（原公办高校所属独立学院，2007年转设为民办高校）	工科类	河南省	2002

二 先期调研

为了梳理民办高校品牌传播的具体内容与学生获取报考院校信息源情况，本书先期调研使用问卷调查（排序题）来验证学生的择校考虑因素以及信息获取渠道，排序题的调研结果有助于了解该学生群体在选择民办高校时的实际需求和影响因素的优先级，还能知晓学生获取高校信息的主要渠道，为后续品牌传播策略提供数据支持。调研包含两道排序题，第一题是择校考虑因素（按重要程度选择五个因素，调研结果见图3-2），第二题为高校信息获取渠道（依据个人情况按照影响程度选择五个渠道，调研结果见图3-3）。题一所包含的选择项是本书通过39所民办高校2019年招生简章所包含的内容汇总而成，并由四位民办高校高层管理者（校长、副校长、教务处长、民办高等教育研究院院长各一位）讨论确认；题二所包含的题项是由19位学生的电话访谈结果收集整理，后由以上四位高层管理者参与讨论后形成。

为全面了解学生的择校考虑因素，该项调研分三个部分：第一部分，在11所样本民办高校中选择3所各发放200份纸质问卷，共有554名2019级在校生填答，有效回收率为92.3%；第二部分，对150名2019级和300名2020级公办本科在校生进行了相同的排序题调查，问卷有效回收率为93.8%，并与民办高校学生的结果进行了比较；第三部分，对山东省的 1466 名 2023 年参加高考的高中生进行了相同的排序题调查，问卷有效回收率为 91.23%，并与之前的调查研究进行比较。

排序题的选项平均综合得分是根据所有填写者对选项的排序情况自动计算得出的，它反映了选项的综合排名情况，得分越高表示综合排序越靠前。计算方法为：

$$选项平均综合得分 = (\sum 频数 \times 权值)/本题填写人次$$

权值由选项被排列的位置所决定。例如，本次调研有 5 个选项参与排序，那排在第一个位置的权值为 5，排在第二个位置的权值为 4……排在第五个位置的权值为 1。

（一）择校考虑因素

1. 民办本科、民办专科和公办本科学生的择校考虑因素

根据择校考虑因素排序题的统计结果（见图 3-1）可知，民办本科、民办专科和公办本科学生在择校考虑核心因素上表现相似，只存在细微的差别。总体上说，所有学生群体都将专业因素（学术成果、专业优势、培养目标、专业课程、就业前景等）看作最重要的择校考虑因素，反映出学生对未来职业发展的实际需求和对高校教育质量的重视。此外，教学资源（师资、实验室、数字化校园、图书馆、实践教学基地、实习条件等）和学校所包含的教育层次（专科、本科、研究生）也在所有学生群体中占据重要位置。

具体来看，差异存在于以下几个方面：第一，教育资源和社会声誉的影响存在差异。公办本科和民办专科的学生对于学校荣誉（国家、省市评选表彰）与社会声誉（媒体报道、政府关注）评分较高（公办本科评分为 3.03 分，民办专科评分为 3.19 分，民办本科评分为 2.87 分），这可能是因为公办高校通常拥有更丰富的教育资源和更高的社会声誉，使得该学生群体在择校时更看重学校的整体声誉和排名。公办本科的学生会慎重考虑学校为他们个人背书的能力，而民办专科的学生则希望通过政府和媒体对学校的认可，证明他们所选择的学校是正规的。相比之下，民办本科学生对学校荣誉和社会声誉的关注度较低，可能是因为学业成绩致使他们错失进入公办本科就读的机会，因此对学校的具体排名

第三章 研究设计与方法

	学校所包含的教育层次（专科、本科、研究生等）	办学主体（公办高校、民办高校）	教学资源（师资、实验室、数字化校园、图书馆、实践教学基地、实习条件等）	校园建设（校园面积、建筑面积、校园绿化、校生数量等）	校园生活设施（交通、医院、健身场馆与设施、学生社团、食堂等）	学校所处的地理位置（国家区位、省会城市、沿海城市等）	毕业生就业（就业率、业单位、研究生录取、优秀毕业生、境外升学等）	经济因素（学费、学校所在城市生活成本、奖学金、助学贷款、勤工俭学等）	办学理念（校风、校训、校园文化、教学理念、国际化教育、产学研合作、创新创业、学校发展愿景等）	教学模式（校企合作、教练结合、国际化教育、产学研、创新创业、社会实践等）	学校来源（国家、省市评选、彰显与社会户媒体报道、政府相关比等）	特色项目（企业、校外实践基地、国际交流项目、本硕连读、专本连读、辅修双学位、专升本等）	学校排名（高考志愿填报指南或其他第三方机构评选）	校领导声誉、能力（党委书记、校长、董事长等）
■民办本科学生	8.41	3.18	5.61	3.7	4.9	6.48	4.56	3.15	4.13	3.62	2.87	3.1	4.13	2.04
☒民办专科学生	8.67	3.05	5.66	3.97	4.61	5.12	4.36	2.96	4.4	4.09	3.19	3.67	2.95	2.52
■双非公办本科学生	8.54	3.12	5.64	3.84	4.76	5.80	4.46	3.06	4.27	3.86	3.03	3.39	3.54	2.28

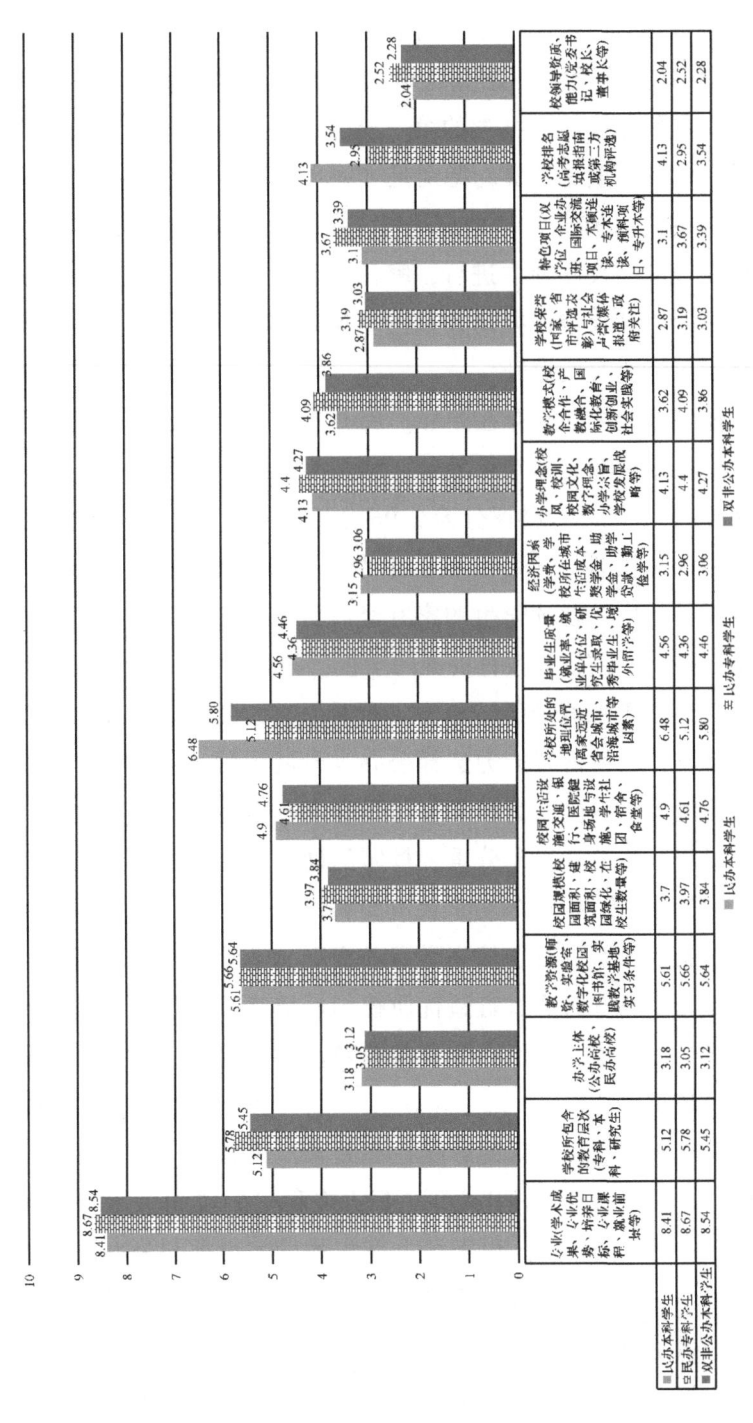

图 3-1 学生高校择校考虑因素排序平均综合得分

和荣誉相对关注靠后。这一现象也与后续对样本高校相关领导的访谈信息一致。"我们的学生确实不怎么看学校的排名,作为职业院校实实在在地提升学生的职业技能是办学的第一要务,公众对学校教学质量和毕业生就业质量的认可度更重要。特别是(民办)学生对其自身能力的提升比学校排名的提升有更深切的感受。"另一个原因可能是,目前民办高校排名仅在民办高校序列中进行,家长与学生对民办高校排名的认可度并不高,若公办高校与民办高校在同一排名体系中,民办学生对学校排名的关注度可能会有所上升。

第二,经济因素的影响存在差异。民办本科学生在经济因素方面的评分略高于公办本科和民办专科学生(民办本科评分为 3.15 分,公办本科评分为 3.06 分,民办专科评分为 2.96 分),反映出经济成本在民办本科学生择校时的重要性。民办高校的学费和住宿费普遍高于公办高校,加之生活成本等费用,就读学生的家庭经济负担较重。因此,民办本科学生更注重选择能提供较好教育资源的学校,同时希望通过各种奖学金、助学金或勤工俭学等来减轻经济压力。相对而言,公办高校较低的学费和更多的经济支持,使得有能力选择公办本科就读的学生在择校时对经济因素的关注度较低。公办高校学生与民办高校学生在这一点上呈现出细微差异。民办本科的学生十分重视校园的硬件条件(民办本科评分为 4.9 分,公办本科评分为 4.76 分,民办专科评分为 4.61 分),例如校园规模和生活设施等,这也符合较高学费前提下,学生对校园环境的高要求,因此,民办高校普遍通过打造优质校园环境来吸引学生。民办专科学生由于无缘公办院校,在民办学费普遍较高的环境下,对经济因素的考量反而不是最重要的。

第三,学校所在地理位置的影响存在差异。民办本科学生对地理位置的评分较高(6.48 分),相比之下,民办专科(5.12 分)和公办本科学生(5.8 分)的评分稍低。由于民办高校的学术声誉与公办高校相比处于弱势,因此选择民办学校就读的学生受到学校所处城市的影响较大。学校位于经济发达地区或省会城市,学生毕业后可能更容易找到工作,生活条件也更好,这对民办本科学生来说尤为重要。因为他们无缘进入

第三章 研究设计与方法 113

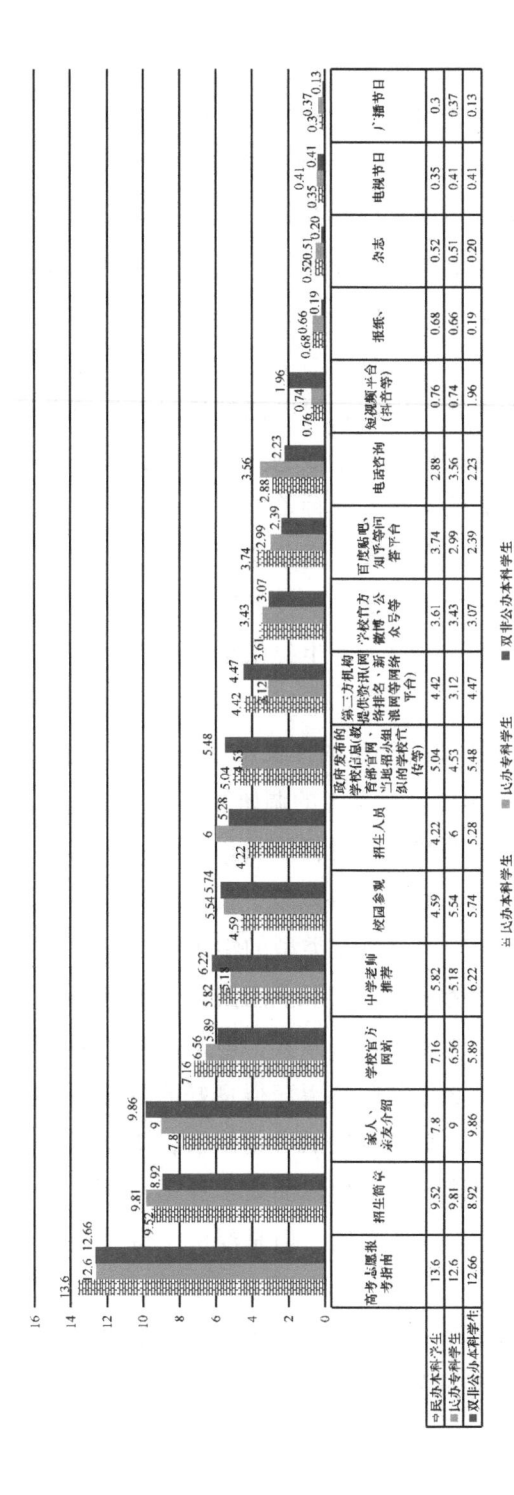

	高考志愿填报指南	亲人亲友介绍	学校官方网站	中学老师推荐	校园参观	招生人员	政府发布的学校信息(教育部官网、当地招小组、当地学校代号等)	第三方机构提供资讯(软科排名、新浪网等网络平台)	学校官方微博、公众号等	百度贴吧、知乎等问答平台	电话咨询	短视频平台(抖音等)	报纸	杂志	电视节目	广播节目
民办本科学生	13.6	7.8	7.16	5.82	4.59	4.22	5.04	4.42	3.61	3.74	2.88	0.76	0.68	0.52	0.35	0.3
民办专科学生	12.6	9	6.56	5.18	5.54	6	4.53	3.12	3.43	2.99	3.56	0.74	0.66	0.51	0.41	0.37
双非公办本科学生	12.66	9.86	5.89	6.22	5.74	5.28	5.48	4.47	3.07	2.39	2.23	1.96	0.19	0.20	0.41	0.13

图 3-2 2023 年参加高考学生的高校择校考虑因素排序平均综合得分

公办本科，但仍希望在毕业后能够获得较好的生活和职业机会。民办高校往往通过设置特色项目和与企业合作来提升吸引力，提供实践导向的课程和校企合作的实习机会，提高学生的实际操作能力和就业竞争力。民办专科在专业设置上更多地考虑所在地的经济产业结构，具有服务当地人才需求的职责，因此很多民办专科的学生会选择离家较近的城市就读，不仅可以降低生活成本，而且更易进入当地的就业市场。

综上所述，民办本科和民办专科的学生由于学校资源的限制，更倾向于综合考虑多方面的因素。因此，民办高校通过打造特色项目、改善校园设施以及选择适宜的地理位置来吸引更多生源，从而弥补其在传统学术资源和社会声誉方面的不足。这种策略是学校在现实发展中逐步探索和塑造的结果，体现出民办高校在竞争激烈的高等教育市场中不断调整和提升其自身定位的努力。因此，学校品牌的打造不仅有助于提高社会对民办高校的认可，而且能够为学生提供更多的选择保障和更好的就读体验。

2. 2023年参加高考的高三学生的择校考虑因素

关于2023年参加高考的高三学生的调研结果如图3-3所示，此题是通过学生提供的模考分数来判断的目标院校。将目标院校分为五类，分别是985/211/双一流院校、普通本科院校、公办专科院校、民办本科院校、民办专科院校。总的来说，所有类型的学生在择校时都重视高校的专业，表明对专业的实际情况和未来职业发展前景的高度关注。虽然不同类型的学生对教学资源的评分略有差异，但是总体上都比较看重学校的教学资源情况，反映了学生普遍希望获得良好的教育资源支持。校园生活设施对于所有学生来说都是重要的考量因素，所以现阶段的学生在选择学校时，十分关注就读期间的生活品质。各类型学生都十分关注经济因素，尽管具体关注程度有所不同，但是经济支持是择校的普遍考量因素。

从2023年的调研来看，学生对择校因素的考量虽然有共性，但也存在变化。2023年，按照高三考生的成绩，能够就读民办本科的学生对于地理位置的评分最低（3.66分），这与之前的结果不同，民办专科（评

第三章　研究设计与方法

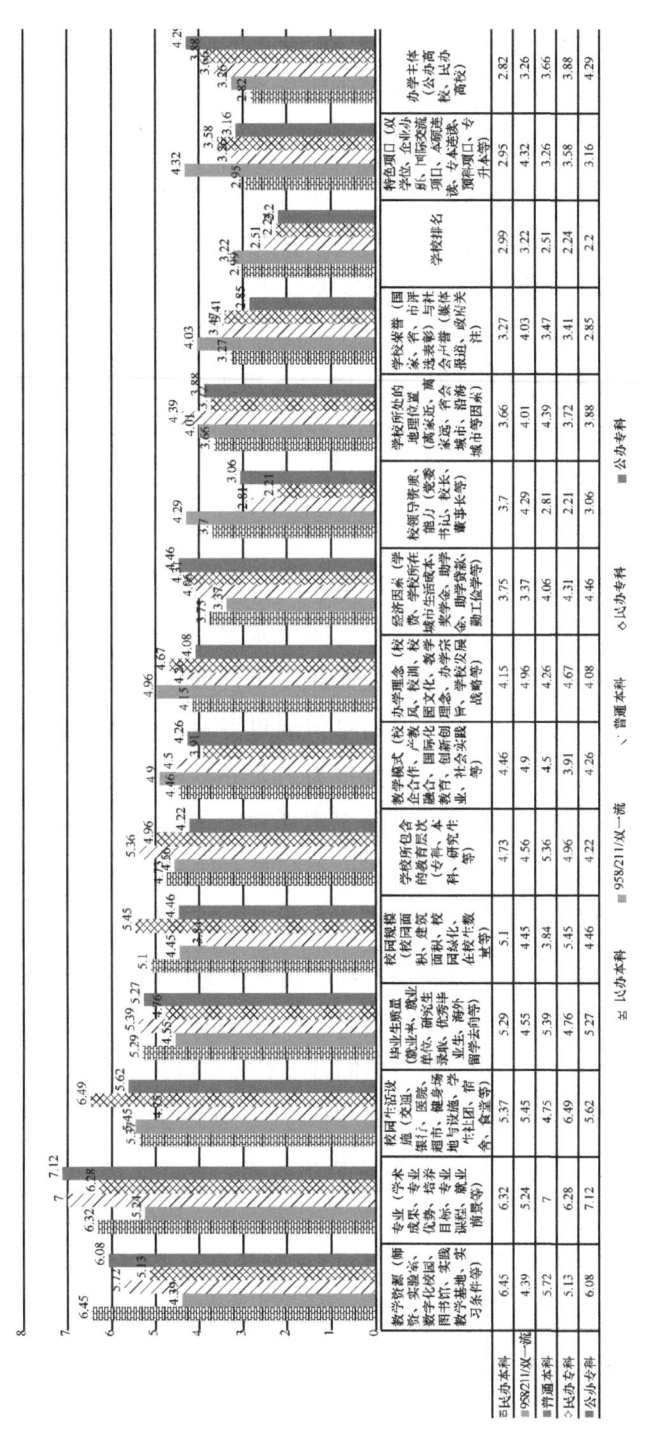

	教学设施（师资数量、实验室、教学化校园、周边环境、实践学习基地、实习条件等）	专业（学术、专业成果、优势专业、培养目标、就业前景、毕业率等）	校园environment（交通、商店、医院、超市、健身场地与设施等生活设施、宿舍、食堂等）	毕业生就业（就业水平、就业单位、薪资水平、优秀毕业生、留学生的去向等）	校园规模（校园面积、建筑面积、绿化面积、校舍数量、在校生数等）	学校所包含的教育层次（专科、本科、研究生等）	教学模式（校企合作、产教融合、国际化教育、办学特色、创新创业、社会实践等）	办学理念（校风、校训、办学理念、学校宗旨、学校发展战略等）	经济压力（学费、学校所在地消费水平、奖学金、助学贷款、勤工俭学等）	校领导气质、能力、魅力、校长、书记、辅导员等	学校所处地理位置（离家远近、省会城市、省内其他城市等）	学校荣誉（国家奖、家长、同学、连带等）合户口（媒体报道、网站等）	学校排名	特色项目（双学位、企业办学、国际交流项目、本硕连读、专本连读、专升本等）	办学主体（公办高校、民办高校）
民办本科	6.45	6.32	5.37	5.29	5.1	4.73	4.46	4.15	3.75	3.7	3.66	3.27	2.99	2.95	2.82
985/211/双一流	4.39	5.24	5.45	4.55	4.45	4.56	4.9	4.96	3.37	4.29	4.01	4.03	3.22	4.32	3.26
普通本科	5.72	7	4.75	5.39	3.84	5.36	4.5	4.26	4.06	2.81	4.39	3.47	2.51	3.26	3.66
民办专科	5.13	6.28	6.49	4.76	5.45	4.96	3.91	4.67	4.31	2.21	3.72	3.41	2.24	3.58	3.88
公办专科	6.08	7.12	5.62	5.27	4.46	4.22	4.26	4.08	4.46	3.06	3.88	2.85	2.2	3.16	4.29

图3-3　学生高校信息获取渠道排序平均综合得分

分为3.72分)、公办专科(评分为3.88分)的学生对地理位置的评分均低于目标为公办本科的考生。对于校园生活设施与校园规模一项,民办专科的学生评分最高(6.49分、5.45分),普通本科的学生评分最低(4.75分、3.84分)。在校领导资质、能力方面,985/211/双一流高校的学生评分最高(4.29分),民办专科的学生评分最低(2.11分),而民办本科学生对校领导资质的关注程度要高于公办本科的学生。

值得关注的是:第一,985/211/双一流高校的学生在专业因素评分上为7分,公办专科学生的评分为7.12分。尽管两者在专业因素上的评分都很高,但他们的侧重点和具体需求存在显著差异。选择985/211/双一流高校的学生,他们通常学习成绩优异,想追求更高的学术成就和知识深度。这些高校拥有丰富的科研资源和高水平的师资力量,能够提供前沿的学术研究和学习机会。此外,这些学校在社会和企业中享有较高的声誉,毕业生的就业前景通常较好。学生希望通过选择这些专业,为未来的职业生涯打下坚实的基础。相比较之下,选择公办专科的学生更关注实用性和实践技能的培养。他们希望通过专业学习,快速掌握就业所需的技能,提升他们自己的职场竞争力。公办专科学生通常希望毕业后尽快就业,因此他们更看重专业的实用性和市场需求。在专业因素的侧重点上,985/211/双一流高校的学生更强调学术研究、理论知识和创新能力。他们希望通过深入的学术研究和高水平的学术指导,提升他们自己的学术素养和研究能力,进而在学术界或高技术领域有所建树。而公办专科学生则更注重实际操作技能和职业能力的培养,通过大量的实践训练和职业技能认证,快速适应职场需求,提升他们自己的就业竞争力。

第二,对于校园规模的评分,985/211/双一流高校的评分较低(4.45分),这可能是因为此类高校本身校园规模较大,校园生活环境良好,且此类学生对于学校本身的学术氛围和教学资源的关注程度高于其他因素。

第三,公办专科学生对于办学主体的评分最高(4.29分),表明他们对学校是公办还是民办非常关注。公办院校通常有更稳定的资源和支持,并且学费远低于民办本科院校,这些都是公办专科学生的重要考虑因素。

（二）高校信息获取渠道

1. 民办本科、民办专科和公办本科学生的高校信息获取渠道

学生对于高校信息获取渠道的得分数据分析如图 3-4 所示，民办本科、民办专科和公办本科学生在获取学校信息时表现出一致性，只存在细微差异。具体来看，第一，高考志愿填报指南是所有学生群体获取志愿填报信息的最重要渠道，显示出学生对官方和权威的报考指南具有高度依赖和信任。

第二，招生简章和家人、亲友的介绍也被认为是重要的信息来源。特别是公办本科的学生对家人、亲友的依赖程度最高（9.86 分），且该分值高于招生简章，也就是说，很多公办本科学生是有既定的目标院校的。这可以归因于此类学生通常具备较高的学业成绩和更为明确的学业目标，他们在日常交往中就有收集并关注与学业相关信息的习惯，因此受到家人、亲友建议和经验的影响更大。这一点与民办本专科学生略有不同，虽然家人、亲友作为信息源的评分也很高（民办专科评分为 9 分，民办本科评分为 7.8 分），但这两个群体的学生还是更多地认为院校的招生简章作为信息源更值得关注。

第三，民办本科学生对学校官网的信息依赖度最高（7.16 分），表明他们更倾向于从学校官方渠道获取可信的权威信息。尽管这些学生未能进入公办本科院校，但依然能通过民办本科获得本科学历，因此他们对学校信息的获取更为谨慎，以确保所选学校能够满足其学习需求和职业发展目标。公办本科学生对学校官网的信息评分较低（5.89 分），可能是由于他们对学校已经产生了较高的信任度和认可度，关注点更集中在选择最适合他们自己的学校上，而非简单地了解学校的基本情况。因此，他们更倾向于通过其他渠道获取评价性的信息。

第四，民办专科学生对学校派出的招生人员的依赖程度最高（6 分），反映出此类学生可能面临着学业成绩不足或其他挑战，因而更依赖面对面的招生宣传和交流来获取学校的招生信息、条件以及适合的专业信息。与此相反，民办本科学生对招生人员的依赖程度较低（4.2 分），更倾向于自主获取信息。

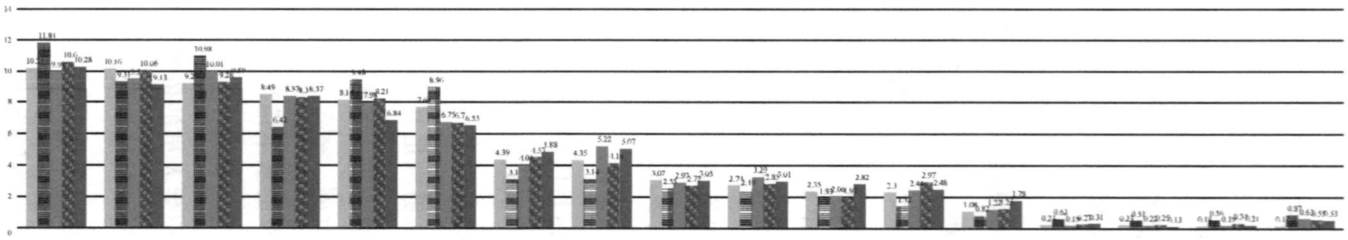

	家人、亲友朋友介绍	招生简章	高考志愿报考指南	校园参观	就读院校的老师或学生到中学代化（招生人员）	中学老师的推荐	就读院校的官方网站	政府发布的对学校的认可的正式文件	电话咨询	就读院校的官方微信、微博	第三方权威机构（校友会等）排名	抖音等短视频媒体平台	百度贴吧、知乎等平台	报纸	广播节目	杂志	电视节目
民办本科	10.21	10.16	9.2	8.49	8.14	7.68	4.39	4.35	3.07	2.74	2.35	2.3	1.08	0.23	0.23	0.18	0.18
958/211/双一流	11.84	9.31	10.98	6.42	9.48	8.96	3.1	3.14	2.55	2.49	1.93	1.42	0.82	0.62	0.51	0.56	0.87
普通本科	9.98	9.5	10.01	8.37	7.98	6.75	4.04	5.22	2.93	3.29	2.06	2.44	1.22	0.19	0.22	0.19	0.63
民办专科	10.6	10.06	9.28	8.3	8.21	6.7	4.53	4.16	2.72	2.85	1.97	2.97	1.25	0.27	0.25	0.34	0.55
公办专科	10.28	9.13	9.59	8.37	6.84	6.53	4.88	5.07	3.05	3.01	2.82	2.48	1.78	0.31	0.13	0.21	0.53

图 3-4　2023 年参加高考学生的高校信息获取渠道排序平均综合得分

第五，在短视频平台（如抖音等）渠道方面，公办本科学生的评分最高（公办本科评分为1.96，民办本科评分为0.76分，民办专科评分为0.74分），在分析公办本科学生对短视频平台信息依赖程度较高的原因时，考虑到调研中包含部分2020级的学生这一情况，短视频平台在短时间内的快速发展是一个关键因素，尽管仅仅相隔一年，但短视频在这段时间内的普及和影响力增强显著，可能是这一差异出现的主要原因。这种快速发展使得短视频平台成为一种重要的信息获取渠道，这一现象从图3-5中得到了证实，2023年调研的参加高考学生的情况，除了目标院校为985/211/双一流高校的学生外，其他学生使用短视频平台作为信息获取渠道的情况均有提升。以上数据不仅显示了不同类型学生在信息获取渠道选择上的差异，也反映出其背后更深层次的择校动机和需求。

2. 2023年参加高考的高三学生的高校信息获取渠道

从2023年的调研结果（见图3-5）来看，值得注意的是，第一，985/211/双一流高校的学生对校园参观的评分（6.42分）明显低于其他群体（其他群体均在8分以上）。一方面可能是公办院校开放参观程度更高，有些学生可能在小初高阶段就已经有过校园参观体验；另一方面是这些学生通常对学校背景和实力已有较为深入的了解，因此不像其他群体那样依赖于实地的校园参观来获取信息，还有可能是部分公办院校办学历史较长，校舍环境相对于一些新建院校来说略显陈旧。

第二，该群体学生给予就读院校老师或招生人员的推荐以较高的评分（9.48分），这表明学生非常重视来自学校内部人员的意见。这些推荐往往会涵盖学校的各方面信息，包括教学质量、学术氛围等，对学生的选择决策起到了重要的指导作用。中学老师的推荐评分也很高（8.96分），这可能是因为这个时期学生与中学老师互动交流最为频繁，且中学老师对学生的了解更为深入，能够根据学生的个性和学术能力推荐最合适的学校选择，学生在决策时倾向于信任这些来自教育行业内部的专业建议。民办本科在中学老师推荐一项上的评分（7.68

分）排名第二，显示出这类学生对于中学老师的意见也非常重视，可能是因为他们希望通过中学老师的指导找到最适合他们自己的学校。公办专科对招生人员作为信息源的评分最低（6.84分），这可能反映出公办专科学生对学校招生信息和专业信息的获取途径偏好于其他更直接的信息渠道。

第三，985/211/双一流高校的学生对高校官网（3.1分）和政府发布的对学校认可的正式文件（3.14分）并不看重，这可能是因为这些学生对学校的实力和声誉已有较为深入的了解，对于官方的信息发布并不需要额外的验证。民办专科学生更倾向于通过抖音等短视频平台获取学校的信息（2.97分），一方面可能是因为能够符合民办专科就读的学生的学习态度和学业成绩并不理想，这类学生在课余时间使用手机频率较高，并愿意花费更多时间在社交媒体和短视频平台上。另一方面民办专科院校的招生压力巨大，顺应当下的传播趋势，广泛采用短视频平台进行招生宣传和学校专业介绍。这些平台以其直观、生动的内容形式和受众覆盖率，成为当前高等教育机构吸引潜在学生的主要渠道之一。学校通过短视频、直播的方式可以更快、更直接地与学生，特别是这一代依赖视觉和数字化信息获取方式的年轻群体建立联系。因此，学生通过短视频平台获取学校信息的行为，与学校在这些平台上积极进行宣传和推广的策略相契合。这一现象既反映了学生的日常媒体使用习惯，也反映了民办专科院校利用新兴媒体进行品牌传播和招生宣传的有效性。

第二节　问卷设计与预研究

一　问卷设计

本书通过调查学生群体在搜集学校信息时选择的信息源，考察不同信息源对民办高校教育服务质量感知、民办高校品牌认同的影响。由于本书所有参与调查的学生均为在校生，因此所有调查参与者均已产生择校行为，为本书提供了真实的反馈和数据支持。本书采用问卷调查形式，让参与者回忆他们自己在选择学校时的经历，收集相关数据，了解学生在择校过程中所依赖的主要信息源，以及这些信息源对他们的决策所产生的影响，本书还特别关注民办高校品牌视觉形象和工作人员形象通过学校官方传播对品牌认同产生影响时的调节作用。

高校品牌传播在利益相关者群体中引发的变化，符合传播效果研究的刺激—反应模式，即通过信息影响他人，期望获得最有效的传播效果。进入21世纪，高校品牌化理念深入人心，高校品牌建设与品牌传播已经成为中国高等教育发展的新基点。从狭义的概念定义上说，高校品牌是指学校名称、标志、校徽、校训、校舍等一系列视觉呈现。[①] 有学者分析了高校品牌的内涵，认为其包括显性因素和隐性因素。显性因素包括高校名称、标志、校徽、校服、校像、校标、校园建筑等能够被视觉识别出来的特征；隐性因素包括高校的文化底蕴、教育质量、教学与管理理念、学校制度、校风、校纪、考试成绩、学生身心状况、师生观、教学观、管理观等。[②]

本书研究测评的指标主要从三个方面考虑：一是依据学生择校影响因素及学校品牌传播的定义。这一部分通过前文对学生择校的影响因素和学校品牌传播的概念进行详细定义，为测评指标提供理论基础。二是对已有文献的借鉴与参考。通过参考已有文献，对相关研究成果进行综合分析，确保测评指标具有科学性和参考价值。三是访谈结果梳理。通过对学生及学生家长的半结构式访谈，了解他们在择校过程中的实际经历和看法，进一步丰富和验证测评指标的适用性。本书采用视频或语音电话形式对学生以及学生家长进行半结构式访谈，邀请他们描述择校过程中的经历和感受。在文献回顾以及半结构式访谈数据整理的基础上，对学生选择学校的信息源和影响因素进行定位，识别出具有代表性的影响因素。随后，邀请三位学术同行专家以及两位民办高校高层管理者对测量题项进行分析讨论，最终形成了本书的问卷初稿。该

---

① 田汉族：《论学校品牌经营策略》，《教育与经济》2005年第3期。
② 谷合强：《当前我国高校品牌内涵建设及相关要素分析》，《湖北函授大学学报》2011年第5期。

初稿包括7个变量，涵盖了信息源、影响因素、教育服务质量感知、品牌认同等多个维度。根据每个题项的含义，本书对以下因子进行了命名。

（1）民办高校品牌官方传播（University Brand Communication，UBC）。该因子主要涉及学校作为传播主体面向学生受众选择的渠道。

（2）个人社交口碑传播（Social Word of Mouth，SWOM）。与学生联系较强的个人信源，包括父母亲戚、同学朋友、高中老师以及在校生或毕业生。

（3）公共渠道口碑传播（Public Channels Word of Mouth，PCWOM）。包括政府、网络论坛、第三方机构或专家的推荐。

（4）民办高校品牌视觉形象（Design Factor，DF）。学生在接触学校信息时，学校名称及视觉呈现对其择校决策的影响。

（5）民办高校内部工作人员形象（University Faculty，UF）。学生与学校工作人员互动后，对其印象的影响。

（6）民办高校教育服务质量感知（Education Service Perception，ESP）。学生对学校整体服务水平的感知，包括教学质量、师资水平、升学与就业机会及校园生活环境的评价。

（7）民办高校品牌认同（University Identity，UI）。包括学生选择、传播、赞美等行为对学校品牌的认同。

民办高校品牌官方传播包括四个测量题项；口碑传播中个人社交口碑，包括四个测量题项；公共渠道口碑传播，包括四个测量题项；民办高校品牌视觉形象，包括四个测量题项；民办高校内部工作人员形象，包括三个测量项（见表3-2）。学生在接收民办高校品牌信息的学校宣传渠道主要包括学校印制发放的招生简章、学校官方网站、校园开放参观以及招生宣传人员；口碑传播中个人社交口碑主要包括家人、朋友、高中老师、报考院校的在校生和毕业生；公共口碑渠道主要包括高考志愿填报指南、政府发布、第三方平台发布、百度贴吧、知乎等网络平台。

表3 民办高校官方传播、个人社交口碑传播、公共渠道口碑传播、民办高校品牌视觉形象、民办高校内部工作人员形象初始测量量表

变量	测量题项	题项	参考依据
民办高校品牌官方传播	我认为学校的招生简章所包含的信息对我选择学校的影响很大	UBC1	先期调研整理
	直接与学校的招生工作人员咨询交流对我选择学校的影响很大	UBC2	
	我认为学校的官方网站所包含的信息对我选择学校的影响很大	UBC3	
	我认为校园参观对我选择学校的影响很大	UBC4	
个人社交口碑传播	同学推荐我来这所学校念书	SWOM1	已有文献的借鉴与参考①
	高中老师推荐我来这所学校念书	SWOM2	
	家人亲戚推荐我来这所学校念书	SWOM3	
	报考院校的在校生或毕业生推荐我来这所学校念书	SWOM4	
公共渠道口碑传播	高考志愿填报指南的信息对我选择学校影响很大	PCWOM1	已有文献的借鉴与参考②先期调研整理
	网络平台提供的信息对我选择学校影响很大	PCWOM2	
	政府发布的相关信息对我选择学校的影响很大	PCWOM3	
	第三方机构（学校排名等）的信息对我选择学校的影响很大	PCWOM4	
民办高校品牌视觉形象	学校的名称对我选择学校影响很大	DF1	已有文献的借鉴与参考③
	学校的logo与广告语宣传对我选择学校影响很大	DF2	
	学校宣传资料的视觉设计（印刷质量、宣传资料图片或视频清晰度或美观度）对我选择学校的影响很大	DF3	
	图片中的学校建筑与校园环境对我选择学校影响很大	DF4	

---

① 兰文巧：《服务营销组合对民办高校品牌资产的影响研究——基于服务利润链视角》，博士学位论文，辽宁大学，2012年。

② Ana I. Callejas-Albiñana, Fernando E. Callejas-Albiñana, Isabel Martínez-Rodríguez, "Emotional Effects on University Choice Behavior: The Influence of Experienced Narrators and Their Characteristics", *Frontiers in Psychology*, Vol. 24, No. 7, May 2016, pp. 689–710.

③ Ahearne, Michael, Bhattacharya, Chiranjeev B., Gruen, Thomas, "Antecedents and Consequences of Customer-Company Identification: Expanding the Role of Relationship Marketing", *Journal of Applied Psychology*, Vol. 90, No. 3, May 2005, pp. 574–585.

续表

变量	测量题项	题项	参考依据
民办高校工作人员形象	我对学校工作人员的印象是积极正面的	UF1	已有文献的借鉴与参考①
	我喜欢学校老师和工作人员的工作态度	UF2	
	我认为学校内部人员都在积极帮助学生解决问题	UF3	

对于营销领域的从业者和学者来说，能够准确识别和分析消费者选择购买品牌产品的原因，在全球竞争的背景下利用这些洞察，为顾客提供具有卓越价值的产品或服务被认为是在竞争对手中获得优势的最佳途径。② 20 世纪 80 年代初就有学者指出，企业或组织提供的服务质量是影响消费者感知价值的重要因素之一，且每个消费者对于所选产品或服务的价值感知都是基于个人情况和需求背景形成的。③ 在高等教育领域，特别是在民办高校里，教育服务质量感知和品牌认同对学生择校具有重要影响。民办高校所提供的教育服务质量感知涉及多个方面，包括课程设置、教学质量、师资力量、校园设施等，这些因素直接影响学生对学校的满意度和忠诚度。同时，学校的品牌认同则反映了学生对学校品牌及其核心价值的认同程度，这不仅关乎学校的声誉和知名度，也影响了学生在校期间的体验和未来的校友关系。

在本书中，民办高校教育服务质量感知包括 12 个测量项，涵盖了学术水平、教学资源、学生支持等关键方面。这些测量项旨在全面评估学生对教育服务的实际体验和感受。民办高校的品牌认同包括 6 个测量项，用以评估学生对学校品牌的认同程度及其对学校核心价值的理解。（见表 3-3）。

---

① Bennett, Roger, "Advertising Message Strategies for Encouraging Young White Working Class Males to Consider Entering British University", Journal of Business Research, Vol. 60, No. 9, September 2007, pp. 932-941.

② Woodruff, Robert B., "Customer Value, 'The Next Source of Competitive Advantage'", Journal of the Academy of Marketing Science, Vol. 25, No. 2, April 1997, pp. 139-153.

③ Grönroos, Christian, "A Service Quality Model and Its Marketing Implications", European Journal of Marketing, Vol. 18, No. 4, April 1984, pp. 36-44.

表 3-3 民办高校教育服务质量感知、民办高校品牌认同初始测量量表

变量	测量题项	题项编号	参考依据
民办高校教育服务质量感知	我对学校老师的专业水平与教学能力感到很满意	ESP1	已有文献的借鉴与参考①
	我对学校所能提供的教学资源和学习条件感到很满意	ESP2	
	我对学校的教学质量感到很满意	ESP3	
	我对学校的实训基地感到很满意	ESP4	
	我对学校的校园环境感到很满意	ESP5	
	我认为在这所学校读书会有很好的升学机会（考研、公务员、出国留学等）	ESP6	
	我认为在这所学校读书将来会有很好的就业前景	ESP7	
	我相信在这所学校读书会有所收获	ESP8	
	食堂条件	ESP9	
	宿舍条件	ESP10	
	学校所处的省份、城市	ESP11	
	我认为学校所收取的学费是合理的	ESP12	
民办高校品牌认同	我认为这所学校能够满足我的需求	UI1	已有文献的借鉴与参考①
	我认为我一定会来这所学校读书	UI2	
	我对学校的整体情况感到很满意	UI3	
	我会赞美宣传学校	UI4	
	我会推荐他人选择这所学校	UI5	
	我很期待学校的生活	UI6	

最终形成共 38 个测量题项的初始测量量表，采用李克特七点量表进行测量，涵盖民办高校教育服务质量感知和品牌认同两个主要变量。每个测量题项的回答均采用七点量表，分值从 1 到 7，1 代表"非常不同意"，7 代表"完全同意"。李克特七点量表是一种用于测量态度、意见和感觉等心理活动的权威量表，通过对测量事物的陈述，要求参与调查者根据每一条陈述符合其个人情况的强弱程度进行表态。对每个选项所

---

① Ali-Choudhury, Rumy, Bennett, Roger, Savani, Shilpa, "University Marketing Directors' View on the Components of a University Brand", *International Review on Public and Nonprofit Marketing*, Vol. 6, No. 1, June 2009, pp. 11-33.

对应的分数进行加总计算后，可以判定调查参与者的态度。大量研究表明，消费者对品牌的行为是一种心理态度、一种自我的感知，具有极强的主观性。这种对事物的主观判断既有认知层面，也有情感层面，因此，本书采用李克特七点量表进行调查问卷的设计。本书的预测试问卷包含以下部分：

第一部分，问候语及说明。问卷的开头部分包括简短的问候语和填写说明，以让受访者了解问卷的目的和重要性，确保他们能够准确理解每个题项的含义。

第二部分，主体部分。这一部分是问卷的核心，包含了38个测量题项，分为民办高校官方传播、个人社交口碑传播、公共渠道口碑传播、民办高校品牌视觉形象、民办高校工作人员形象、民办高校教育服务质量感知和品牌认同。每个题项均采用李克特七点量表，要求受访者根据其自身的真实感受进行评分。

第三部分，大学生的个体特征量表，包括学生性别、是否独生子女、高考分数、家庭所在地、家庭收入、父母受教育程度以及填报志愿情况。

第四部分为补充内容，这一部分包括有关问卷内容的补充说明以及受访者的个人联系方式（可选），询问他们是否愿意参与本书后续的访谈。

为了验证量表的信度和效度，本书选取了PY08学校2019级的300名学生作为样本，进行线上问卷发放。在数据收集过程中，剔除了答题时间过短以及答案相似性大于85%的问卷，最终获得254份有效问卷，有效问卷回收率为84.6%。

二 预调研数据分析

（一）量表信度分析

本书采用SPSS 24.0软件进行内部一致性信度分析，在信度测试中，通常要求Cronbach's α值大于0.7，以确保量表具有良好的内部一致性。本书使用纠正条目的总相关系数（Corrected-item Total Correlation，CITC）

来净化测量题项，并分别计算每个变量所有条目的内在一致性α系数。根据信度分析结果，所有测量项的 CITC 值均大于 0.5，表明这些条目具有较好的内部一致性。然而，通过进一步分析发现，个别题项的删除可以显著提高整体量表的α值，从而优化量表的信度，具体见表 3-4 所示。

在删除题项 UBC4——"我认为校园参观对我选择学校影响很大"后，量表的α值明显升高。因此，决定删除该题项。尽管在后续访谈中学生普遍反映说到学校参观坚定了他们报考的信心，但能够在择校过程中进行校园参观的学生比例较少，这可能是导致该题项信度值偏低的原因之一。

此外，题项 ESP12——"我认为学校所收取的费用是合理的"，在删除这一题项后，也显著提高了变量的α值，因此决定删除该题项。在结合后续访谈部分分析该题项信度不通过的原因时发现，许多学生及家长普遍强调民办高校的学费高于公办高校，且学费被视为制约民办高校招生的主要影响因素。结合访谈数据分析结果，本书认为该题项不通过的原因可能有以下两点：一是样本偏差，问卷调研对象均为民办高校在校大学生，因此那些因学费高而未选择民办高校的学生并未包含在调研群体中。这可能会导致调研样本在学费认知上的一致性偏差。二是个体认知统一。访谈结果表明，不同个体特征的学生对民办高校学费有较为一致的认识，普遍认为民办高校的学费过高。这种一致性反应可能导致 ESP12 题目的得分分布过于集中，进而影响了该题目的信度。以下是部分访谈学生的反馈：

我家条件还可以，但是我觉得不该把钱花在这么贵的学费上。民办学费太高了，比公办贵四五倍吧，大人说的，再贵一点，真的就念不起了。（学生 S6）

学费贵！！！我家里人就说啊，你这个学校是很商业性的，骗钱的，我是家里最花钱的了，跟我读同一个专业的同学，她在公办，

她的学费三千一年，我的一万六。（学生 S7）

第一感觉就是太贵了，如果我能去公办院校的话，我是不会来民办的，虽然是可以负担得起，但是感觉太贵了。（学生 S33）

这些反馈都显示出学生和家长普遍对民办高校学费过高的强烈感知和反应，这种一致性反应可能导致 ESP12 题目的得分分布过于集中，影响了该题目的信度。

表 3-4 量表可信度分析

研究变量	题项	CITC 值	Cronbach's α if Item Deleted	α 值
民办高校品牌官方传播	UBC1	0.733	0.678	0.815
	UBC2	0.665	0.749	
	UBC3	0.607	0.804	
	UBC4	0.842	0.930	
公共渠道口碑传播	PCWOM1	0.666	0.840	0.864
	PCWOM2	0.695	0.836	
	PCWOM3	0.721	0.833	
	PCWOM4	0.770	0.825	
个人社交口碑传播	SWOM1	0.677	0.853	0.870
	SWOM2	0.667	0.856	
	SWOM3	0.804	0.804	
	SWOM4	0.754	0.820	
民办高校品牌视觉形象	DF1	0.766	0.939	0.942
	DF2	0.860	0.927	
	DF3	0.849	0.929	
	DF4	0.833	0.912	
民办高校工作人员形象	UF1	0.725	0.871	0.880
	UF2	0.794	0.809	
	UF3	0.788	0.811	

续表

研究变量	题项	CITC 值	Cronbach's α if Item Deleted	α 值
民办高校教育服务质量感知	ESP1	0.672	0.921	0.927
	ESP2	0.803	0.915	
	ESP3	0.825	0.915	
	ESP4	0.797	0.916	
	ESP5	0.770	0.917	
	ESP6	0.805	0.915	
	ESP7	0.681	0.924	
	ESP8	0.722	0.919	
	ESP9	0.633	0.924	
	ESP10	0.617	0.924	
	ESP11	0.561	0.922	
	ESP12	0.698	0.975	
民办高校品牌认同	UI1	0.835	0.950	0.956
	UI2	0.771	0.952	
	UI3	0.858	0.949	
	UI4	0.843	0.950	
	UI5	0.861	0.949	
	UI6	0.878	0.949	

(二) 探索性因子分析

在信度分析中，将信度不通过的测量项删除后，剩余36个测量项都能得到很好地理解。本书使用 SPSS 24.0 软件进行主成分分析（PCA），以探索性因子分析（EFA）方法进行进一步验证。在进行探索性因子分析时，抽样样本与题项的比例最小应达到 5∶1，因此本书中的 254 个样本量符合分析要求。通过数据分析可知，KMO 值为 0.963，大于 0.700，且 Bartlett 球形检验也通过了显著性检验（$p<0.001$），表明数据适合进行因子分析。在提取因子时，采用主成分分析法，并按照特征值大于 1 的标准，运用最大方差法进行正交旋转，每个测量题项的载荷应不低于 0.5，每个因子的所有测量题项载荷应不低于 0.6，且无交叉载荷。

在初步分析中，尽管所有题项的载荷均满足上述标准，但"我认为食堂条件很好"和"我认为宿舍很舒适"这两个题项落在同一个因子上,而"学校所处的省份、城市"单独落在一个因子上。从因子分析结果来看,这几个测量项并不足以支撑独立的因子,因此予以删除。删除上述题项后,对剩余题项再次进行探索性因子分析。结果显示,KMO 值为 0.814,Bartlett 球形检验通过显著性检验（p<0.001）,进一步确认量表适合进行因子分析。最终,剩余 32 个测量题项在 7 个因子上的载荷均大于 0.50,累计解释方差为 80.487%,形成了包含 32 个测量题项的正式量表（见表 3-5）。

表 3-5　　　　　　　　　　探索性因子分析

题项	因子载荷系数						
	因子1	因子2	因子3	因子4	因子5	因子6	因子7
UBC1	0.636						
UBC2	0.708						
UBC3	0.712						
PCWOM1		0.821					
PCWOM 2		0.787					
PCWOM 3		0.806					
PCWOM 4		0.857					
SWOM1			0.724				
SWOM2			0.718				
SWOM3			0.779				
SWOM4			0.675				
DF1				0.785			
DF2				0.779			
DF3				0.778			
DF4				0.767			
UF1					0.760		
UF2					0.777		
UF3					0.737		
ESP1						0.684	
ESP2						0.655	
ESP3						0.688	
ESP4						0.750	
ESP5						0.676	

续表

题项	因子载荷系数						
	因子1	因子2	因子3	因子4	因子5	因子6	因子7
ESP6						0.698	
ESP7						0.689	
ESP8						0.778	
UI1							0.609
UI2							0.766
UI3							0.782
UI4							0.767
UI5							0.696
UI6							0.745

（三）验证性因子分析

通过验证性因子分析可以判断观察变量与潜变量之间的假设关系是否与调查的数据吻合，如果观察变量与潜变量的假设关系具有较好的拟合度，则说明研究中所建构的量表具有较好的聚合效度。本书使用 AMOS 24.0 对数据进行验证性因子分析，评价模型整体适配性的主要判别指标如表 3-6 所示。所有模型拟合指标均达到或优于建议标准，显示出模型具有良好的拟合度。具体来看，X^2/df 为 1.86，GFI 为 0.91，AGFI 为 0.88，PGFI 为 0.75，RMSEA 为 0.043，NFI 为 0.95，NNFI 为 0.97，CFI 为 0.98，SRMR 为 0.032，均表明模型拟合优良。

表 3-6　　　　　　　　验证性因子分析值

指标	X^2/df	GFI	AGFI	PGFI	RMSEA	NFI	NNFI	CFI	SRMR
值	1.86	0.91	0.88	0.75	0.043	0.95	0.97	0.98	0.032
建议标准[①]	<3.0	>0.90	>0.80	>0.50	<0.08	>0.90	>0.90	>0.90	<0.1

（四）内容效度

内容效度主要是评价测量内容或题目的切合度与代表性，也被称为

[①] Lin, Lucy, "What are Student Education and Educational Related Needs?", *Marketing and Research Today*, Vol. 25, No. 3, January 1997, pp. 199-212.

逻辑效度。本书在对现有高校品牌传播与学生择校行为决策相关研究文献进行详尽梳理后，邀请了民办高校高层管理者、教育学、营销学、管理学以及品牌传播领域的专家参与量表的开发和完善过程，专家们帮助确保测量变量的含义准确，并验证变量与测量题项之间的关系。通过预测试阶段收集的数据进行信度效度检验，并通过探索性因子分析进一步验证量表的内容效度。因此，本书所使用的量表经过严谨的开发过程，具备良好的内容效度。

（五）收敛效度

收敛效度是指不同的观察变量是否可用来测量同一潜变量。本书利用验证性因子分析（Confirmatory Factor Analysis，CFA）、平均方差提取量（Average Variance Extracted，AVE）以及构建信度（Composite Reliability，CR）来检验量表的收敛效度。在验证性因子分析中，效度水平由模型的拟合指数与标准化因子载荷系数来检验，如果模型的拟合指数表明拟合水平是可接受的，那么就可进一步通过观察标准化载荷系数的大小来检验其效度。具体标准是，只要测量题项因子载荷系数大于0.70，AVE大于0.500，CR值大于0.7，则表明量表具有较高的效度。从表3-7中可以看到，所有变量的因子载荷系数均大于0.70，表示这些题项具有良好的测量能力。AVE值全部大于0.50，表明每个潜变量都能够解释超过一半的方差，具有较高的收敛效度。此外，所有变量的CR值均高于0.70，进一步证明了量表的内部一致性和可靠性。区分效度检验结果显示，7个因子的AVE平方根均大于因子间相关系数，表明量表具有良好的区分效度。最终，收敛效度检验结果显示，各因子的因子载荷系数、AVE值和CR值均达到较高水平，证明量表具有良好的收敛效度。

表3-7 各变量AVE与CR值

变量名称	题项	因子载荷	AVE	CR
民办高校品牌官方传播	UBC1	0.862	0.685	0.866
	UBC2	0.843		
	UBC3	0.769		

续表

变量名称	题项	因子载荷	AVE	CR
公共渠道口碑传播	PCWOM1	0.771	0.689	0.897
	PCWOM2	0.779		
	PCWOM3	0.910		
	PCWOM4	0.951		
个人社交口碑传播	SWOM1	0.788	0.722	0.912
	SWOM2	0.911		
	SWOM3	0.922		
	SWOM4	0.787		
民办高校学校名称和传播内容视觉呈现	DF1	0.828	0.790	0.958
	DF2	0.879		
	DF3	0.911		
	DF4	0.914		
民办高校内部工作人员形象	UF1	0.919	0.768	0.908
	UF2	0.849		
	UF3	0.852		
民办高校教育服务质量感知	ESP1	0.784	0.701	0.949
	ESP2	0.875		
	ESP3	0.922		
	ESP4	0.893		
	ESP5	0.804		
	ESP6	0.852		
	ESP7	0.758		
	ESP8	0.797		
民办高校品牌认同	UI1	0.941	0.784	0.962
	UI2	0.814		
	UI3	0.918		
	UI4	0.832		
	UI5	0.863		
	UI6	0.895		

（六）区分效度

区分效度是评估不同潜变量之间是否存在显著差异的重要指标。本书采用 Fornell 与 Larcker 提出的区分效度判别方法来进行检验，该方法通过比较每个潜变量的平均方差提取（AVE）的平方根与变量间的相关系数来进行判断。当 AVE 的平方根大于变量间的相关系数时，表明量表具有良好的区分效度（具体数据如表 3-8 所示）。从表 3-8 中可以看出，各因子对应的 AVE 平方根最小值为 0.804，而因子间相关系数的最大值为 0.773。因此，本书的数据表现出良好的区分效度，符合学术研究的要求。

表 3-8　　　　　　　　区分效度分析结果

	UBC	PCWOM	SWOM	DF	UF	ESP	UI
UBC	0.823						
PCWOM	0.640	0.804					
SWOM	0.530	0.422	0.876				
DF	0.746	0.546	0.744	0.960			
UF	0.708	0.563	0.537	0.754	0.883		
ESP	0.731	0.550	0.727	0.773	0.524	0.816	
UI	0.670	0.499	0.675	0.758	0.662	0.770	0.830

说明：对角线上的数据是 AVE 的平方根，剩余部分是相关系数。

经过信度和效度检验，本书最终保留了 32 个测量题项，构建了包含 7 个因子的稳定因子结构量表。该量表在内容效度、收敛效度和区分效度方面均表现出色，为后续正式问卷的发放和数据收集提供了可靠的依据。正式问卷的具体内容详见附录 2。

第三节　正式问卷的发放、回收与半结构式访谈提纲设计

本书的正式调研时间为 2020 年 3 月 30 日至 4 月 18 日，调研对象为

11 所民办高校的 2019 级在校生，学校名称以代码形式出现。在调研期间学生尚未返校，调研样本几乎涵盖我国大部分省份。选择这些高校和学生作为调研对象的原因如下：

首先，从建校投资形式来看，本书界定的研究对象为参加全国普通高校招生录取的全日制民办高校。尽管独立学院也属于民办高校范畴，但其品牌影响力受母体公办高校的影响，因此本书仅针对单纯的民办高校进行调研。

其次，在样本选择方面，本书包含了当前社会上存在的三种主要投资形式：非营利性社会组织投资、个人投资以及集团投资。其中，集团投资包括民办企业和国有企业两种类型。调研的学校类型包括综合类、理工类、医药类和财经类，地理分布涵盖山东省、浙江省、河南省、陕西省、福建省和湖南省。调研的民办高校范围兼顾了多种投资形式、不同地域分布以及综合性院校和专科院校等学校类型。

最后，从民办高校目标群体的角度来看，在调研开展期间，2019 级学生是最近一届入学的新生，他们对填报志愿和选择学校的记忆较为清晰。作为民办高校品牌宣传的主要受众群体，这些学生的品牌感知主要通过学校的品牌"传播"来形成。由于高校品牌作为一种特殊的服务供应，不存在先体验再选择的可能，因此学生对学校的品牌感知主要受到学校主动宣传信息以及个人社交和公共渠道的影响。此外，这些学生已经经历过择校过程，能够提供明确的信息以阐释其择校的主要原因。

问卷发放与回收具体情况见表 3-9，本书采用计量方法进行数据分析及假设检验，具体采用的分析方法有描述性统计分析、信效度分析、验证性因子分析、回归分析、方差分析。其中采用 SSWOMS 24.0 软件对数据进行描述性统计分析、信效度分析、回归分析、方差分析，使用 AMOS 21.0 软件进行验证性因子分析。

表 3-9　　　　　　　　　　问卷发放与回收情况

省份	学校编号	问卷填答人数（人）	有效问卷（份）	每校回收率（%）	总体有效回收率（%）
福建省	PY01	926	764	82.60	
陕西省	PY02	925	784	84.80	
湖南省	PY03	946	720	76.20	
山东省	PY04	919	796	86.70	80.76
	PY05	872	620	71.20	
	PY06	914	772	84.50	
	PY07	902	843	93.40	
	PY08	911	665	73.00	
浙江省	PY09	878	606	69.10	
河南省	PY10	883	833	94.40	
	PY11	927	676	73.00	

一　正式问卷的发放与回收

（一）正式问卷的信效度分析

1. 信度分析

根据表 3-10 的分析结果，本书对各变量进行了信度检验，Cronbach's Alpha 值在 0.886 和 0.948 之间，各变量的 Cronbach's Alpha 值均显著高于 0.7，表明所识别和构建的主要变量量表具有良好的内部一致性，能够可靠地衡量所研究的变量。

表 3-10　　　　　　　　　　信度分析结果

因子命名	题项	Cronbach's Alpha
民办高校品牌官方传播	UC1、UC2、UC3	0.891
公共渠道口碑传播	PCWOM1、PCWOM2、PCWOM3、PCWOM4	0.878
个人社交口碑传播	SWOM1、SWOM2、SWOM3、SWOM4	0.886

续表

因子命名	题项	Cronbach's Alpha
民办高校品牌视觉形象	DF1、DF2、DF3、DF4	0.932
民办高校工作人员形象	UF1、UF2、UF3	0.924
民办高校教育服务质量感知	ESP1、ESP2、ESP3、ESP4、ESP5、ESP6、ESP7、ESP8	0.948
民办高校品牌认同	UI1、UI2、UI3、UI4、UI5、UI6	0.938

2. 效度分析

通过 KMO 检验和巴特利特球形检验，本书数据适合进行因子分析，具体结果如表 3-11 所示，可以看出，各变量的 KMO 值均大于 0.7，且巴特利特球形检验结果显著（Sig. = 0.000），表明数据适合进行因子分析。

表 3-11　　　　　KMO 检验和巴特利特球形检验

变量名称	KMO	Bartlett 的球形检验 Sig.
民办高校品牌官方传播	0.731	0.000
公共渠道口碑传播	0.814	0.000
个人社交口碑传播	0.793	0.000
民办高校品牌视觉形象	0.833	0.000
民办高校工作人员形象	0.803	0.000
民办高校教育服务质量感知	0.930	0.000
民办高校品牌认同	0.900	0.000

3. 探索性因子分析

通过主成分分析法和方差最大旋转，32 个测项很好地归属于 7 个因子，每个因子载荷均大于 0.4，具体结果如表 3-12 所示。

表 3-12　　　　　　　　　　探索性因子分析

因子	民办高校品牌官方传播	公共渠道口碑传播	个人社交口碑传播	民办高校品牌视觉形象	民办高校工作人员形象	民办高校教育服务质量感知	民办高校品牌认同
UC1	0.638						
UC2	0.651						
UC3	0.719						
PCWOM1		0.631					
PCWOM2		0.766					
PCWOM3		0.832					
PCWOM4		0.839					
SWOM1			0.73				
SWOM2			0.832				
SWOM3			0.764				
SWOM4			0.631				
DF1				0.763			
DF2				0.792			
DF3				0.745			
DF4				0.613			
UF1					0.691		
UF2					0.616		
UF3					0.662		
ESP1						0.755	
ESP2						0.762	
ESP3						0.711	
ESP4						0.748	
ESP5						0.624	
ESP6						0.678	
ESP7						0.697	
ESP8						0.659	
UI1							0.637
UI2							0.765
UI3							0.664

续表

因子	民办高校品牌官方传播	公共渠道口碑传播	个人社交口碑传播	民办高校品牌视觉形象	民办高校工作人员形象	民办高校教育服务质量感知	民办高校品牌认同
UI4							0.67
UI5							0.754
UI6							0.683

4. 聚合效度和区分效度

根据表 3-13 和表 3-14 的结果，本书的量表通过了聚合效度和区分效度的检验。从表 3-14 中可以看出，各变量的 AVE 值均大于 0.5，CR 值均大于 0.7，表明各量表具有良好的聚合效度。各因子对应的 AVE 平方根最小值为 0.807，而因子间相关系数的最大值为 0.796，AVE 的平方根大于变量间的相关系数时，表明量表具有良好的区分效度。因此，本书正式问卷数据符合学术研究要求。

表 3-13　　　　　聚合效度：AVE 值与 CR 值

变量名称	平均方差萃取 AVE 值	组合信度 CR 值
民办高校品牌官方传播	0.743	0.896
公共渠道口碑传播	0.651	0.881
个人社交口碑传播	0.654	0.883
民办高校品牌视觉形象	0.779	0.934
民办高校工作人员形象	0.801	0.924
民办高校教育服务质量感知	0.697	0.948
民办高校品牌认同	0.719	0.939

表 3-14　　　　区分效度：Pearson 相关与 AVE 平方根值

变量名称	1	2	3	4	5	6	7
民办高校品牌官方传播	0.862						
公共渠道口碑传播	0.636	0.807					

续表

变量名称	1	2	3	4	5	6	7
个人社交口碑传播	0.565	0.489	0.809				
民办高校品牌视觉形象	0.692	0.597	0.591	0.882			
民办高校工作人员形象	0.732	0.606	0.597	0.765	0.895		
民办高校教育服务质量感知	0.754	0.573	0.603	0.714	0.787	0.835	
民办高校品牌认同	0.705	0.532	0.706	0.706	0.788	0.796	0.848

说明：对角线值是 AVE 的平方根。

（二）正式问卷的验证性因子分析

采用 AMOS 24.0 软件进行验证性因子分析，表 3-15 显示了模型拟合度良好的指标结果。根据表 3-15 的结果，模型的 X^2/df 值为 2.956，处于理想的范围内（<3.0），表明模型的拟合度良好。GFI、AGFI、PGFI 分别为 0.90、0.851 和 0.836，均超过了推荐的阈值，显示出模型整体的拟合度较好。RMSEA 值为 0.066，低于 0.08 的标准，进一步确认了模型的良好拟合度。NFI、NNFI、CFI 的值分别为 0.936、0.930 和 0.938，均大于 0.90，显示出模型在不同的拟合指标下均表现良好。最后，SRMR 的值为 0.039，远低于 0.1 的标准，进一步确保了模型的良好拟合度和稳健性。

表 3-15　　　　　　　　　　验证性因子分析结果

指标名称	X^2/df	GFI	AGFI	PGFI	RMSEA	NFI	NNFI	CFI	SRMR
值	2.956	0.90	0.851	0.836	0.066	0.936	0.930	0.938	0.039
标准[①]	<3.0	>0.90	>0.80	>0.50	<0.08	>0.90	>0.90	>0.90	<0.1

（三）描述性统计分析

描述性统计分析是对整体样本数据特征进行的总结性描述，用以了

---

① Lin, Lucy, "What are Student Education and Educational Related Needs?", *Marketing and Research Today*, Vol. 25, No. 3, January 1997, pp. 199-212.

解各主要变量的基本特征和观察值的分布情况，使用的统计指标包括均值和标准差。均值是将变量的各个数值相加后除以数值个数，标准差是方差的正平方根，通过这两个指标可以观察是否存在不合理的数据，用以保障信效度分析以及回归分析有高质量的数据以及分析结果的可信度。描述性统计结果见表3-16和表3-17。

本书对主要变量"民办高校品牌官方传播""公共渠道口碑传播""个人社交口碑传播""民办高校工作人员形象""民办高校教育服务质量感知"和"民办高校品牌认同"进行均值和标准差分析，以了解整体样本的集中趋势和离散情况，判断样本的代表性，并对初步分析结果进行简要解释。

表3-16　　　　　　　　各变量描述性统计分析结果

变量名称	均值	标准差
民办高校品牌官方传播	3.44	1.52
公共渠道口碑传播	3.40	1.51
个人社交口碑传播	4.51	1.69
民办高校品牌视觉形象	3.49	1.53
民办高校工作人员形象	3.18	1.47
民办高校教育服务质量感知	3.57	1.48
民办高校品牌认同	3.94	1.68

从表3-16可以看出，民办高校品牌官方传播、公共渠道口碑传播、民办高校品牌视觉形象、民办高校工作人员形象及民办高校教育服务质量感知的均值在3和4之间，显示出这些变量对学生选择学校的影响较为中等。而个人社交口碑传播的均值为4.51，显著高于其他变量，表明学生认为家人、朋友以及老师等熟识对象的信息对选择学校的影响更大。民办高校品牌认同的均值为3.94，表明学生对学校的整体认同度较高，但仍存在一定的提升空间。具体而言，个人社交口碑传播的均值最高，达到4.51，标准差为1.69，显示出学生对熟人推荐的依赖性较强，但个体差异也较大。相对而言，公共渠道口碑传播和民办高校品牌官方传播

的均值相对较低，分别为 3.40 和 3.44，标准差分别为 1.51 和 1.52，表明公共渠道口碑传播和民办高校品牌官方传播在影响学生选择学校时的作用较为有限。在民办高校品牌视觉形象和民办高校工作人员形象方面，均值分别为 3.49 和 3.18，标准差分别为 1.53 和 1.47，显示出学生对民办高校品牌视觉形象和民办高校工作人员形象的感知较为一般，这与访谈结果一致，表明品牌形象和工作人员形象需要进一步提升以增强学生的满意度和选择意愿。民办高校教育服务质量感知的均值为 3.57，标准差为 1.48，显示出学生对学校教育服务质量的总体评价较好，但仍有提升空间。品牌认同的均值为 3.94，标准差为 1.68，表明学生对学校的整体认同度较高，但个体之间的差异也较大。民办高校教育服务感知中除升学机会以外其他题项的均值均在 4 以下，这一点也符合访谈的结果，一方面大多数学生因为公办高校的分数限制转而选择分数较低的民办高校以求得更高的学历，另一方面选择民办高校本科是因为毕业后可以直接参加研究生考试。很多学生在访谈中均表示出强烈的求"本科"的意愿，比如，"我是一定要上本科的（S2）""一开始，我是想冲一下公办本科的，但是分数实在是有限，报公办也就是碰运气，最后都是差几分，就到了现在这个学校（S4）""我高中老师说我这个分数上不了公办的，会滑档的。我爸就说这么贵还不如去上公办的专科，是因为我姑姑说考研的话专升本绕了好大的圈，所以说多花点钱，作为一个跳板（S11）"。

表 3-17　　　　　　　　各题项描述性统计分析结果

题项编号	题项	均值	标准差
UBC1	我认为学校的招生简章包含的信息对我选择学校的影响很大	3.51	1.53
UBC2	直接与学校的招生工作人员咨询交流对我选择学校的影响很大	3.55	1.54
UBC3	我认为学校的官方网站包含的信息对我选择学校的影响很大	3.26	1.47

续表

题项编号	题项	均值	标准差
PCWOM1	高考志愿填报指南的信息对我选择学校影响很大	3.75	1.59
PCWOM2	网络平台提供的信息对我选择学校影响很大	3.36	1.48
PCWOM3	政府发布的相关信息对我选择学校的影响很大	3.20	1.49
PCWOM4	第三方机构（学校排名等）的信息对我选择学校的影响很大	3.31	1.49
SWOM1	同学推荐我来这所学校念书	4.79	1.67
SWOM2	高中老师推荐我来这所学校念书	4.57	1.78
SWOM3	家人亲戚推荐我来这所学校念书	4.32	1.78
SWOM4	报考院校的在校生或毕业生推荐我来这所学校念书	4.36	1.69
DF1	学校的名称对我选择学校影响很大	3.50	1.53
DF2	学校的logo与广告语宣传对我选择学校影响很大	3.54	1.53
DF3	学校宣传资料的视觉设计（印刷质量、宣传资料图片或视频清晰度或美观度）对我选择学校的影响很大	3.46	1.50
DF4	图片中的学校建筑与校园环境对我选择学校影响很大	3.47	1.55
UF1	我对学校工作人员的印象是积极正面的	3.36	1.52
UF2	我喜欢学校老师和工作人员的工作态度	3.20	1.45
UF3	我认为学校内部人员都在积极帮助学生解决问题	3.02	1.45
ESP1	我对学校老师的专业水平与教学能力感到很满意	3.16	1.36
ESP2	我对学校所能提供的教学资源和学习条件感到很满意	3.65	1.48
ESP3	我对学校的教学质量感到很满意	3.44	1.44
ESP4	我对学校的实训基地感到很满意	3.41	1.48
ESP5	我对学校的校园环境感到很满意	3.46	1.56
ESP6	我认为在这所学校读书会有很好的升学机会（考研、公务员、出国留学等）	4.10	1.52
ESP7	我认为在这所学校读书将来会有很好的就业前景	3.94	1.48
ESP8	我相信在这所学校读书会有所收获	3.37	1.49
UI1	我认为这所学校能够满足我的需求	3.71	1.56
UI2	我认为我一定会来这所学校读书	4.43	1.81

续表

题项编号	题项	均值	标准差
UI3	我对学校的整体情况感到很满意	3.76	1.58
UI4	我会赞美宣传学校	3.53	1.64
UI5	我会推荐他人选择这所学校	4.18	1.79
UI6	我很期待学校的生活	4.06	1.73

从表3-17可以进一步分析出几个关键点：第一，个人社交口碑传播（如同学、老师和家人的推荐）在学生选择学校过程中扮演着重要角色。具体来看，题项SWOM1（同学推荐）的均值最高，达到4.79，显示出同学推荐对学生选择学校有显著影响。同时，题项SWOM2（高中老师推荐）和SWOM4（在校生或毕业生推荐）的均值也较高，分别为4.57和4.36，进一步印证了来自熟人的推荐对学生决策至关重要的事实。尽管官方信息（如招生简章和官方网站）的影响力相对较弱，题项UBC1（招生简章）和UBC3（官方网站信息）的均值分别为3.51和3.26，但它们仍然在学生的决策过程中发挥了一定的作用。相比之下，题项PC-WOM1（高考志愿填报指南）的均值较高，为3.75，显示出高考志愿填报指南在学生决策中具有重要影响力。

第二，学校的品牌视觉形象、校园环境以及升学和就业前景也是学生选择学校时的重要考虑因素。题项DF2（学校的logo与广告语宣传）和题项DF4（校园建筑与环境图片）的均值分别为3.54和3.47，显示出品牌形象和校园环境对学生的影响不可忽视，尽管题项DF3（宣传资料的视觉设计）的均值略低，为3.46，表明在视觉设计方面还有提升空间。

第三，题项ESP6（升学机会）和题项ESP7（就业前景）的均值较高，分别为4.10和3.94，反映出学生对学校提供的升学和就业机会期待较高，但题项ESP1（教师专业水平）和题项ESP3（教学质量）的均值相对较低，分别为3.16和3.44，显示出在这些方面还有改进空间。最后，民办高校品牌认同中测量项UI2（"我认为我一定会来这所学校读书")的均值最高，为4.43，显示出学生中有相当多的人对选择该校持肯定态度，尽管个体间存在较大差异。测量项UI5（"我会推荐他人选择这所学校"）和测量项UI6（"我很期待学校的生活"）的均值也较高，分别为4.18和4.06，显示出学生对学校的期望和推荐意愿较强。相比之下，测量项UI4（"我会赞美宣传学校"）的均值相对较低，为3.53，显示出学生在赞美和宣传学校方面的意愿一般。

（四）相关分析

Pearson相关分析主要用来检验两个连续变量之间是否有显著的线性关系。相关分析提供了衡量变量间相互的线性强弱关系的工具，当相关关系在0和0.3之间时，两个变量之间呈轻度正线性相关，当相关关系在0.3和0.8之间时，两个变量之间呈中度正线性相关。从表3-19可知，各变量之间存在正相关，经双侧显著性检验，变量间的相关系数都能达到0.05的显著水平，且两个变量间的相关系数小于0.8，显示出变量之间没有多重共线性，可以进行回归分析。

表3-18　　　　　　　　Pearson相关系数分析结果

变量	1	2	3	4	5	6
民办高校品牌官方传播	—					
公共渠道口碑传播	0.636***	—				
个人社交口碑传播	0.565***	0.489***	—			
民办高校品牌视觉形象	0.692***	0.597***	0.591***	—		
民办高校内部工作人员形象	0.732***	0.606***	0.597***	0.765***	—	
民办高校教育服务质量感知	0.754***	0.573***	0.603***	0.714***	0.787***	—
民办高校品牌认同	0.705***	0.532***	0.706***	0.706***	0.788***	0.796***

说明：***表示$p<0.001$；$n=8079$。

根据表3-18中的Pearson相关系数分析结果，可以观察到以下几个关键点：民办高校品牌官方传播、公共渠道口碑传播、个人社交口碑传播、民办高校品牌视觉形象、民办高校内部工作人员形象和民办高校教育服务质量感知在学生对民办高校选择和认同过程中起到了重要作用。

这些因素在学生对学校选择和认同过程中发挥着重要作用，并且彼此之间存在显著的正相关关系（皆为 p<0.001）。特别是民办高校教育服务质量感知与民办高校品牌认同之间的关系最为密切，凸显了教育服务质量在学校品牌建设中的关键角色作用。具体而言，民办高校品牌官方传播与民办高校品牌教育服务质量感知之间的相关系数为［0.754, p<0.001］，表明民办高校品牌官方传播与学生对民办高校教育服务质量感知密切相关。此外，公共渠道口碑传播、个人社交口碑传播和民办高校品牌视觉形象与民办高校教育服务质量感知的相关系数分别为［0.573, p<0.001］、［0.603, p<0.001］和［0.714, p<0.001］，显示出这些因素与学生对教育服务质量的感知有显著的正向关系。民办高校的内部工作人员形象与教育服务质量感知之间呈现出最高的相关性，达到了［0.787, p<0.001］，进一步强调了学生对学校内部工作人员形象的重视。此外，教育服务质量感知与民办高校的品牌认同之间的相关系数为［0.796, p<0.001］，显示出学生对民办高校教育服务质量感知直接影响其对学校品牌的认同程度。

二 半结构式访谈提纲设计

针对民办高校品牌创办者与管理者和品牌传播实践工作者对民办高校品牌传播的认识、所采用的方法以及效果，就民办高校品牌意识与品牌传播问题，笔者走访了样本高校的举办者、管理者或品牌宣传负责人，并与部分招生一线工作人员进行面对面交流。通过整理访谈资料得出民办高校品牌传播现状。作为问卷测量结果的补充研究，本书采用半结构式访谈，让学生描述在高考分数公布后是如何选择学校、填报志愿的，以及在收到录取通知书后的决定过程。根据所"研究问题"中的主要问题，形成本书针对举办者、管理者以及品牌传播相关工作人员的半结构式访谈提纲。

（一）举办者、管理者以及品牌传播相关工作人员半结构式访谈提纲

1. 访谈对象的基本资料：年龄、工作经历、进入民办高校工作的时间、职位、主要负责的工作。

2. 是什么原因使您进入民办高校的？

3. 您是如何看待"大学品牌"的？

4. 站在学生的角度，您觉得"大学品牌"应该是什么？

5. 对于"大学品牌"您认为最重要的是什么？您认为哪些因素会影响大学的品牌形象呢？

6. 您怎么理解大学品牌传播呢？影响大学品牌传播的最重要的因素是什么？

7. 据您的经验民办高校创办至今是如何宣传它自己的呢？

8. 学校是如何面向学生群体进行宣传的？主要的宣传方式有哪些？效果如何？有哪些困难吗？可以分享一两件让您印象深刻的事情吗？

9. 您现在工作或之前工作的学校的文化、组织价值观、校风、校训、办学目标、学校所倡导的精神等理念，对学生有什么影响吗？可以分享一两件让您印象深刻的事情吗？

10. 您认为针对学生群体民办高校吸引学生最主要的特质有哪些？

11. 所有的品牌传播活动都是由谁策划、谁做决策、哪些人执行，站在您的角度您认为效果如何？（短期、长期）

12. 您认为当前民办高校品牌宣传遇到的问题有哪些？可以分享一两件让您印象深刻的事情吗？您认为这些问题最好的解决办法是什么呢？

13. 您认为您所在的工作单位是什么时候开始有品牌意识的？

14. 您认为学生或家长对民办高校现阶段的品牌态度如何？

15. 您认为新高考制度的改革实施对民办高校招生有什么影响吗？（正影响或者负影响，您认为通过品牌传播能够改善负面影响吗？）

（二）学生以及学生家长半结构式访谈提纲

1. 学生的基本信息（问卷包含的基本信息）。

2. 你以前对于（孩子）上大学是什么态度？你有你自己理想的目标院校吗？

3. 高考分数公布后，对于志愿的填报你是如何选择的？主要考虑了哪些因素？你一共填报了多少院校？你是否了解公办民办的区别呢？

4. 对于学校信息的搜索你是从什么时候开始的？在信息搜索的过程

中，有哪些事件让你印象深刻吗？你对学校的整体印象是什么样的？你从他人那里获得过哪些学校的评价？

5. 是什么因素让你决定填报现在就读院校的？是否收到过广告宣传，接触过招生人员，或者有什么人向你推荐吗？你是通过什么方式了解学校信息的？

6. 从一开始你就希望被这所院校录取吗？（在发现没有被理想院校录取而是被这所学校录取时，你的想法是什么呢？）在你被这所院校录取后你身边的人是什么态度或想法呢？

7. 学校的哪些条件是你满意的？你有尝试主动询问学校的情况吗？你身边有认识的人在你的目标院校上学吗？你有联系过目标院校的学生询问学校情况吗？

8. 从报名到录取再到报到这个过程中与学校有关的哪些事情让你印象深刻呢？

三 访谈的实施以及访谈对象的基本情况

针对问卷调研的问题从"民办高校品牌传播""择校考虑因素"两个核心问题展开，在研究过程中，针对问卷结果形成半结构式访谈提纲，同时结合被访者主动提及的内容和感受进行追问。在访谈过程中撰写访谈笔记，本书获取了民办高校举办者与管理者（访谈时间在1小时至两个半小时不等）、招生宣传人员（访谈时间在40分钟左右）、学生以及学生家长（访谈时间在30分钟左右）三方的访谈内容，共计形成209761字的文本。

本书选择的访谈对象均来自问卷发放的11所样本高校，举办者与管理者、招生宣传人员是本书主要参与人员在工作与生活中能接触到的相关人员，学生以及学生家长是由问卷最后一题信息征集而来的。本书参与人员在2019年2月到2020年11月展开对1名民办高校举办者、4名民办高校高层管理者、3名民办高校中层管理者、4名招生一线宣传人员（1人为行政工作人员、3人为专职教师）的访谈，在2020年4月至2020年10月展开对51名在校学生的访谈。学生与学生家长的样本选择是通过问卷调查获取的,通过问卷回收发现有141位学生参与了最后一题的填答,有77位学生留下了他们自己的联系方式,但是只有59位学生同意友好申请,最终访谈到51位学生以及15名学生家长,其中学生以及家长由于地理原因大部分采用网络语音形式进行访谈。作为访谈对象的民办高校举办者管理者以及招生宣传人员的基本情况见表3-19,编码为F1—F13。作为访谈对象的学生与家长的基本情况见附录1,学生编码为S1—S51,学生家长编码为P1—P15。对学生与家长的访谈因地理位置的关系大部分只能使用QQ以语音电话进行,有少部分学生只接受文字聊天。

表3-19　民办高校举办者、管理者以及招生宣传人员的信息

	对象身份	性别	备注
F1	PY02 举办者	女	2019年2月,访谈时间一个半小时左右
F2	PY04 副院长	男	2020年8月,访谈时间两小时左右
F3	PY05 副院长	男	2020年7月,访谈时间一小时左右
F4	PY05 招办主任	男	2020年11月,访谈时间一小时左右
F5	PY08 校长(原PY05校长)	女	2019年2月,访谈时间=一小时左右 2020年3月,访谈时间=一小时左右 2020年10月,访谈时间=一小时左右
F6	PY08 教务处处长	女	2020年10月,访谈时间一小时左右
F7	现PY02校长助理(原PY08人力资源处处长)	女	2020年11月,访谈时间=一小时左右
F8	原PY08民办高校研究院院长	女	2020年11月,访谈时间=一小时左右
F9	PY08 教师	女	2019年7月,访谈时间=一小时左右
F10	PY08 教师	女	2019年2月,访谈时间=一小时左右 2020年10月,访谈时间=一个半小时左右
F11	PY08 教师	男	2019年10月,访谈时间=40分钟
F12	PY08 教师	女	2019年3月,访谈时间=半小时左右 2020年10月,访谈时间=一小时左右

第四章 民办高校品牌传播现状

本章将通过回顾和分析中国民办高校的发展历程，梳理各个发展阶段的品牌意识与品牌战略。结合问卷调查、半结构式访谈以及文献研究，探讨当前中国民办高校的品牌传播现状，梳理各发展阶段民办高校品牌传播的特点，总结民办高校学生群体的特征。

第一节 中国民办高校的发展历程

从品牌建设与品牌传播的角度来看，民办高校的举办者、管理者大都使用企业经营理念来管理、宣传学校。不同学者从不同视角对民办高校发展历程做出不同的阶段划分，本书依据《民办高校人才发展研究》一书对民办高校发展阶段的划分框架，阐述民办高校品牌建设与品牌发展历程。中国民办高校的发展历程可以分为四个阶段：自由萌发阶段、快速发展阶段、规范管理阶段和特色发展与品牌建设阶段。每个阶段的特点与挑战各异，品牌意识和品牌传播策略也随之发生演变。[1]

一 第一阶段：自由萌发阶段（1978—1982年）

1978年12月18日，中国共产党十一届三中全会的召开，开启了改

---

[1] 刘翠兰、杨淑萍、征艳珂、樊亚男：《民办高校人才发展研究》，中国社会科学出版社2020年版，第43—45页。

革开放和社会主义建设的伟大征程。彼时，教育资源短缺的问题日益突出，国家亟须大力发展高等教育以满足人民群众通过教育改变社会阶层的期望，以及社会对高素质人才的迫切需求。虽然政府逐年增加了对公办高等教育的投入，然而，公办高等教育资源的供给仍然不能满足人民对接受高等教育的需求。在这一背景下，全国各地民办教育相继萌芽。在这一阶段，国家尚未出台明确的政策来管理和支持民办教育，民办教育机构最早以举办高考辅导班的形式出现，逐步发展为自考助学班和各种"专修"学院，各地的民办教育特别是民办高等教育处于初步萌芽阶段。此时，民办高校的举办者、管理者和教师往往由一人兼任，呈现出学校规模小、在校人数少、设施简陋等特点，被称为"三无"学校，即无校舍、无师资、无条件。在民办高等教育发展萌芽阶段，举办者主要关心的是如何让"萌芽"存活，一切办学活动的实施理念还不具有现代意义上的品牌意识。

二　第二阶段：快速发展阶段（1983—1996年）

随着时间的推移，国家逐渐出台了一系列关于发展民办教育的政策法规，对民办教育的发展方向、政策环境、宏观管理、内部治理等方面都做出了规定。《中华人民共和国宪法》第十九条明确规定：国家鼓励集体经济组织、国家企业组织和其他社会力量依照法律规定举办各种教育事业。1985年5月27日，《中共中央关于教育体制改革的决定》颁布，明确指出我国发展教育必须坚持公办和民办"两条腿走路"的办学方针，支持民办教育的发展。1987年，国家教委针对民办教育存在的问题颁布了《关于社会力量办学的若干暂行规定》，要求各地政府重视民办教育的发展，加强对社会力量举办学校的管理与支持，促进民办教育快速健康发展。这些政策的颁布为民办教育事业提供了良好的政策环境，从这一时期全国民办高校的增长数量可以看出，随着企业办学的加入，民办高校的硬件条件显著改善，学校数量和规模迅速增长，逐渐摆脱了以往对公办高校"拾遗补缺"的状态，发展成为社会主义教育事业的一部分。这一时期民办高校的教学管理和教学工作主要依靠公办高校退休的老校长、书记和老教授，期望借助公办高校的管理经验和人力资源推动民办高校的发展。虽然这一时期有的民办高校"其实已经有品牌意识的萌芽出现，但是并不强烈"。(F3) 这部分萌发品牌意识的民办高校大多数作为某实业企业集团的一部分，品牌宣传主要由所属集团统一规划执行。

三 第三阶段：规范管理阶段（1997—2016年）

1997年7月31日，国务院颁布《社会力量办学条例》，这是国家首次颁布的规范民办教育的部门法规，开启了民办教育全面依法办学、依法管理、依法执教的新征程。2002年12月，全国人民代表大会常务委员会审议通过了《中华人民共和国民办教育促进法》，成为中国民办教育史上的里程碑，标志着国家对民办教育的管理进入了法制轨道。2016年，《关于修改〈中华人民共和国民办教育促进法〉的决定》发布，提出了民办学校分类管理的制度，允许举办者自主选择举办营利性或非营利性民办学校，各地相应出台具体的管理办法，落实对民办学校的规范管理。这一阶段，民办高校的法律地位得到提升，与公办高校享有同等地位。然而，民办高校的举办者必须明确学校的发展道路，落实其自身定位。由于这一时期民办高校主要依靠其自身培养的人才承担教学和管理工作，因此多数民办高校引入了品牌概念，并在品牌建设与传播上制定了长期战略与规划。

四 第四阶段：特色发展与品牌建设阶段（2017年至今）

习近平主持召开中央深化改革领导小组会议并发表重要讲话，此次会议审议通过的《民办学校分类登记实施细则》于2017年1月发布，该实施细则是中共中央为了贯彻落实第五十五号国家主席令和《国务院关于鼓励社会力量兴办教育 促进民办教育健康发展的若干意见》的决策部署，是推进民办学校发展的重大举措。实施分类管理为民办教育的规范管理和特色发展提供了基础。营利性学校在政策引导下，探索特色发展之路，通过市场整合资源，办出特色；非营利性学校则在国家政策支持下，获得更广泛的社会认可，更好地承担起人才培养的重任。尽管国家民办高校分类管理细则尚未得到实质性落地，但各个省区市都相继出台了地方实施方案，为民办教育的发展明确了大方向。这个时期民办高校的举办者和管理者虽然都在探索如何选择类别的问题，同时也在思考学校如何实现特色发展，实施学校品牌战略。良好的政策环境、经济环境和社会环境促进了部分民办高校的发展，"但是促进一部分民办高校发展的同时也必将加速一部分的消亡"（F2）。

第二节　不同发展阶段民办高校品牌传播特征

品牌建设与传播是一个重要且漫长的过程，涉及产品所涵盖的硬件、软件、流程性材料和服务等各个方面。国内学者对2001—2016年品牌传播的研究趋势进行了分析，结果表明，品牌传播研究呈逐年上升趋势，且研究方向主要集中在"品牌架构""品牌战略"和"新媒体传播"等领域。他们发现，品牌传播与新媒体的关系尤为密切，并提出品牌传播在国内发展的三个阶段：第一，品牌传播的起步阶段（2001—2006年），其核心在于"整合营销传播"与"品牌定位"理论；第二，品牌传播的复杂发展阶段（2007—2010年），其核心在于"品牌建设""品牌塑造""传播模型""品牌管理"与传播效果；第三，品牌传播的多元化阶段（2011—2016年），研究主要集中在"新媒体"与"大数据"[1]。有学者总结了民办高校不同发展阶段的公关信息特点：在创校初期，侧重于制造声势；在发展风险期，信息输出灵活机动；在成长期，注重形象维护；在形象受损期，则需要通过诚信证实来恢复形象。[2] 按照以上文献梳理结果，结合民办高校举办者与管理者的访谈，本书按照中国内地民办高校的发展情况、每一个阶段的运行状态及其品牌建设与传播方式特色，将民办高校品牌传播发展历程划分为四个阶段。第一阶段：传单式

---

[1] 孙莹、冯冈平、练思婷：《文献计量下品牌传播发展趋势分析及研究》，《广东工业大学学报》2017年第2期。

[2] 刘丽华：《新媒体时代背景下民办高校公关信息传播的思考》，《科教文汇》2016年第4期。

"贴"牌;第二阶段:口号式"借"牌;第三阶段:倚靠式"建"牌;第四阶段:探索式"塑"牌。民办高校的品牌传播随着民办高校的不断发展呈现出以下三个趋势。一是品牌意识的觉醒与强化:从最初的无意识传播到逐步意识到品牌的重要性,再到如今的系统化品牌建设和传播,民办高校的品牌意识有了显著提升。二是传播手段的多样化:传统媒体、新媒体、社交平台的综合运用,使得品牌传播更加立体和高效。特别是新媒体的兴起,使得品牌传播可以更加精准地触达目标受众。三是传播策略的系统化:从无序的广告宣传到有计划、有策略的品牌传播,民办高校在品牌传播上的专业化程度显著提高。

一 传单式"贴"牌阶段

1982年,全国人大通过《中华人民共和国宪法》,其第十九条鼓励各种教育事业的发展,其内容规定是:"鼓励集体经济组织、国家企业事业组织和其他社会力量依照法律规定举办各种教育事业。"这一政策促使民办教育机构在一些城市地区兴起。

(一)"贴"牌阶段的传播模式

初期的民办高校通常以租用校舍和借用公办高校的师资为主,通过张贴广告和依托主讲老师的影响力来吸引学生。访谈者表示,为了招生,当时的举办者和管理者踩着自行车去大街小巷张贴广告,主要对教育培训内容、形式、时间安排和收费情况进行宣传。张贴广告是该阶段最主要的宣传方式,这个时期民办高校不能称之为高校,因为大部分不具有学历教育资质,故而招收的学生主要是无缘获取高等教育学历但依旧希望接受高等教育教学的学生。"这个阶段根本谈不上品牌,也不具有品牌意识。"(F3)核心竞争力来自组建老师个人的影响力,依靠主讲老师的旗号,招揽生源,以区别于其他培训机构,从而民办教育机构品牌的雏形形成——传单式"贴"牌阶段。对此,参与访谈的一位教育管理者谈道:"90年代初,大多数民办高校并没有自己的校舍,也缺乏自身师资队伍的建设能力,因此租用公办高校的校舍和借助公办高校的师资是普遍现象。"(F4)另一位访谈对象也有相同的表述:"借助公办高校的优秀教师来提升教学质量，确实是我们当时的一个优势，这些学生没有机会去公办高校就读，但是在民办高校可以有机会接受来自公办老师的教育。但是在教师队伍管理上是有阻碍的，以及教师授课的专注度上是不够的，因此，在管理教师队伍和课程专注度上存在一些挑战。"（F5）这些见解表明，初期民办高校在品牌建设和传播方面主要依赖于公办教师资源和课程质量的优势，同时也说明这是在自我定位和品牌塑造上的"无奈之举"。

（二）"贴"牌阶段的受众特征与传播效果

在传单式"贴"牌阶段，民办高校通过张贴广告和派发传单的方式向公众宣传其自身，尽管这一时期的学校尚不具备学历教育资质，但多数管理者在访谈中明确表示，招生并不困难。由于当时落榜生较多，学生对接受高等教育的需求十分强烈，尽管校舍环境相对简陋，但公办高校的优质师资极大地弥补了其他方面的不足。学生群体虽然由落榜生组成，但其强烈的求学意愿使得他们愿意抓住这一接受高水平教育的机会。这一时期学校面临着许多起步阶段的困难与挑战，但受访者一致认为，通过有效的管理与运营，学校克服了许多困难，顺利地完成招生任务并维持了学校的正常运行。

二 口号式"借"牌阶段

国家颁布《关于社会力量办学若干暂行规定》后，各级政府开始推动民办教育的发展。特别是高等教育作为稀缺资源，受到了社会团体和公众的关注，民办高等教育机构因而得以迅速发展。在这个阶段，学校意识到广告宣传的重要性，很多民办学校开始策划宣传栏、宣传板以及招生宣传广告。一些学校提出响亮的口号，如某民办学校在校园内和宣传画册上打出了"创造东方哈佛"的口号，以此吸引学生、家长和社会的关注。因此，这个阶段的民办高校品牌传播可以被归纳为"口号式'借'牌"阶段，具有以下特征。

（一）"借"牌阶段的受众特征

这时的大部分民办高等教育机构依旧缺乏具有颁发学历证书的资格，

大多数学校主要开展自考助学和国家学历文凭考试试点工作。访谈对象F2回忆道："那时候教育资源稀缺，很多都是落榜生。民办高校最开始没有学历教育资格，都是自考助学和国家学历文凭考试。"学生作为直接受众，具有以下特征：一是高考落榜生，当时高考录取的比例较低，仅有4%左右，大量考生无缘公办学校；二是学生求学欲望强烈，受我国传统文化的影响，不论是在城市还是乡村，家长都希望通过教育改变孩子的命运；三是学生渴望得到社会认可，高等教育产品具有特殊性，学生希望通过接受高等教育取得学历证书，从而得到社会认可，跻身他们自己渴望的社会阶层。

（二）"借"牌阶段的传播模式

一部分民办高校在该阶段已初步具备品牌意识。访谈对象F3表示："品牌其实并不是新的概念，当初我们的宣传依托企业的声誉，那时候是企业做到一定程度以后建立的学校，企业办学的品牌意识是优于个人办学的。"

在这一阶段，民办高校确实面临着巨大挑战，首当其冲的就是需要解决公众对学校的"信任"问题。F2说道："从招生简章上就能看出来，占篇幅较大的就是政府领导到校参观，目的是让人感觉学校值得信赖。"F2补充道："领导都来，证明办得还是不错的。那个时候学生和家长很受这个影响，也是我们说的'名人效应'。"不止一名访谈对象表示，"信任"危机并不是只存在于这个阶段，民办高校从创办以来似乎有一个"原罪"问题，就是举办者渴望的收益与投入的矛盾，社会公众都认为民办高校是为了"挣钱"，"营利"角色戏份过重是导致民办高校品牌传播工作人员在实际工作中处处碰壁的原因。F2回忆说："我记得1997年的时候我也去招生，那时候还是到高中或者是当地的招办，各个地市、区县的招生办公室对民办高校的宣传是不在意的，都不会让你说话，客客气气地就把你请出去了。"

在这个艰难时期，民办高校的品牌传播模式呈现出以下几种特征：一是招生简章铺天盖地，招生简章是学校宣传的主要资料。在招生季，城市和乡村的大街小巷都能看到民办高校的招生简章。7月初的高考季，在考场外家长等待区，几乎每个家长手里都攥着几张民办高校的招生简章，成为家长等候学生时的"坐垫"。访谈对象F5提到："1999年夏季，学校获得首届独立颁发专科学历证书的资格，全校80多名教职工兴奋不已，校长带着三名老师骑车奔走在各地高考现场，与考生家长交流，期待着第一届统招专科招生计划能顺利完成。"二是报纸广告成为民办高校品牌传播的首选，在招生季，民办高校选择全国性权威报纸如《中国教育报》《中国青年报》和《光明日报》或各省市地发行量大的报纸进行形象宣传，这成为民办高校刊登招生信息的重要渠道。F2表示："从建校到2000年以前，传播处于一种'混乱的状态'，通过官方媒体可以有效凸显学校的存在和官方认可。"三是电视频道黄金时段竞争激烈，民办高校选择在当地电视频道晚间7点半到9点的黄金时段播放广告。F4指出："高考成绩公布后，电视广告密集播放，落榜生多，求学欲望强烈，（这个时期）招生其实相对容易，因此学校发展迅速。"根据F5的表述可知，电视广告的效果不言而喻，"三十秒、十五秒，那时候招来的学生也主要是靠电视获取学校的招生电话，然后打电话咨询，我们就给他邮寄招生简章。学校的重要信息就靠那十几秒的电视广告，影响是很大的。"尽管效果不错，但是电视广告十分依赖强烈的视觉冲击力和感染力，特别需要好的广告语。比如"发展高等教育，培养世纪英才，引领莘莘学子，奔向辉煌未来"，配上唐国强的声音，效果很好。然而，就算如此也让人对传播效果感到担忧，F7提到："电视广告像是轰炸，不知道谁能看到，难以预测有多少人会打电话咨询，更不知道最终有多少学生会来报到。"

在这一阶段，民办高校通过多种渠道努力提升它自己的社会认知度和信任度。从最初的传单宣传到后来的报纸和电视广告宣传，每一步都体现了他们在品牌建设和传播上的探索与努力。然而，面对社会对民办教育的质疑和信任危机，如何有效传达教育质量和品牌价值，依然是这一阶段的重大挑战。通过不断提升教学质量和品牌影响力，民办高校逐步从"口号式'借'牌"阶段迈向更加成熟和系统的品牌建设阶段。在这一过程中，品牌传播不仅仅是吸引学生和家长的关键举措，更是构建学校长期发展的基石。

（三）"借"牌阶段的传播效果

由于大多数民办高校采用打广告的方式进行招生宣传，当时流行一句话："酒香也怕巷子深"。从学校的招生情况来看，传播效果是值得肯定的。以某学院为例。1998年，它通过派发招生简章，总共招收了300余名学生。当时一张招生简章的印刷成本为8分到1.2角，老师们只拿工资，进行义务宣传，不计加班成本。到了1999年，通过电视、报纸广告以及派发招生简章，招生人数达到了4000余名，其中300名为计划内统招学生，3700余名为自考助学和国家学历文凭考试试点学生。据访谈者F5回忆，那一年的招生总投入为35万多元，相当于每招一个学生花了80多块钱，举办者认为是十分划算的。在调查过程中，其他民办高校提供的信息也印证了这种宣传模式和传播效果。访谈对象F6表示："建立初期，最重要的就是招生。民办高校如果学生不来，唯一的办学经费来源就断了，学校就生存不下去。那时候，专业是学生家长感兴趣的，比如说，某省的老百姓对医学专业有很好的认同，所以相应的民办高校办医学类和医学相关的专业，就特别好招生。"

访谈对象F3回忆道："20世纪90年代初，民办高校在发展的时候确实充满困惑，也受到很大阻碍，主要是老百姓对民办高校的认识无法与公办高校相比。当时整体情况很差，除了认知上的原因，民办高校在初期宣传时确实也出现一些问题。那时候都是企业商业的营销模式，不断宣传学校，打广告，报纸电视都用上了。这些方式或多或少引起了学生和家长的反感。"可见，在这一阶段，尽管通过广告宣传和派发招生简章等多种方式在短期内取得了显著的招生效果，吸引了大量学生并解决了生存问题，但这种以商业营销为主的宣传模式也埋下了隐患。这些方式虽然提升了学校的知名度，但因缺乏长远规划和系统的品牌建设，导致部分学生和家长对学校实际情况与宣传之间的差距产生怀疑，甚至引发反感。这种不平衡的发展模式对学校的长远品牌形象构建带来了挑战。

在口号式"借"牌阶段，民办高校在政府的推动下，作为稀缺的高等教育资源，逐渐被部分公众所接受。学校也认识到广告宣传的重要性，但由于当时广告宣传主要集中在市场营销领域，可以借鉴的高等教育机构的案例并不多,因此民办高校在此时的宣传仍处于探索阶段。为了吸引学生、家长以及社会的关注,民办高校借助一些强力企业背书,例如依托建校企业的声誉进行宣传,可见企业办学的品牌意识与传播实践相对优于个人办学。该阶段的目标学生仍以落榜生为主,但可以通过学校自考助学和国家学历文凭考试等途径获得相应的文凭,这在当时高等教育录取率较低的情况下,吸引了质量较高的生源。此外,我国传统文化中"万般皆下品,唯有读书高"的观念使学生对教育的需求强烈。随着民办高校获得学历教育资质,招生问题虽然有所缓解,但是也面临诸多挑战。特别是公众对民办高校的认知存在误区,公众普遍认为,民办高校是以盈利为目的,对其产生很强的不信任感。由于缺乏政府拨款,学费收入成为民办高校的主要办学资金来源,导致学费较高,加深了社会对其营利性质的质疑。面对这一挑战,民办高校通过"自证"式的宣传手段,积极证明其自身的可靠性,诸如邀请政府领导参观、获得政府认可的文件等成为其常见的宣传手段。这一时期几乎所有广告都依赖于传统媒介,如电视广告和当地官方报纸,在官媒上刊登信息则成为民办高校进行品牌自证的重要手段。总体而言,这一阶段是民办高校品牌意识和传播实践的重要积累期。

三 依靠式"建"牌阶段

2002年颁布的《中华人民共和国民办教育促进法》和《民办教育促进法实施条例》是这个阶段具有里程碑意义的文件,这两个文件为民办高等教育的"正确引导,规范管理"提供了法律保障。彼时,国内很多公办大学纷纷设立独立学院,开设本科层次的学历教育。这些学院依托母体学校的品牌迅速发展起来。在这个阶段,国家也开始重视民办高校教育,给予一些民办学校学历教育的资质,纳入了统招计划。民办高校开始面向高中毕业生招收本专科教育的学生。此时,民办高校的竞争不仅限于民办高校之间,而是进入了整个高等教育序列,参与了与同类型同层次公办高校的竞争。

（一）"建"牌阶段的受众特征

在这一时期，大部分民办高校进入了高等教育的竞争序列，同时公办大学设立独立学院的数量也显著增加，导致招生难度加大，民办高校面临生源数量减少和生源质量下降的困境。具体原因如下：首先，因高考分数接近公办学校本科录取线的学生大量涌向由公办高校牵头建设的独立学院，独立学院由母体学校与社会组织共同创办，教学管理与课程建设大多依附于母体学校，考生可以通过支付较高学费享受部分公办本科院校的资源。这些高考分数接近本科录取线的考生，在家庭经济条件允许的情况下，更愿意选择独立学院就读，从而使纯民办本科高校失去了一部分分数较高的生源。其次，自主学习能力强的考生倾向于选择自考本科。原本自考助学是为那些没有机会进入大学接受全日制高等教育的社会人士开设的。然而，在民办高校发展到这一阶段后，学校研究人才培养方案和受众心理聚焦高考成绩高于专科录取线的考生，开展针对性宣传，引导考生选择就读自考本科。通过三年内完成继续教育的专本套读课程，满足考生取得本科毕业证的期望。

这些因素共同作用，使得民办高校在这一时期的招生工作变得异常艰难。为了应对这些挑战，民办高校需要在教学质量、师资力量和品牌建设方面进行全面提升，以吸引更多优质生源，提高其自身在高等教育市场中的竞争力。

（二）"建"牌阶段的传播模式

在"建"牌阶段，民办高校在原有发放招生简章、在报纸和电视上宣传等方式的基础上，进一步创新传播模式，组建了专职招生人员队伍，策划详细的招生方案，细分招生市场，展开地毯式的人际传播。1999年高等教育扩招，2000年前后，民办高校如雨后春笋般涌现。这个时期的学校竞争激烈，推广成本非常高，每年招生宣传投入高达数百万元。这个时候除了延续以往的传播方式，还展开了地毯式推广，对将各省市进行区块划分，由专人负责。（F2）因此，这一时期的传播模式具有以下特征：一是专职招生人员针对高中老师开展信息传播活动，专职招生人员通过与高中老师的交流，传递学校信息，建立信任关系，进而通过老师的推荐影响学生的选择。二是招生人员通过各种方式获取考生与考生家长信息，招生人员主动联系潜在考生和其家长，进行有针对性的招生宣传。这期间，一些学校还雇用了专门的招生机构帮助开展宣传工作。三是组织学生与学生家长到校参观，民办高校注重硬件设施的展示，组织学生和家长到校参观，让他们直观地感受学校的教学环境和设施条件。访谈对象F3指出："一开始就是为了更多地获得社会的认可，你学校是否为985、211或双一流，名校的品牌是被社会广泛认可的，但是民办高校不是，所以我们通过组织参观，让学生直观感受学校的硬件设施。"

(三)"建"牌阶段的传播效果

这一阶段正值国家高考扩招，高等教育机构数量和招生计划迅速增长，生源规模也相应扩大。一些民办高校迅速发展成为"巨型大学"，例如，某民办高校在2004年招生人数就超过万人，然而，也有部分民办高校因传播模式不当，导致发展受挫。例如，某民办学院由于传播策略失败，最终停止办学。(F3)

扩招政策带来的生源增长为民办高校提供了发展机遇，但也伴随着激烈的竞争和较高的推广成本。民办高校通过创新传播模式，扩大了社会影响力和招生规模。然而，成功的关键在于传播模式的科学性和有效性。那些能够准确把握市场需求、精准定位目标生源并采取有效传播策略的高校迅速崛起，形成了较强的学校品牌影响力，传播模式的多样化和精细化成为这一阶段的显著特征。通过建立专职招生队伍、细分市场和开展地毯式的人际传播，民办高校在招生宣传中取得了显著成效。

在依靠式"建"牌阶段，国家更加重视民办教育，给予其学历教育资质，将其纳入统招计划，推动民办高校进入高等教育竞争序列。随着高等教育的扩招，学校数量和规模迅速扩大，招生压力也随之加大。学生的选择增多，民办高校在教学质量、师资力量和品牌建设上需要全面提升，以应对这一变化。这一时期，民办高校不再以"落榜生"为主要生源，而是吸引那些未能进入公办高校及其独立学院的学生，这些学生构成了民办高校的基础生源。为了在激烈的竞争中获得优势，民办高校普遍设立了专职招生团队，开展规模庞大的"地毯式"推广，并通过划分区域、专人负责等方式进行招生。尽管招生数量大幅增长，但较高的推广成本和部分学校出现的恶意竞争、夸大宣传等问题给民办高校的声誉带来了挑战，部分学校因传播不当甚至被迫终止办学。尽管如此，民办高校依靠其灵活的管理机制和策略，在招生任务上取得了显著成果，但在声誉维护和长期发展方面仍需加强。访谈中的部分管理者坦言，面对生存压力，他们不得不采取一些"无奈之举"，这些都是民办高校在发展过程中不可避免的经历。然而，这一阶段也标志着民办高校在规模化、质量提升和品牌建设上的重要进步，纵使过程艰难，它也奠定了民办高校未来发展的基础。

四 探索式"塑"牌阶段

本书认为，中国内地民办高校经过近40年的发展，大部分已经进入了特色发展与品牌建设阶段。国家对于民办高校的法律法规进一步健全，民办高校的举办者和管理者逐步明确学校的办学定位，认识到品牌规划和特色发展对民办高校可持续发展的重要作用。中国高等教育的发展历经了精英化、大众化阶段，正逐步向普及化迈进。学生、家长和社会对高质量高等教育的期待不断提高，随着经济社会的发展，公众的择校观念也逐渐发生变化。

（一）"塑"牌阶段的受众特征

1. 学生性别分布统计：大部分民办高校女生较多

首先，从性别分布情况来看，参与调研的女生居多。在被调查样本中女性占65.7%，男性占34.3%（如表4-1所示）。根据对样本学校的信息梳理，发现民办高校专业设置以文科、学前教育和护理学等女生居多的专业为主，机械制造及其自动化、电子信息工程、土木工程理工科等男生居多的专业相对较少。在访谈中发现，某民办高校学前教育专业、护理学专业女生占比达90%以上，而机械制造及其自动化、电子信息工程、土木工程等专业80%左右为男生。在传统观念中，某些专业被认为更适合女性或者男性，也迫使学生在选择专业时受到性别的刻板影响。部分民办高校在专业设置上会优先考虑市场需求、就业前景和前期投入，这些可能是导致性别比例不平衡的影响因素。数据统计显示，在参与调研的民办高校中就读的女生比例显著高于男生，这也反映了其在专业设置上的特点。这一数据可以帮助学校在招生宣传中更加精准地定位和吸引潜在生源，同时也提示学校在制定学术和生活支持政策时，应考虑到性别比例所带来的不同需求。

表4-1　　　　　参与调研的民办高校学生性别统计

统计变量	选项具体内容	样本数（人）	百分比（%）
性别	男	2772	34.3
	女	5307	65.7

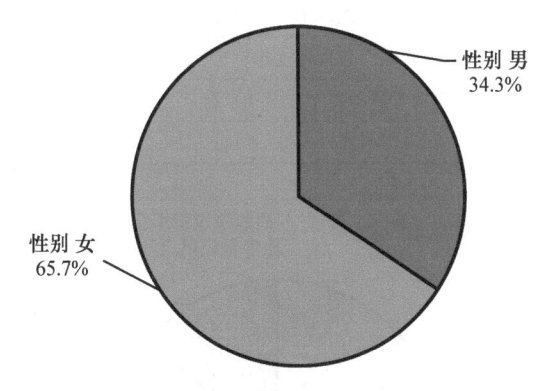

图4-1　参与调研的民办高校学生性别分布情况

2. 高考成绩分布统计：高考成绩分布集中，且分数普遍不高

调查数据显示，民办高校学生的高考成绩集中分布在较低分数段。具体来说，高于生源地本科线100分以上的学生仅占3.0%，而在生源地本科线以上0—50分的学生占比最高，达46.9%，生源地专科线上100分的学生次之，占比为21.3%。这一现象表明，民办高校的主要生源是高考成绩相对较低的学生，这两个分数段的学生成为民办高校的生源主体（具体数据见表4-2）。从高考成绩分布来看，民办高校吸引的主要是成绩在生源地本科线附近及以下的学生。这一数据揭示了民办高校在生源质量上的挑战，同时也反映了民办高校需要在教学质量和品牌建设上进一

步提升，以吸引更优质的生源。这一现象可能受到多重因素的影响，首先，民办高校相对于公办高校来说对学生的吸引力不足，高分学生更倾向于选择公办高校。其次，民办高校较难提供媲美公办校的师资力量等教学资源，这进一步影响了其对高分学生的吸引力，也反映出民办高校在竞争中的一种策略，即通过满足部分低分考生的升学需求来稳定生源数量。

表 4-2　　　　参与调研的民办高校学生高考分数统计

统计变量	选项具体内容	样本数（人）	百分比（%）
高考分数	高于生源地本科线以上 100 分	239	3.0
	在生源地本科线以上 51—100 分	896	11.1
	在生源地本科线以上 0—50 分	3788	46.9
	高于生源地专科线以上 100 分	1717	21.3
	在生源地专科线以上 51—100 分	905	11.2
	在生源地专科线以上 0—50 分	535	6.6

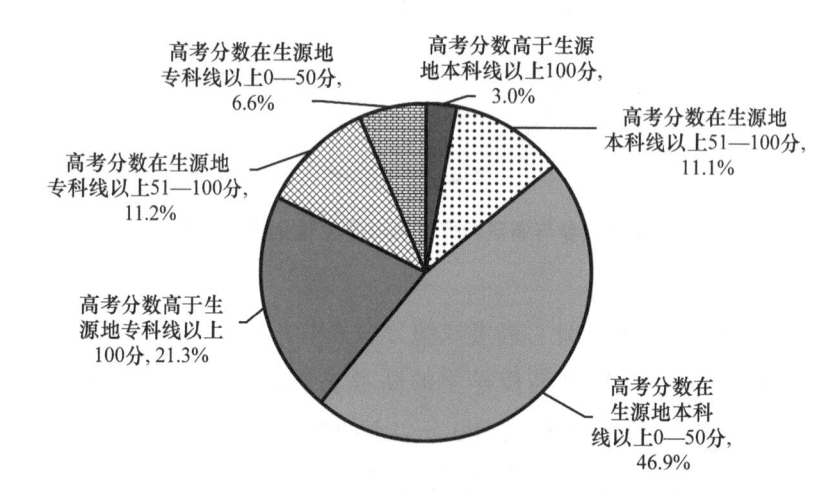

图 4-2　参与调研的民办高校学生高考分数情况

3. 志愿填报情况统计：第一志愿录取的学生数量较少

调查数据显示，仅有 24.3% 的学生将民办高校作为第一志愿填报，而大多数学生（63.8%）选择民办高校作为非第一志愿，其中 11.8% 的学生将民办高校列为心目中排名最后的选择（具体数据见表4-3）。这一现象表明，民办高校在学生志愿填报中的位置属于相对次选。志愿填报情况显示，民办高校并非大多数学生的首选，这反映了其在招生竞争中的劣势。民办高校作为第一志愿的比例较低，可能受到以下因素的影响：一是上述提到的教育资源差距；二是民办高校学费相对较高，对于部分家庭来说可能是一个重要的考量因素。这一数据提示民办高校需加强品牌建设和教育质量提升，打造具有竞争力的特色专业，吸引那些对特定领域感兴趣的学生以提高在学生志愿填报中的吸引力。在实际操作中，民办高校通常采用校企合作和实习项目强化与行业的联系，为学生提供更多的实训机会来保持学校的竞争力。

表4-3　　　　参与调研的民办高校学生志愿填报情况统计

统计变量	选项具体内容	样本数（人）	百分比（％）
志愿填报情况	第一志愿	1967	24.3
	非第一志愿，不是心目中排名最后的学校	5156	63.8
	非第一志愿，是心目中垫底的学校	956	11.8

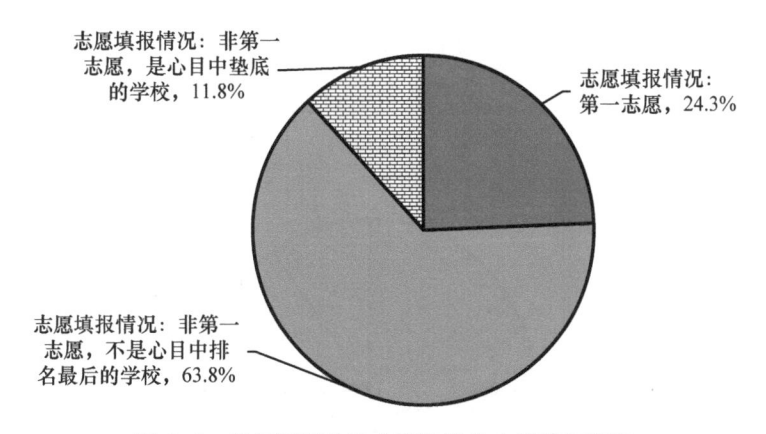

图4-3　参与调研的民办高校学生志愿填报情况

4. 学生家庭所在地统计：民办高校生源大部分是农村学生

如表4-4显示，超过70％的民办高校学生来自农村和县城，而来自直辖市或省会城市的学生仅占10％。具体而言，农村学生占47.82％，县级市或县城学生占 26.59%，直辖市或省会城市的学生占 10.0%。这些数据表明，民办高校的生源主要集中在农村和县城，而大城市学生的比例相对较低。家庭所在地的分布情况反映了民办高校在招生区域上的特点：大城市的学生较少选择民办高校。此现象可能与多个因素有关。首先，大城市的学生拥有更多的教育资源和选择机会，他们可以更容易地进入公办高校或其他优质教育机构。其次，大城市学生及其家庭对民办高校的认知和接受度可能较低，这可能是由于民办高校在品牌知名度和社会认可度上的不足。这一现象提示我们，民办高校在招生宣传时需要更多地关注城市的潜在生源市场，并针对这些区域制定更为有效的招生策略。具体措施可以包括加强与当地中学的合作，增加在这些地区的宣传力度，以吸引更多的优质生源。此外，民办高校还应考虑利用现代信息技术，通过网络宣传和在线教育资源，扩大其在大城市的影响力。

表 4-4　　　　参与调研的民办高校学生家庭所在地统计

统计变量	选项具体内容	样本数（人）	百分比（%）
家庭所在地	直辖市或者省会城市	809	10.0
	地级市	1259	15.6
	县级市或县城	2148	26.6
	农村	3863	47.8

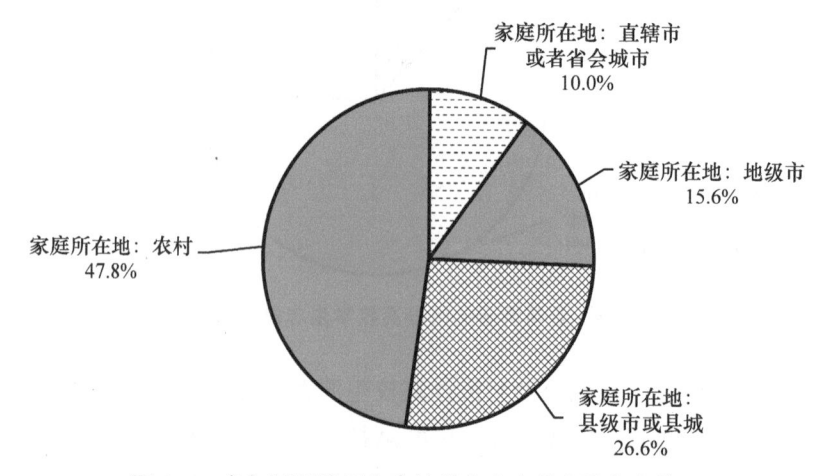

图 4-4　参与调研的民办高校学生家庭所在地分布情况

5. 学生家庭子女情况统计：独生子女占比较低

家庭子女情况的统计数据显示，民办高校学生中28.5%为独生子女，而71.5%来自多子女家庭（具体数据见表4-5）。这一比例反映了民办高校学生大多来自具有多子女的家庭背景，这一现象与我国政策背景下农村地区多子女家庭占比较高的现实相吻合。民办高校的生源结构显示出明显的区域和家庭背景差异，表明其招生生源主要集中于来自农村和低经济收入家庭的学生。

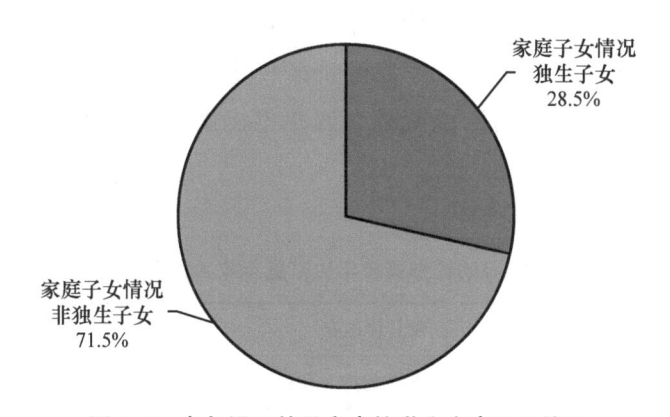

表4-5 参与调研的民办高校学生家庭子女情况统计

统计变量	选项具体内容	样本数（人）	百分比（%）
家庭子女情况	独生子女	2303	28.5
	非独生子女	5776	71.5

图4-5 参与调研的民办高校学生家庭子女情况

6. 学生家庭收入情况统计：家庭收入较低

如表4-6所示，在被调查样本中，47.1%的学生家庭年收入不超过5万元。统计数据显示，大部分民办高校的学费平均每学年约为2万元，有些专业的学费甚至更高，且通常不包含学生的住宿费和生活费。换言之，家庭在支付学费的基础上，还需要额外承担学生的生活费用。一线招生教师（F11）反映说："近年来学费实在是太高了。我去西北招生时，很多学生被录取了，但家庭经济困难，不得不放弃学业，这令我感到非常难过。但这并不是我作为一线教师能改变的。"另一位招生教师（F12）分享道："我曾招收过一个小女孩，缴完学费后她一分钱也不剩了。她妈妈的收入全部用于她的生活费，最后我借了她几百块。"另有辅导员表示（F10）："我们班有个学生，每年5、6月份请假回家跟家里采集冬虫夏草，以赚取下一年的学费。"从表4-6可以看出，近半数民办高校学生家庭年收入在5万元及以下，这表明这些家庭在支付学费和生活费方面面临巨大的经济压力。28.2%的学生家庭年收入在5万元至10万元，这部分家庭虽然经济条件略好，但仍需要在教育费用上做出相当的努力。年收入在10万元以上的家庭仅占24.0%，说明在经济相对宽裕的家庭中，仍有不少家庭需要精打细算，合理规划教育开支。因此，学生继续求学的意愿不仅受家庭经济条件的影响，还可能与父母的观念密切相关。F10提到："在西北某省，无论家庭条件如何，只要孩子能上学，家长都会尽力支持。然而在东南某省，许多学生成绩优秀，家庭经济条件也允许，但父母却让他们回家帮忙采茶，用他们的话说就是念四年书出来挣的钱还不如现在挣得多，还耽误4年。"

表4-6　　　　参与调研的民办高校学生家庭年收入情况统计

统计变量	选项具体内容	样本数（人）	百分比（%）
家庭年收入情况	5万元以下（包括5万元）	3861	47.1
	5万元以上—10万元	2278	28.2
	10万元以上—15万元	999	12.4
	15万元以上—20万元	390	4.8
	20万元以上—30万元	250	3.1
	30万元以上	301	3.7

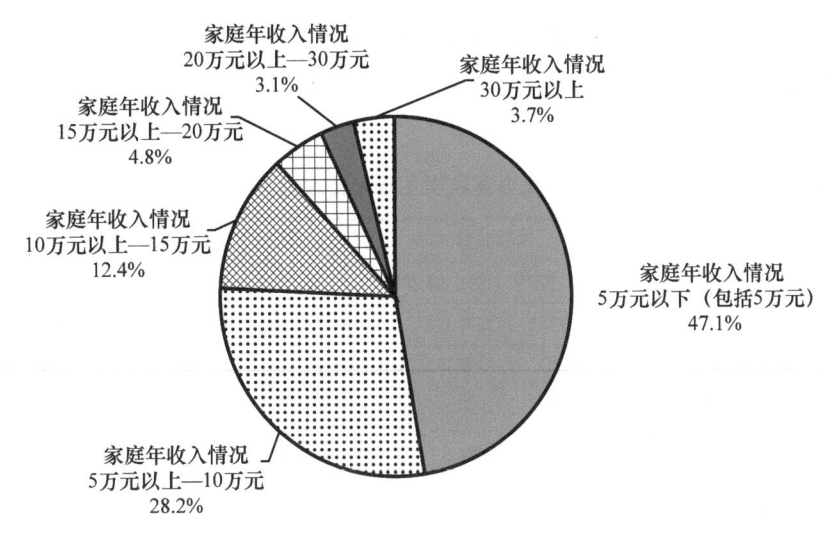

图4-6 参与调研的民办高校学生家庭年收入情况

7. 学生父母亲学历情况统计：父母学历层次普遍不高

从表4-7可以看出，大多数民办高校学生的父亲受教育程度较低，其中初中及以下学历者占比最高，达到56.7%。高中学历的父亲占25.5%，而具有专科及以上学历的父亲比例相对较低，仅为17.7%。这一现象反映出学生父亲的受教育程度普遍不高，对孩子的教育和择校建议可能有限。

表4-7　　　参与调研的民办高校学生父亲受教育程度统计

统计变量	选项具体内容	样本数（人）	百分比（%）
父亲受教育程度	初中（初中以下）	4582	56.7
	高中	2063	25.5
	专科	698	8.6
	本科	677	8.4
	研究生	59	0.7

从表4-8可以看出，民办高校学生的母亲受教育程度也普遍不高，初中及以下学历者占比最高，为65.7%。高中学历的母亲占19.8%，具有专科及以上学历的母亲比例更低，仅为14.6%。这表明，母亲的教育

背景在家庭教育决策中可能起到有限的作用，孩子更多地依赖自身判断来选择学校。

表 4-8　参与调研的民办高校学生母亲受教育程度统计

统计变量	选项具体内容	样本数（人）	百分比（%）
母亲受教育程度	初中（初中以下）	5308	65.7
	高中	1598	19.8
	专科	646	8.0
	本科	497	6.2
	研究生	30	0.4

通过图 4-7 和图 4-8 可以更直观地看到，有超过五成学生的父亲和超过六成学生的母亲仅接受过义务教育。访谈表明，许多学生认为家长在择校方面无法提供有效建议，更多的是让学生自主决定。这一现象与许多学者的研究结果一致，即父母没有大学学习经历，因此在高校择校意见上倾向于听取孩子的想法，认为孩子已经成年或即将成年，应该自主决策。这也导致了一些学生在填报志愿时表现出非理性选择。例如，一些学生表示，择校决定是"随便填了一下"（S24）或"反正也不了

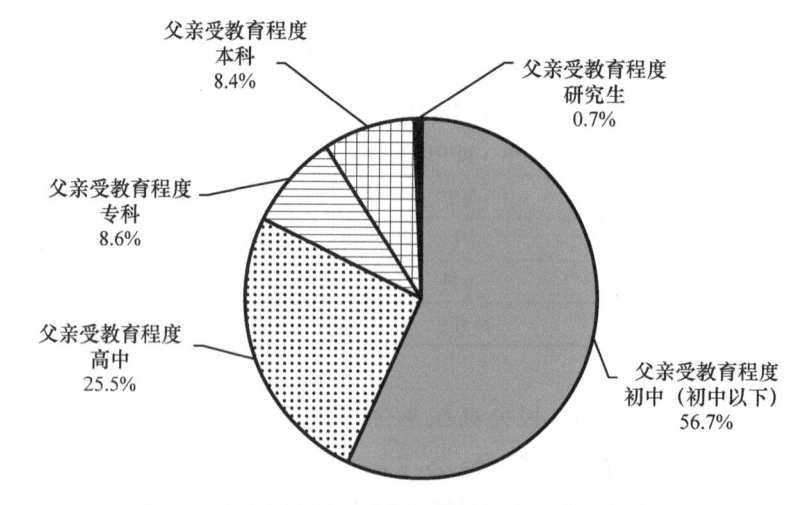

图 4-7　参与调研的民办高校学生父亲受教育程度情况

第四章 民办高校品牌传播现状

母亲受教育程度
本科
6.2%

母亲受教育程度
研究生
0.4%

母亲受教育程度
专科
8.0%

母亲受教育程度
高中
19.8%

母亲受教育程度
初中（初中以下）
65.7%

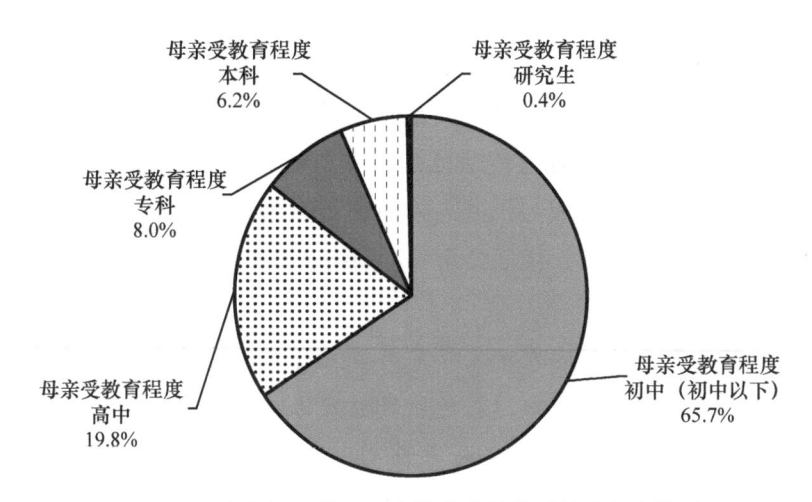

图 4-8 参与调研的民办高校学生母亲受教育程度情况

解，哪个学校能要我就去哪"（S46）。2019 级学生的家长可能较多为"70 后"，甚至有些可能是"60 后"，因此学历层次普遍不高也是正常现象。

（二）"塑"牌阶段的传播模式

在品牌传播模式方面，民办高校在这一阶段发生了显著变化。尽管多数民办高校已经具备了品牌意识，但对于一些内部工作人员而言，品牌仍然只是一个空洞的概念。受访者 F5 表示："我觉得对于一个学校来说，首先是要有一个大学品牌的意识。实际上，现在有些民办高校是有品牌这个概念的，但这并不意味着品牌已经真正固化。目前，这个'品牌'更多的是浮于表面的东西。管理人员和教师还没有真正形成大学品牌的意识。"

在这一阶段，报纸和电视广告的使用大幅减少，只在少数地方台电视频道进行有限的宣传。许多一线工作人员在访谈中表示，近几年，因为人们的信息接收习惯，报纸和电视广告的传播效果不理想，且成本投入过高，因此早已放弃。相比之下，校园参观、学校官网、自媒体平台以及暑期开展的"地毯式"招生宣传更能满足现阶段品牌传播的基本需求。因此主要传播模式如下：一是继续上一个时期"地毯式"、"点对点"地传播，尽管部分民办高校已经不再采用这一招生方式，但仍有一些高校继续使用。二是参加高考咨询会，在招生季，民办高校积极参加各省、地、市组织的大型高考咨询会。三是发布高考志愿填报指南，由教育主管部门牵头，以省为传播范围，发布《高考志愿填报指南》。四是新媒体传播，新媒体成为民办高校品牌传播的重要途径，特别是自媒体，例如学校官方微博、微信公众号、网络直播等。

学生带学生，这种方式非常典型且有效。发动在校生回到原来毕业的高中，分发简章，到毕业班去宣传。这种地毯式的传播比以前更能聚焦目标受众。在高考期间，发放宣传材料，使得"招生季"的概念更加明确。在这个阶段，我们强调点对点传播，每个教师分配任务，负责具体的对接。——受访者F2

最有效的宣传方式仍然是学生之间的宣传，因为学生最了解学校。在决定报考哪所学校时，考生自然会选择向在校生咨询。因此，在校生的回答对吸引新生非常重要。与以前相比，我们在宣传方式和投入上发生了很大变化。我们学校现在基本不再使用学生进行招生，广告投入也仅为原来的十分之一。我们更多地通过官方渠道发布学校的招生简章、招生计划和优势专业的信息，而不再大量投放广告。以前招生办公室或参与招生的老师有几十个，现在学校的专职招生人员不超过十人，他们还负责其他工作。——受访者F3

在这一时期，大多数民办高校已经不再大规模组织学生或家长的参观活动。然而，学校仍然配置暑期参观接待解说人员。学生和家长来到学院，只需在门口登记，各大教学楼与实验实训教室都对来校参观人员开放。在"塑"牌阶段，民办高校逐渐减少传统广告投入，转而依靠更加精准和成本效益更高的传播模式，以实现品牌传播的基本目标。

（三）"塑"牌阶段的传播效果

在探索式"塑"牌阶段，由于国家政策法规的引导，民办高校进入了特色发展和品牌建设的阶段，体现出品牌化发展的趋势。这一时期，公众的择校观念逐步转变，对民办高校的排斥明显减弱。本书对这一阶段的受众特征进行了深入调研，结果显示，民办高校的学生群体具有明显特征：女生比例较高；高考成绩普遍不高；第一志愿选择民办高校的学生比例较小；主要为农村家庭出身；独生子女比例低；父母普遍受教育程度较低且集中于初中及以下；家庭年收入普遍偏低，接近一半家庭收入在5万元以下。在这一阶段，部分学校取消了专职招生团队，只由少量教职工兼职招生，传统媒体宣传大幅减少，招生宣传更多地依托官方媒体的集中介绍，或通过自媒体和短视频平台进行推广。同时，上一阶段的"地毯式"宣传方式也部分得以保留，形成了传统与新兴宣传手段并行的局面。得益于之前的积累，许多民办高校在当地获得了广泛的认可，招生宣传逐渐进入常态化。

  本书还对这一时期的传播效果进行了详细分析，发现民办高校更加依赖口碑效应，学生对民办高校的选择更倾向于听取与他们自己关系亲近的人的建议，网络平台的讨论也成为学生获取民办高校信息的重要渠道。政府或其他权威机构的认可仍然具有影响力，但不再是学生择校的决定性因素。在这一阶段，民办高校需要在宣传和服务方面更加注重细节，学生和家长对服务质量提出了更高的要求，尤其是对工作人员的专业度和态度的期望提高。此外，学生的"求学"意识较之前有所减弱，而"维权"意识显著增强，他们更关注是否能获得与较高的学费相匹配的教育资源和服务质量。民办高校面临的另一个突出问题是，尽管部分学生和家长被迫接受民办高校，但他们仍不愿意认同民办高校的身份，这种认知矛盾成为民办高校下一步需要重点解决的课题。整体而言，这一阶段民办高校的品牌建设虽有所成效，但面临的挑战仍然较大，尤其是在如何真正获得学生和社会广泛认同方面，依然任重道远。以下是对具体调查项的详细汇报。

  1. 民办高校品牌官方传播现状

  本书针对民办高校的官方传播集中调查三个方面的情况：一是官方正式发布的招生简章；二是招生工作人员与考生交流过程中提供的咨询服务；三

是学校官方网络平台提供的信息对考生择校的影响。民办高校官方传播频数统计见表4-9，以下是对这三个方面传播效果的分析（UBC1——招生简章、UBC2——招生工作人员和UBC3——学校官方网站）。

表4-9　　　　　　　民办高校品牌官方传播频数统计表

题项编号	非常不符合 频数	不符合 频数	有点不符合 频数	一般 频数	有点符合 频数	符合 频数	非常符合 频数
UBC1	859	1308	1893	2099	1072	521	327
UBC2	828	1262	1890	2101	1112	536	350
UBC3	1087	1510	1989	2015	913	360	205

注：UBC1题项内容为"学校的招生简章包含的信息对我选择学校的影响很大"；UBC2题项内容为"直接与学校的招生工作人员咨询交流对我选择学校的影响很大"；UBC3题项内容为"学校的官网包含的信息对我选择学校的影响很大"。

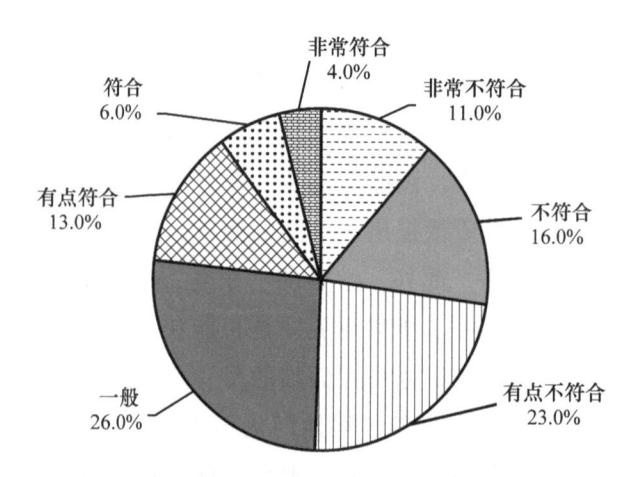

图4-9　UBC1——认同学校招生简章包含的信息对学生择校影响的最大情况

调查结果如图4-9所示。在被调查的学生中，仅有26.0%的学生认为招生简章的内容"一般"符合他们的预期；有23.0%的学生认为"有点不符合"，而表示"非常符合"的学生仅占4.0%。这表明，尽管招生简章作为学校对外发布的重要信息载体，其内容经过系统策划和严格审定，但仍未能在很大程度上满足考生的期待。笔者查阅了39所民办高校

2019年的招生简章，其作为民办高校的重要宣传工具，不仅包括专业、学制、学费、招生计划等基本信息，还承担着向考生传达学校教育理念和特色的功能。然而，调查结果显示，仅有23.0%的学生认为招生简章对其择校有显著影响，而有77.0%的学生认为影响不明显。这与民办高校管理者的预期"相悖"（受访者F5），因为他们普遍认为招生简章是吸引学生的关键因素之一。民办高校在招生简章的制作过程中，需要通过校务会和校董事会的多层次审批，特别是对于招生专业数量和学费标准的确定需要慎重考虑（F5）。然而，这一烦琐的审核过程并未能显著提升招生简章对考生择校的影响力。

关于招生工作人员的调查结果如图4-10所示。与招生工作人员的交流被视为对考生择校过程的重要影响因素。然而，调查显示，有24.3%的学生表示这类交流对他们的择校过程产生了影响，其中仅有4.3%的学生认为交流结果"非常符合"他们的预期。每年，民办高校都会选派大量工作人员，包括在校管理人员、教师和学生，进入中学进行宣传招生。招生团队通过系统培训，以掌握招生技巧和学校信息。然而，调查显示，这些努力并未达到预期效果，表明在招生咨询的实效性上仍存在提升空间。

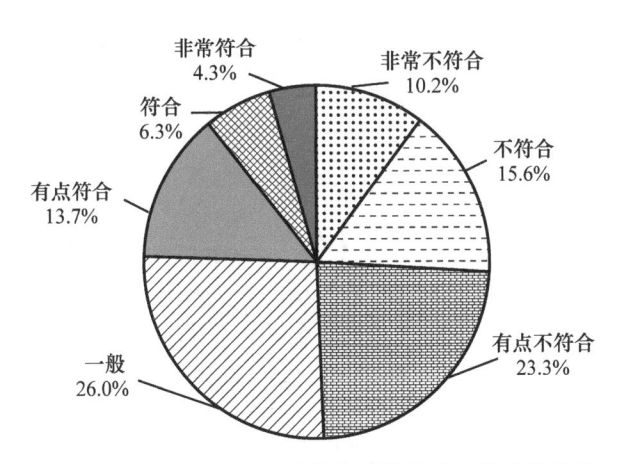

图4-10 UBC2——认同直接与学校招生工作人员咨询交流对学生择校影响的最大情况

学校认为招生人员等同于企业的市场工作人员，需要掌握一些业务知识、招生技巧，要熟练掌握学校各专业的情况，以及学校的办学优势。培训的目的是让招生人员树立信心，为组建的招生团队增强凝聚力。能够迅速进入招生状态，适应招生时期的市场竞争环境氛围，强化建校爱校意识，团结协作完成招生任务。在培训内容方面，比较注重心理学课程（心态）、营销学课程、招生政策解读、学校各专业介绍、人才培养模式设计等内容。另外在招生过程中，组织团队间、团队内进行案例介绍、经验分享、工作研讨方式等培训交流。——受访者 F5

关于学校官方网站的调查结果如图 4-11 所示。民办高校的门户网站作为向社会传递信息的重要平台，其传播效果同样不甚理想。数据显示，仅有 24.9% 的学生认为网站信息对其择校过程只是"一般"符合预期，而认为"非常符合"的学生仅占 2.5%。随着教育信息化的推进，学校门户网站已成为信息传播的重要渠道，然而，网站信息未能有效吸引考生，可能与信息更新不及时，内容缺乏吸引力以及用户体验不佳等因素有关。

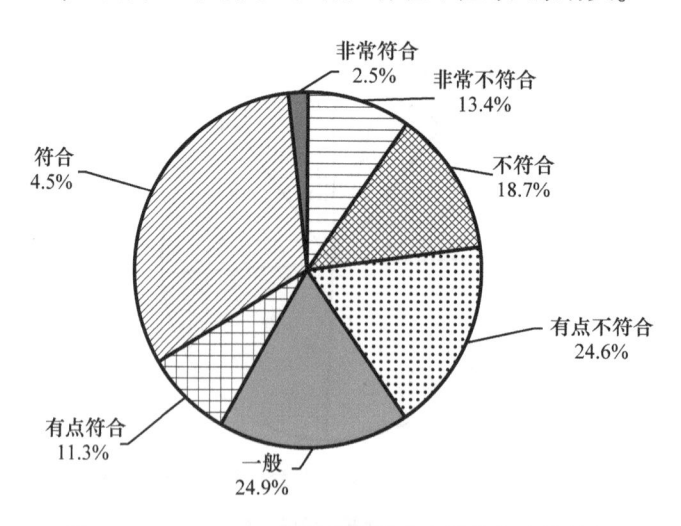

图 4-11　UBC3——认同学校的官方网站包含的信息
对学生择校影响的最大情况

2. 公共渠道口碑传播

公共渠道口碑传播在影响考生择校方面扮演着重要角色，本书统计并分析了四个主要公共渠道对学生及家长的影响：一是各省教育主管部门发布的《高考志愿填报指南》；二是网络论坛等互联网平台提供的民办高校学校信息以及品牌体验信息；三是政府发布的相关文件信息；四是第三方机构评估，如中国校友网等发布的"学校排名"。以下是对这四个方面传播效果的分析（PCWOM1——《高考志愿填报指南》、PCWOM2——网络论坛等互联网平台、PCWOM3——政府发布的相关文件、PCWOM4——第三方机构排名），具体数值见表4-10。

表4-10　　　　　公共渠道口碑传播频数统计结果

题项编号	非常不符合 频数	不符合 频数	有点不符合 频数	一般 频数	有点符合 频数	符合 频数	非常符合 频数
PCWOM1	345	955	1117	2115	1713	1325	509
PCWOM2	914	1486	2046	1985	972	433	243
PCWOM3	1182	1610	1919	1932	876	371	189
PCWOM4	1016	1538	1894	2049	945	408	229

注：PCWOM1的题项内容为"高考志愿填报指南的信息对我选择学校影响很大"；PCWOM2的题项内容为"网络平台提供的信息对我选择学校影响很大"；PCWOM3的题项内容为"政府发布的相关信息对我选择学校的影响很大"；PCWOM4的题项内容为"第三方机构（学校排名等）的信息对我选择学校的影响很大"。

关于《高考志愿填报指导》的调查结果如图4-12所示。教育主管部门发布的《高考志愿填报指南》对考生择校的影响最大，有43.9%的学生认为该指南对其选择民办高校有很大影响。这表明，政府官方发布的信息在公共渠道口碑传播中具有较强的权威性和可信度。在每年夏季高考前，各省教育招生考试院会将全国每一所高等院校在本省招生的专业、专业计划汇编成教育特刊《高考志愿填报指南》，并向每一位考生发布。此举不仅帮助考生了解可选高校的相关信息，也为高校提供了一个展示自我的平台。这种影响力的背后有多方面原因。首先,《高考志愿填报指南》作为由政府部门发布的权威信息,其内容被认为是准确且可靠的。考生和家长普遍信任这一信息源,认为它可以帮助他们做出更明智的决策。其次,《高考志愿填报指南》中提供的详细信息包括各高校的专业设置、招生计划等,使其成为考生进行择校的重要参考。此外,《高考志愿填报指南》为高校提供的宣传空间虽然有限,但对于民办高校来说是一个重要的宣传机会。与公办高校相比,民办高校更愿意利用这一渠道来提升其知名度和吸引力。

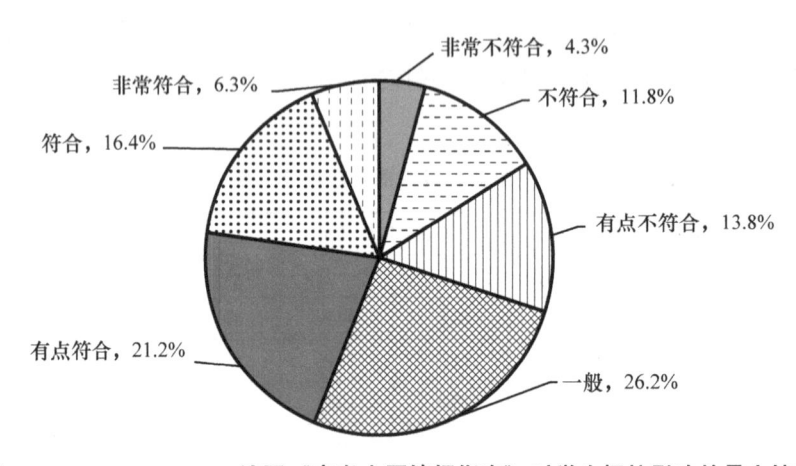

图 4-12 PCWOM1——认同《高考志愿填报指南》对学生择校影响的最大情况

关于网络论坛等互联网平台的调查结果如图 4-13 所示。网络论坛等互联网平台在公共渠道口碑传播中也有一定的影响力,数据显示,有 20.4% 的学生受到网络论坛等互联网平台信息的影响。这类平台通常汇聚了大量的学生和家长,成为讨论和分享择校经验的重要场所。网络论坛等互联网平台提供了一个开放的交流空间,用户可以在此分享其自身经验、发表意见以及获取他人的建议。这种互动性使得论坛上的信息具有一定的影响力。然而,由于互联网上的信息来源多样,质量参差不齐,考生和家长在获取信息时需要进行甄别,信息的可靠性和真实性不如官方渠道。不少受访学生和家长表示,"一定会去网站搜一下啊,看看评价什么的",但是"有说好的,也有说不好的",重点是看他们自己如何想。因此,尽管网络论坛在传播速度和信息量上具有优势,但其影响力仍相对较小。

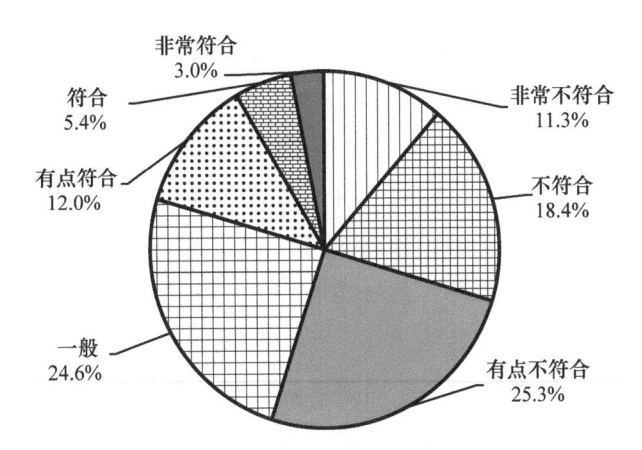

图 4-13　PCWOM2——认同网络论坛等互联网平台提供的信息对学生择校影响的最大情况

关于政府发布的相关文件的调查结果如图 4-14 所示。政府发布的相关文件对 17.7% 的学生产生了影响。这类文件往往涉及教育政策、院校设置、教育质量评估等方面，具有较高的政策导向性。政府文件作为教育政策的体现，虽然在内容上具有权威性，但其专业性和政策性使得普通考生难以完全理解其中的细节，尤其是在没有足够的解读和宣传下。这使得其影响相对较为间接，更多的是通过指导和引导的方式影响教育环境和氛围，而非直接影响考生的选择。

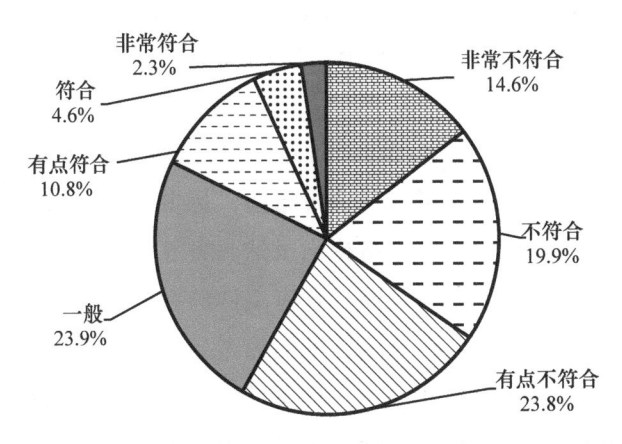

图 4-14　PCWOM3——认同政府发布的相关信息对学生择校影响的最大情况

关于第三方机构的排名的调查结果如图 4-15 所示。第三方机构的排名也具备一定的影响力，其中有 19.6% 的学生认为受到了该因素的影响。这些排名通常由独立机构基于不同的指标进行评估，提供了一种客观评价学校的方法。学校排名对于考生择校有一定的指导意义，但其影响力较为复杂。一方面，排名为考生提供了一种量化评价学校的方法，便于考生比较和选择；另一方面，由于各机构的评估标准和方法不尽相同，可能导致排名结果不一致，使得考生在解读排名时产生困惑。此外，部分排名受到商业因素影响，其公正性和客观性受到质疑，这也限制了排名在考生择校中的影响力。

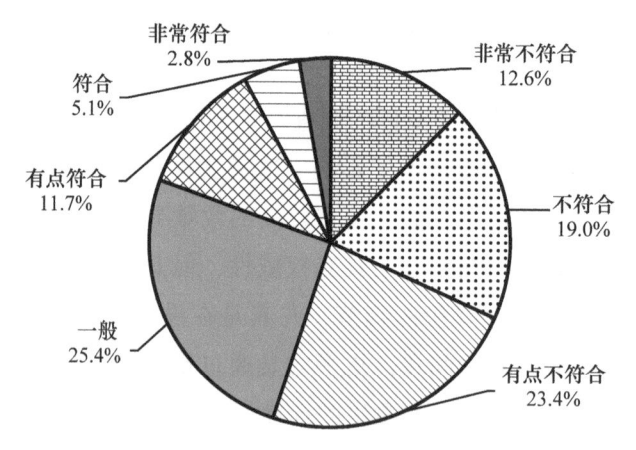

图 4-15 饼图数据：
- 非常符合 2.8%
- 符合 5.1%
- 有点符合 11.7%
- 一般 25.4%
- 有点不符合 23.4%
- 不符合 19.0%
- 非常不符合 12.6%

图 4-15　PCWOM4——认同第三方机构（学校排名等）的信息对学生择校影响的最大情况

综上所述，公共渠道口碑传播对考生择校的影响具有明显的层次性。教育主管部门发布的《高考志愿填报指南》因其权威性和广泛覆盖面成为最具影响力的公共渠道。网络论坛虽然具备互动性强的特点，但因信息质量参差不齐，其影响力较弱。政府文件的影响更多地体现在政策层面，而第三方机构的排名在一定程度上为考生提供了参考，但其公正性和可靠性需要考生自行判断。这一现象反映出在信息化时代，考生择校过程中对信息来源的选择与依赖依然呈现出多元化，信息的权威性和可靠性仍是影响考生决策的重要因素。

3. 个人社交口碑传播

个人社交口碑传播在学生择校过程中扮演了重要角色。本书统计并分析了四个主要个人社交渠道对学生择校的影响。一是同学推荐；二是高中老师推荐；三是家人亲戚推荐；四是报考院校的在校生或者毕业生的推荐。该频数统计结果见表4-11。以下是对这四个方面传播效果的分析（SWOM1——同学推荐、SWOM2——高中老师推荐、SWOM3——家人亲戚推荐、SWOM4——报考院校的在校生或者毕业生推荐）。

表4-11　　　　　　　　个人社交口碑传播频数统计

题项编号	非常不符合 频数	不符合 频数	有点不符合 频数	一般 频数	有点符合 频数	符合 频数	非常符合 频数
SWOM1	228	526	1063	1859	1434	1158	1811
SWOM2	367	727	1204	1845	1237	940	1759
SWOM3	505	853	1338	1896	1220	888	1379
SWOM4	375	770	1358	2025	1347	998	1206

注：SWOM1的题项内容为"同学推荐我来这所学校念书"；SWOM2的题项内容为"高中老师推荐我来这所学校念书"；SWOM3的题项内容为"家人亲戚推荐我来这所学校念书"；SWOM4的题项内容为"报考院校的在校生或毕业生推荐我来这所学校念书"。

关于同学推荐的调查结果如图4-16所示。通过同学推荐选择就读民办高校的学生比例最高，达到54.4%。这表明，同学推荐在学生择校过程中具有显著的影响力。同学推荐之所以影响力最大，主要有以下几个原因。首先，同学之间交流频繁且信任度高，同龄人之间的经验分享更容易被接受。其次，同学推荐通常基于他们的真实体验和感受，这种直接的反馈比其他渠道的信息更具说服力。此外，同学推荐往往伴随着具体的实例和细节，使得考生能够更全面地了解目标高校的实际情况。

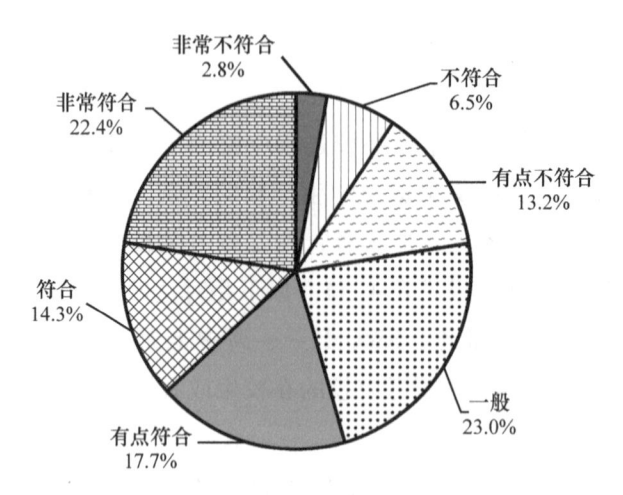

图 4-16 SWOM1——认同同学推荐对学生择校影响的最大情况

关于高中老师推荐的调查结果如图 4-17 所示。通过高中老师推荐选择民办高校的学生比例为 48.7%，同样具有较高的影响力。高中老师作为教育工作者，其建议被学生和家长普遍重视。高中老师在学生择校中的影响力来源于其专业知识和对学生情况的深入了解。老师能够根据学生的学术能力、兴趣和特长，提供针对性的建议。此外，老师对各类高校的了解较为全面，他们的推荐通常基于对学校教育质量、专业设置等方面的综合评估。这使得学生和家长更倾向于信任老师的推荐，从而对学生的择校产生重要影响。

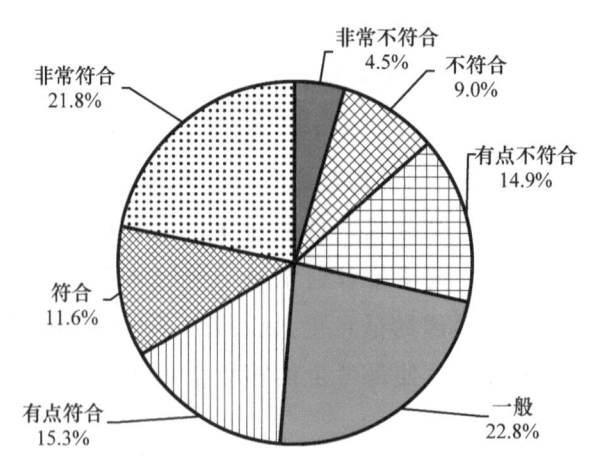

图 4-17 SWOM2——认同高中老师推荐对学生择校影响的最大情况

关于家人亲戚推荐的调查结果如图4-18所示。家人亲戚的推荐具有情感上的亲近性和可靠性。家人亲戚往往了解学生的个性、兴趣和需求，他们的建议更符合学生的个人情况。同时，家人亲戚的推荐常常伴随着对学生未来发展的关切，使得他们的意见在学生择校时具有较大的影响力。此外，家庭成员之间的沟通更为频繁和深入，家庭内部的意见交流能够帮助学生做出更符合其自身需求的选择。

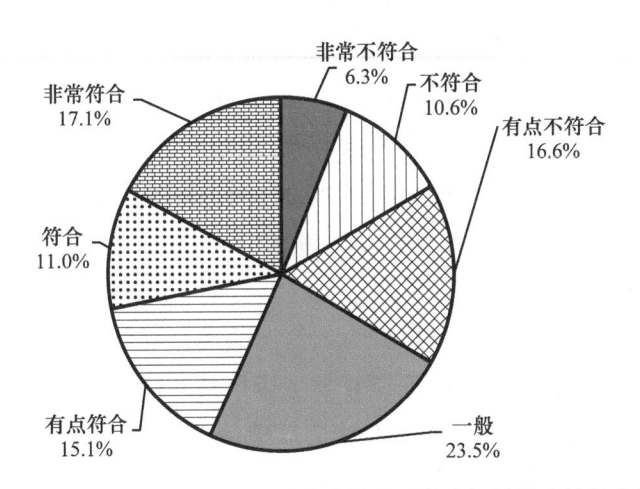

图4-18 SWOM3——认同家人亲戚推荐对学生择校影响的最大情况

关于报考院校的在校生或毕业生推荐的调查结果如图4-19所示。通过在校生或毕业生推荐选择就读民办高校的学生比例为44.0%，这一比例相对较高。在报考民办高校时，在校生和毕业生的推荐具有较大的参考价值。在校生和毕业生的推荐具有实际体验的优势。他们对学校的教学质量、校园环境、就业前景等方面有直接的感受和经验。这些第一手信息对潜在学生具有极大的吸引力。此外，在校生和毕业生作为学校品牌的直接体验者和传播者，他们的推荐能够传递学校的真实情况和品牌形象，从而对考生产生较大的影响力。

综上所述，个人社交口碑传播在学生择校过程中起到了显著的作用。同学推荐和老师推荐对学生选择的影响最大，这主要是由于同学之间的信任关系和老师的专业性以及对学生情况的了解。家人亲戚的推荐则依

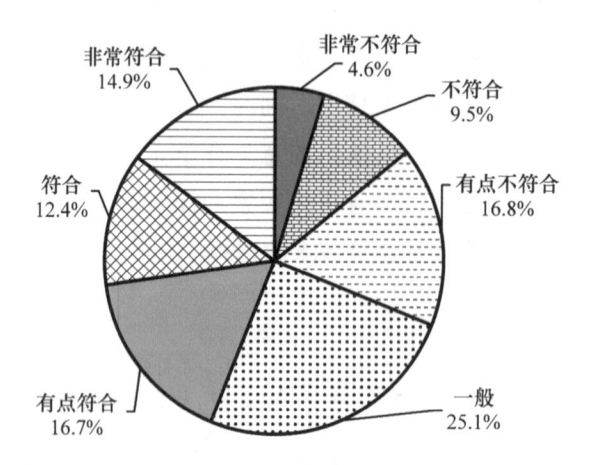

图 4-19 SWOM4——认同报考院校的在校生或毕业生推荐对学生择校影响的最大情况

赖于其情感上的亲近性和对学生个人情况的深刻理解。在校生和毕业生的推荐以其真实体验和直接反馈对学生择校具有较大的参考价值。这一现象反映出在信息化时代，个人社交口碑传播通过情感和信任的纽带，在学生择校过程中具有不可替代的重要作用。

4. 民办高校工作人员的形象

根据表 4-12 统计结果，民办高校工作人员的形象在学生中并未获得广泛认可（UF1——工作人员印象积极正面、UF2——工作人员工作态度、UF3——积极帮助同学解决问题）。具体情况是，有 20.4% 的学生对民办高校招生工作人员的印象持有正面看法，只有 17.1% 的学生认可工作人员的工作态度，这反映出工作人员在处理招生工作中的态度未能得到广泛认可，有 13.3% 的学生认为工作人员会积极帮助学生解决问题，这表明学生对工作人员在服务态度和帮助性上的认可度不高。

表 4-12 数据反映出了民办高校工作人员在学生心目中的形象较为一般甚至负面的情况。关于民办高校工作人员印象的调查结果如图 4-20 所示。大多数学生对民办高校招生工作人员的形象不满意。这种负面评

表 4-12　　　　　　　民办高校工作人员形象频数统计

题项编号	民办高校工作人员形象							
	非常不符合	不符合	有点不符合	一般	符合	有点符合	非常符合
	频数	频数	频数	频数	频数	频数	频数
UF1	949	1559	1896	2026	916	458	275
UF2	1113	1620	1964	2000	859	354	169
UF3	1989	1777	1946	1812	712	284	159

注：UF1 的题项内容为"我对学校工作人员的印象是积极正面的"；UF2 的题项内容为"我喜欢学校老师和工作人员的工作态度"；UF3 的题项内容为"我认为学校内部人员都在积极帮助学生解决问题"。

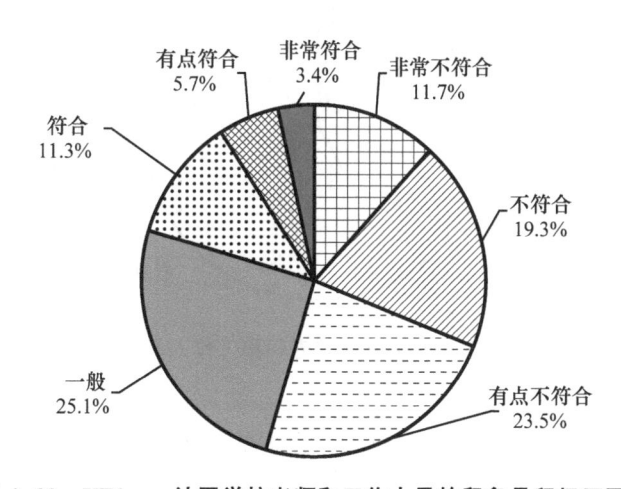

图 4-20　UF1——认同学校老师和工作人员的印象是积极正面的

价主要集中在工作人员的服务态度和解决问题的能力上。招生工作人员作为高校与潜在学生之间的桥梁，他们的形象和工作态度直接影响着学生及其家长对学校的第一印象。工作人员的态度、专业性和服务水平在很大程度上反映了学校的整体形象和管理水平。如果招生工作人员在工作中缺乏热情和专业素养，学生很可能会对学校产生负面看法，进而影响他们的择校决定。

关于民办高校工作人员工作态度的调查结果如图 4-21 所示。只有 17.1% 的学生认可工作人员的工作态度。这表明工作人员在处理招生工作时未能展现出积极的态度和专业性。积极的工作态度不仅能提升学生对学校的好感，还能增强他们对学校的信任度。工作人员在与学生和家长接触时，应展现出友好、耐心和专业的态度，以便更好地解答他们的疑问和顾虑。然而，如果工作人员在交流中表现出冷漠、不耐烦或缺乏专业知识，那么将直接影响学生对学校的评价。长期来看，这种负面印象会削弱学校的品牌形象，减少学生报考的意愿。

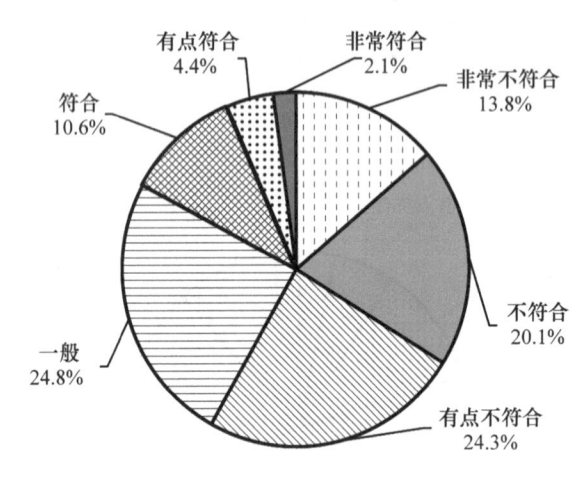

图4-21 UF2——喜欢学校老师和工作人员的工作态度

关于积极帮助同学解决问题的调查结果如图4-22所示。只有13.3%的学生认为工作人员会积极帮助学生解决问题。这反映出工作人员在服务态度和帮助考生解决问题方面的表现不尽如人意。服务态度和提供支持帮助是评估工作人员表现的重要指标。学生在择校过程中，往往需要了解许多关于学校的信息和细节。工作人员是否能够及时、有效地提供帮助，是学生判断学校服务质量的重要依据。如果工作人员在处理学生问题时表现得冷漠或不够积极，将使学生感到被忽视或不被重视，从而对学校产生负面评价。这不仅会影响学校的声誉，还可能对未来的招生工作造成不利影响。

综上所述，民办高校工作人员的形象对学生择校有着重要影响。绝大多数学生对工作人员的形象和态度持负面看法，这对学校的招生和品

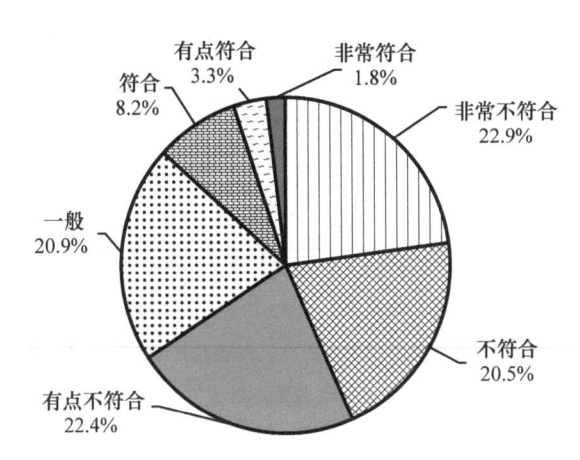

图 4-22　UF3——认同学校老师和工作人员都会积极帮助学生解决问题

牌形象构成了挑战。要改善这一现状，民办高校需要注重提升工作人员的服务态度和专业素养，加强培训和管理，以确保工作人员能够积极、专业地服务学生和家长。这不仅有助于提升学生对学校的认可度，也能增强学校的整体竞争力。

5. 民办高校品牌视觉形象

民办高校品牌视觉形象的各个方面在学生择校决策中都发挥了不同程度的作用。民办高校品牌视觉形象包括四个方面，分别是学校的名称、学校的标志与广告语、学校宣传资料的视觉设计、图片中的学校建筑与校园环境，具体统计结果见表 4-13（DF1——学校的名称、DF2——学校的标志与广告语、DF3——学校的宣传资料、DF4——学校建筑与校园环境）。

表 4-13　　　　　民办高校品牌视觉形象频数统计

题项编号	非常不符合 频数	不符合 频数	有点不符合 频数	一般 频数	符合 频数	有点符合 频数	非常符合 频数
DF1	915	1237	1866	2167	1059	532	303
DF2	830	1284	1806	2201	1080	553	325

续表

<table>
<tr><th rowspan="2">题项编号</th><th colspan="7">民办高校品牌视觉形象</th></tr>
<tr><th>非常不符合
频数</th><th>不符合
频数</th><th>有点不符合
频数</th><th>一般
频数</th><th>符合
频数</th><th>有点符合
频数</th><th>非常符合
频数</th></tr>
<tr><td>DF3</td><td>868</td><td>1346</td><td>1952</td><td>2116</td><td>1016</td><td>517</td><td>267</td></tr>
<tr><td>DF4</td><td>913</td><td>1381</td><td>1865</td><td>2036</td><td>1042</td><td>498</td><td>344</td></tr>
</table>

注：DF1 的题项内容为"学校的名称对我选择学校影响很大"；DF2 的题项内容为"学校的标志与广告语宣传对我选择学校影响很大"；DF3 的题项内容为"学校宣传资料的视觉设计（印刷质量、宣传资料图片或视频清晰度或美观度）对我选择学校影响很大"；DF4 的题项内容为"图片中的学校建筑与校园环境对我选择学校影响很大"。

关于学校名称对学生择校影响的调查结果如图 4-23 所示。有 23.5% 的学生受到学校名称的影响。在访谈中，不仅学生表示学校名称在其择校时发挥了巨大作用，而且民办高校高层管理者也证实，学校更名对学校品牌建设与传播具有重要影响。

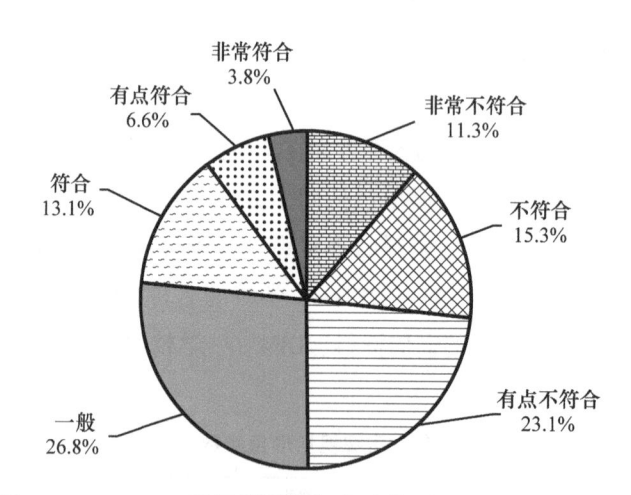

图 4-23 DF1——认同学校的名称对学生择校影响的最大情况

受访者 F3 表示："学校更名后，我觉得品牌意识增强了。"一些学生会因为学校名称为"**职业技术学院"而放弃选择，而另一些学生则因学校更名为"**大学"而选择该校。学校名称作为品牌的重要组成部分，其影响力不容忽视。名称不仅仅是一个符号，更代表了学校的声誉和形象。一个有吸引力的名称可以提升学校的知名度和吸引力，尤其是在竞争激烈的教育市场中。更名为"大学"往往能够传递出更高的教育质量和学术水平的信息，使得潜在学生和家长对学校的信任度和认可度增加。

如图4-24所示，24.2%的学生表示受到学校标志与广告语的影响，这表明学校的视觉标识对学校形象的传播有一定的影响力。学校标志与广告语是品牌形象的重要载体，能够直观地传递学校的文化和理念。一个设计精良、富有内涵的标志和简洁有力的广告语，能够在短时间内吸引受众的注意，并在他们心中留下深刻的印象。这对于提升学校的品牌形象和吸引力至关重要。学校可以通过标志与广告语的设计，展现其独特的教育理念和办学特色，增强品牌的辨识度和美誉度。

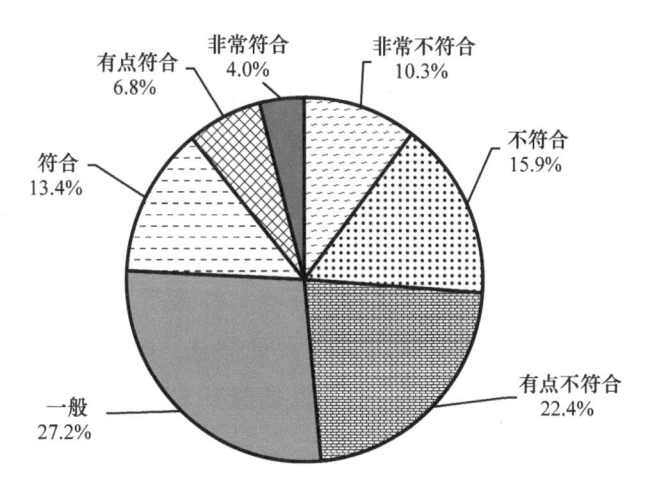

图4-24 DF2——认同学校的标志与广告宣传语对学生择校影响的最大情况

关于学校的宣传资料的调查结果如图4-25所示。有22.3%的学生认为宣传资料的视觉设计对其选择学校有影响，这说明视觉设计在学校宣传中扮演着重要角色。宣传资料的视觉设计在学校形象传播中起着重要作用。精美的宣传资料不仅能有效传递学校的信息，还能增强受众的阅读兴趣和记忆力。通过专业的视觉设计，学校可以更好地展示其教学环境、师资力量和校园文化，给学生和家长留下良好的第一印象。视觉设计的质量直接影响到受众对学校的感知和评价，从而影响其择校决策。

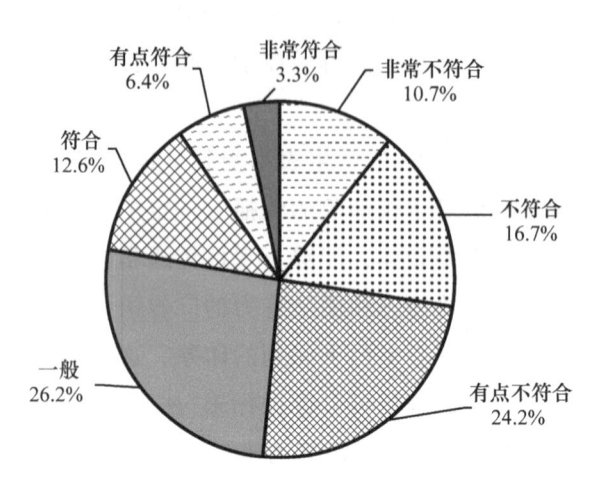

图 4-25　DF3——认同学校宣传资料的视觉设计对学生择校影响的最大情况

关于学校建筑与校园环境的调查结果如图 4-26 所示。只有 23.4% 的学生受到图片内容的影响，相较于其他因素，图片在学校选择中的影响力较低。虽然图片内容的影响力相对较低，但其仍是品牌视觉形象的重要组成部分。通过高质量的图片，学校可以直观地展示其校园环境、设施设备和教学活动，增强受众的信任感和好感度。图片作为视觉传播的有效工具，可以在较短时间内传递大量信息，提升宣传效果。因此，学校应注重图片的质量和选择，确保其能够真实、全面地反映学校的实际情况。

综上所述，民办高校的品牌视觉形象在学生择校决策中具有重要作用。学校品牌形象的塑造是一个系统工程，包括名称、标志、广告语、宣传资料和图片等各个方面。通过一系列有针对性的品牌建设和传播活动，学校可以有效提升其知名度和美誉度。在品牌建设过程中，学校应注重整体形象的统一和协调，确保各个元素能够相互呼应，共同传递学校的核心价值和文化理念。此外，学校还应通过各种渠道和方式，积极向学生、家长和社会传播其品牌形象，增强品牌的影响力和竞争力。

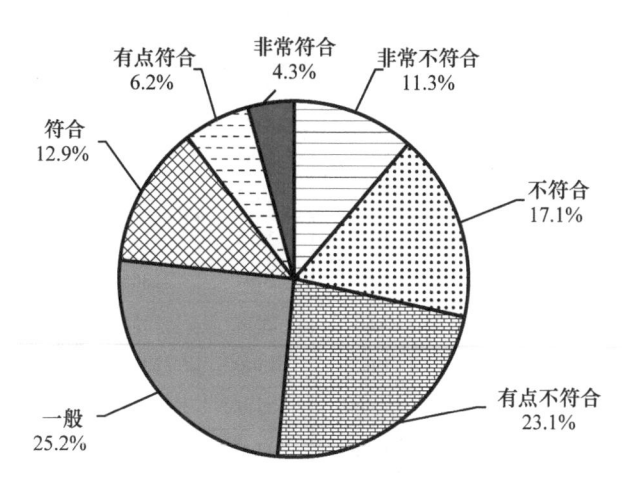

图 4-26 DF4——认同招生资料的校园环境对学生择校影响的最大情况

学校围绕办学的定位有意识地提炼学校文化，从硬件建设到楼宇街道的命名，我们也是做了系列的文化设计，包括校风校训教育观。我们为此专门设计了单个景观：一个湖——仁心湖（医者仁心）；一座塔——济世塔（悬壶济世），一座山——医圣山。每当有人来校参观、我们都会作为品牌内涵的体现来介绍，向学生、家长以及社会宣传我们的文化精神，我觉得这个东西是品牌无形资产有形展示的传播。……提出了针对学生的"三个相信"教育观：相信每一个学生都是向善的；相信每一个学生都是可塑的；相信每一个学生都能成才。我觉得这个教育观的树立对我们学校内涵建设，品牌意识的树立有重要影响。——受访者 F3

6. 民办高校教育服务质量感知

本书从两个方面考察了民办高校教育服务质量感知：一是学校的教育质量与教学条件；二是学生对他们自己认为选择该高校后的发展期待。根据表 4-14 的频数统计结果，通过 ESP1 到 ESP8 八个题项测量学生对学校教育服务质量的感知。

表 4-14　　民办高校教育服务质量感知频数统计

民办高校教育服务质量感知

题项编号	非常不符合 频数	不符合 频数	有点不符合 频数	一般 频数	符合 频数	有点符合 频数	非常符合 频数
ESP1	916	1778	2188	2013	784	263	137
ESP2	606	1201	1973	2224	1185	529	361
ESP3	709	1528	2010	2094	1066	446	226
ESP4	874	1413	2029	2018	1055	457	233
ESP5	877	1450	1995	1840	1035	525	357
ESP6	328	883	1593	2218	1548	908	601
ESP7	372	958	1773	2340	1406	747	483
ESP8	881	1507	2017	2007	957	469	241

注：ESP1 的题项内容为"我对老师的专业水平与教学能力感到很满意"；ESP2 的题项内容为"我对学校所能提供的教学资源和学习条件感到很满意"；ESP3 的题项内容为"我对学校的教学质量感到很满意"；ESP4 的题项内容为"我对学校的实训基地感到很满意"；ESP5 的题项内容为"我对学校的校园环境感到很满意"；ESP6 的题项内容为"我认为在这所学校读书会有很好的升学机会（考研、公务员、出国留学等）"；ESP7 的题项内容为"我认为在这所学校读书将来会有很好的就业前景"；ESP8 的题项内容为"我相信在这所学校读书会有所收获"。

对 ESP1 的调查结果如图 4-27 所示。从 ESP1（老师的专业水平和教学能力）的统计结果来看，学生对教师专业水平和教学能力的评价相对分散。在被调查样本中，只有 11.3% 的学生认为"非常不符合"，有 22.0% 的学生认为"不符合"，而有 27.1% 的学生认为"有点不符合"，整体不满比例较高，达到了 60.4%。与此相对，只有 11.4% 的学生认为"符合"或"非常符合"。这些数据表明，学生对教师专业水平和教学能力的满意度较低，且评价较为分散，存在较大的改进空间。

关于 ESP2 调查结果如图 4-28 所示。ESP2（教学资源和学习条件）的结果相对较好，只有 24.4% 的学生认为"有点不符合"，但有 27.5% 的学生认为"一般"，这说明大多数学生对教学资源和学习条件的评价较为中立或略有不满。尽管如此，仍有一部分学生对该部分持有批评态度，这可能反映出民办高校在教学资源和学习条件等方面的建设不足。

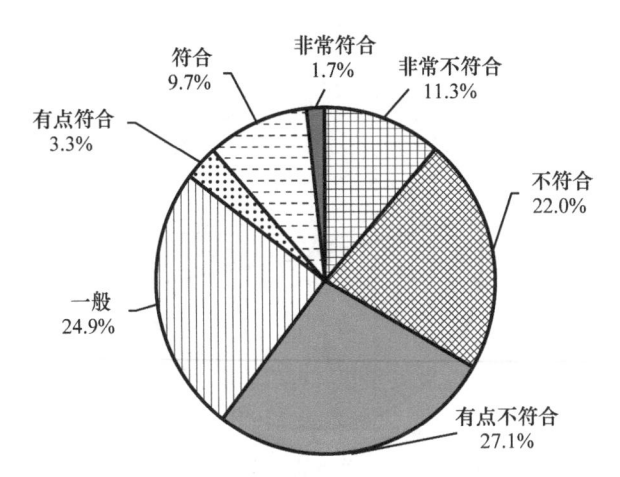

图 4-27　ESP1——对学校老师的专业水平与教学能力感到满意的情况

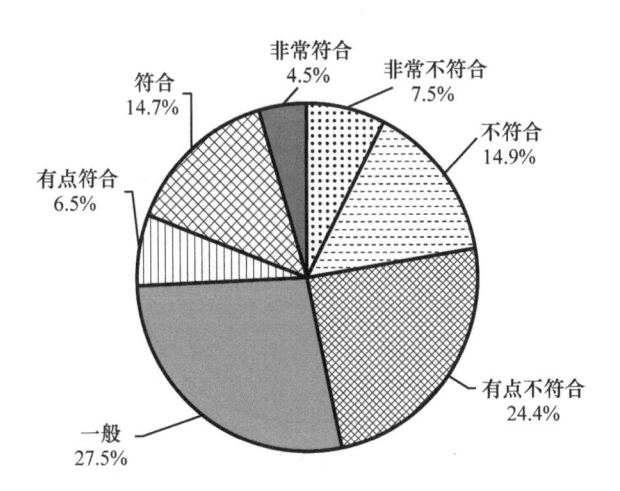

图 4-28　ESP2——对学校提供的教学资源和学习条件感到满意的情况

关于 ESP3 的调查结果如图 4-29 所示。在 ESP3（教学质量）方面，25.9% 的学生认为"一般"，有 24.9% 的学生认为"有点不符合"，大多数学生的评价趋于中立或略有不满。学生对教学质量的评价可能与课程设置的合理性、教学内容的创新性以及教学效果的评估等因素有关。学校需要在课程设计、教学方法和质量保障体系上做出改进。

关于 ESP4 的调查结果如图 4-30 所示。ESP4（实训基地）调查结

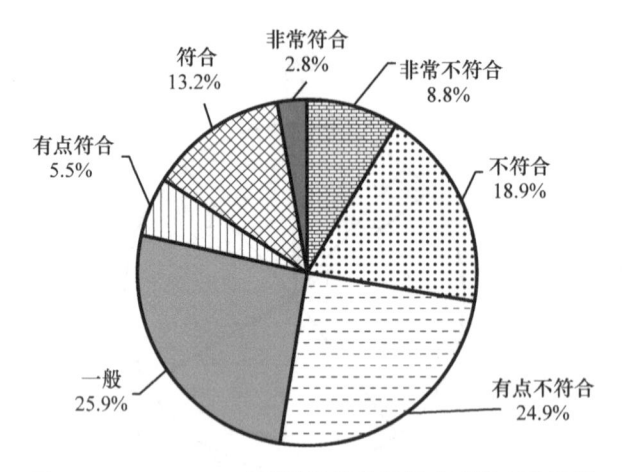

图 4-29　ESP3——对学校的教学质量感到满意的情况

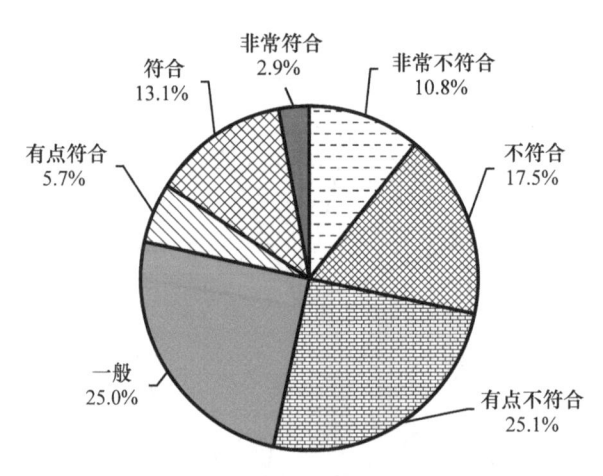

图 4-30　ESP4——对学校的实训基地感到满意的情况

果显示，有 25.1% 的学生认为"有点不符合"，有 25.0% 的学生认为"一般"，而仅有 16.0% 的学生认为"非常符合"或"符合"。这反映出学生对实训基地的设备、资源以及实际应用能力的培养持有较多保留意见。加强实训基地建设和管理，提高学生实践动手能力，是提升满意度的关键。

关于 ESP5 的调查结果如图 4-31 所示。ESP5（校园环境）的调查结果显示，有 24.7% 的学生认为"有点不符合"，有 22.8% 的学生认为"一般"，整体满意度较低。校园环境包括校园设施、卫生条件、文化氛围等方面，学校应注重校园环境的美化和管理，以提升学生的生活和学习体验。

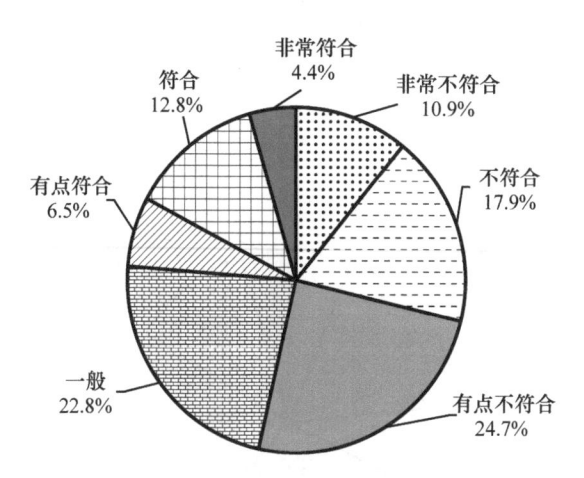

图 4-31 ESP5——对学校的校园环境感到满意的情况

关于 ESP6 的调查结果如图 4-32 所示。在 ESP6（升学机会）调查结果中，认为有很好升学机会的学生占样本的 37.8%。尽管这一比例较高，仍有相当一部分学生对升学机会感到不安，可能是由于民办高校在研究生考试、公务员考试以及出国留学资源上处于相对劣势。

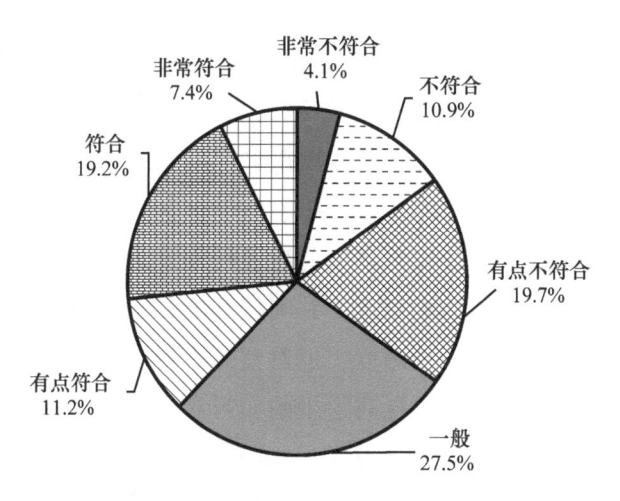

图 4-32 ESP6——认同会获得好的升学机会（考研、公务员、出国留学等）的情况

关于 ESP7 的调查结果如图 4-33 所示。在 ESP7（就业前景）的调查结果中，有 32.6% 的学生认为有良好的就业前景，而有 21.9% 的学生认为"有点不符合"。这表明，尽管部分学生对就业前景持乐观态度，但从整体上看，民办高校的就业市场认可度和行业连接度可能不足以完全满足学生的期待。

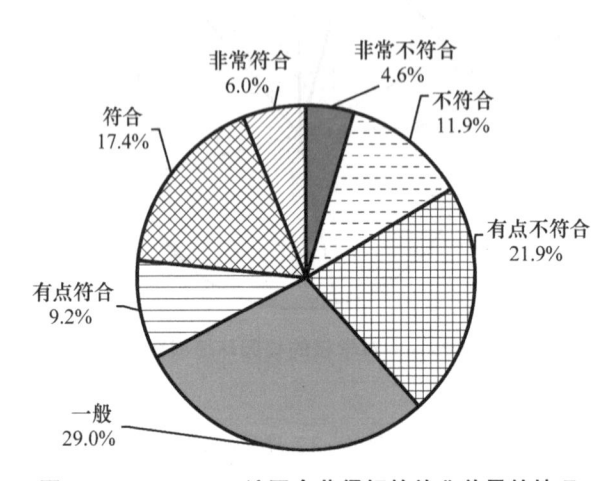

图 4-33　ESP7——认同会获得好的就业前景的情况

关于 ESP8 的调查结果如图 4-34 所示。关于 ESP8（学有所获）调查结果显示，有 54.6% 的学生认为在民办高校学习达不到他们自己的收获预期。尽管有部分学生对学校的学习体验表示肯定，但整体上的不满情绪反映出学生对个人成长、能力提升和知识积累的期望与现实之间的差距。

从上述分析可以看出，民办高校在多个教育服务质量指标上均表现出较大的提升空间。教师的专业水平、教学资源的丰富程度、教学质量的保障，以及实训基地和校园环境的建设均需要进一步改进。这些因素共同影响了学生对学校的满意度，并间接影响其未来发展预期。尽管部分学生对升学和就业持积极态度，但对整体发展的信心不足。学校需要加强与企业和社会的合作，提高学生的实习和就业机会，同时建立完善的职业发展支持体系。有学者认为公办学生择校是一个较理性的行为，其中就业前景作为重要的择校指标影响学生的择校态度，结合其他影响

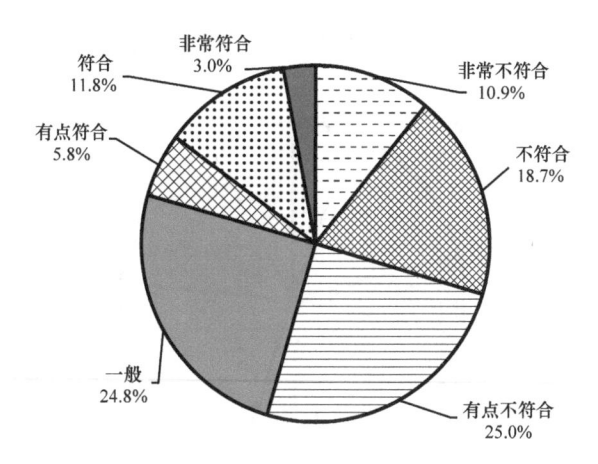

图 4-34　ESP8——认同在学校学习会有所收获的情况

因素来看，学生对学校的选择过程是对报考高校有一定程度的了解以及对身边师长建议的综合考虑，体现了较强的理性特征。但本书在访谈中发现，民办高校学生择校的非理性行为不在少数。

7. 民办高校品牌认同

本书对民办高校品牌认同进行了详细考察，涉及学生需求满足、择校意向、整体感受、宣传意向、推荐行为和生活期待六个方面。以下对每个维度进行详细分析和讨论。

表 4-15　　　　　　民办高校品牌认同频数统计

题项编号	非常不符合 频数	不符合 频数	有点不符合 频数	一般 频数	符合 频数	有点符合 频数	非常符合 频数
UI1	655	1261	1716	2152	1236	593	466
UI2	476	892	1155	1755	1755	1297	1001
UI3	640	1210	1637	2205	1201	702	484
UI4	1039	1232	1711	2083	992	555	467
UI5	623	947	1306	1896	1214	937	1156
UI6	673	932	1401	2004	1286	868	915

注：UI1 的题项内容为"我认为这所学校能够满足我的需求"；UI2 的题项内容为"认为我一定会来这所学校读书"；UI3 的题项内容为"我对学校的整体情况感到很满意"；UI4 的题项内容为"我会赞美宣传学校"；UI5 的题项内容为"我会推荐他人选择这所学校"；UI6 的题项内容为"我很期待学校的生活"。

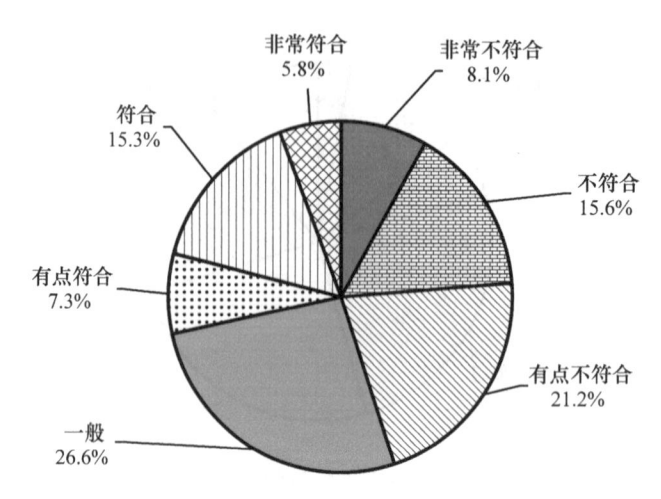

图 4-35　UI1——认同这所学校可以满足其自身需求的情况

关于 UI1 的调查结果如图 4-35 所示。在 UI1——学生需求满足情况的问题上，有 26.6% 的学生认为"一般"，有 21.2% 的学生认为"有点不符合"，有 15.6% 的学生认为"不符合"，显示出较多学生对民办高校在满足其需求方面持保留态度。这表明民办高校在资源配置、课程设置、学术支持等方面可能存在不足，未能充分满足学生的多样化需求，影响了学生的学习体验和满意度。

关于 UI2 的调查结果如图 4-36 所示。对于 UI2——学生本人愿意选择该校的情况，有 21.1% 的学生认为"一般"，有 21.1% 的学生认为"符合"，有 12.0% 的学生认为"非常符合"，表明在择校意向方面，民办高校仍具有一定的吸引力。然而，仍有部分学生对民办高校的认可度较低，可能是由于民办高校的社会声誉、教育质量以及升学和就业前景相对较弱，从而影响了学生的择校决策。

关于 UI3 的调查结果如图 4-37 所示。对于 UI3——学校的整体情况的感受，有 27.3% 的学生认为"一般"，有 20.3% 的学生认为"有点不符合"，有 15.0% 的学生认为"不符合"，反映出对整体情况满意的学生比例较低。这表明学生对学校的整体环境、管理水平、学术氛围等方面存在一定的期望差距，学校需要加强各方面的建设和改进，以提升学生对学校的综合满意度。

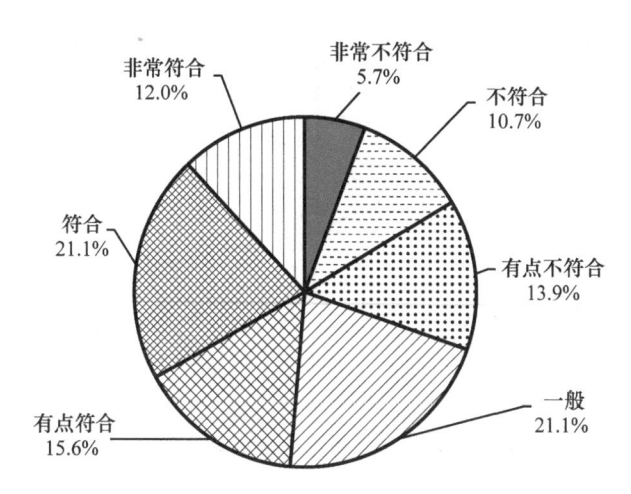

图 4-36 UI2——认为自己一定会来这所学校读书的情况

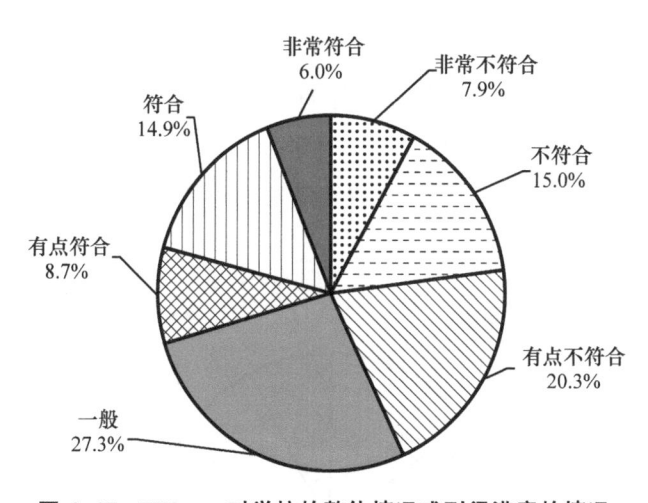

图 4-37 UI3——对学校的整体情况感到很满意的情况

关于 UI4 的调查结果如图 4-38 所示。对于 UI4——赞美、宣传学校的意向，有 25.0% 的学生认为他们自己会赞美并宣传学校，同时有 49.3% 的学生持反对态度。尽管部分学生对学校持积极评价态度，但总体上向他人传达赞美意向的比例较低，这可能是由于学生对学校的整体满意度不高，或是认为学校的声誉和影响力不值得主动宣传。

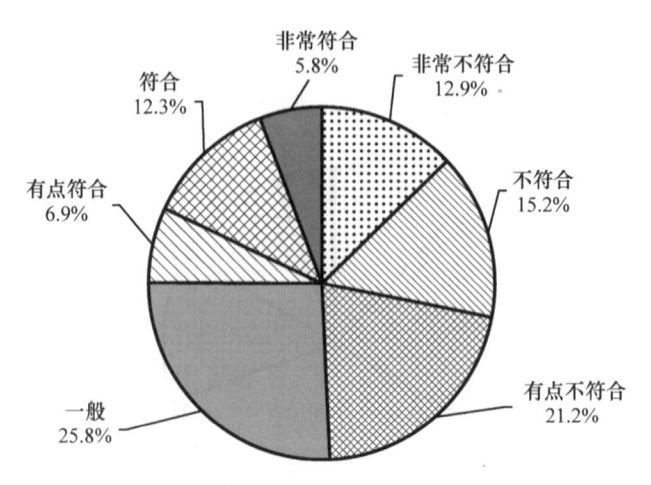

图 4-38 UI4——认同自己会赞美并宣传学校的情况

关于 UI5 的调查结果如图 4-39 所示。在 UI5——他人推荐学校行为的考察中,有 23.5% 的学生认为"一般",有 16.2% 的学生认为"有点不符合",有 11.7% 的学生认为"不符合",表明学生向他人推荐学校的意愿不强。这种现象可能源于学生对学校品牌的认同感较低,或是担心推荐可能带来负面影响,如朋友或亲戚对推荐质量的质疑。

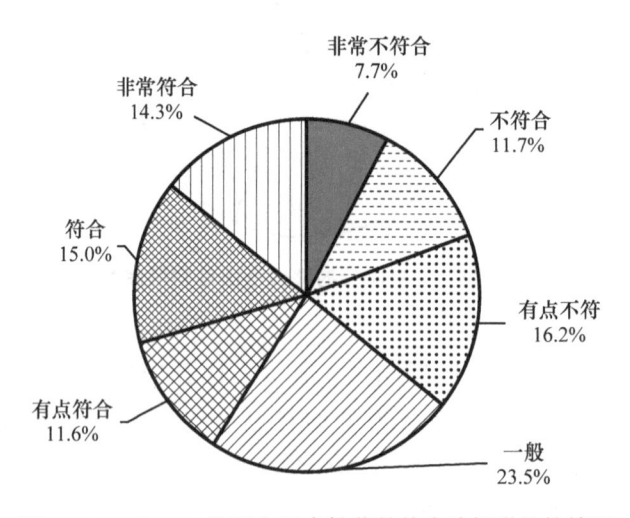

图 4-39 UI5——认同自己会推荐其他人选择学校的情况

关于 UI6 的调查结果如图 4-40 所示。在 UI6——生活期待一项中，有 27.2% 的学生表示非常期待学校的生活，同时也有 19.8% 的学生持相反的态度。这种两极分化的态度反映出学校在生活条件、校园文化、课外活动等方面的表现存在明显差异，部分学生对学校生活充满期待，而另一部分学生则感到失望或不满。访谈中发现很多学生都表明他们自己或家长不愿意透露民办高校学生的身份，"跟亲戚在一起，尤其是有亲戚家优秀的孩子，跟人介绍我是这个学校的学生会觉得难为情。我不想推荐，又不是啥好学校。"（S9）"我来这个学校我妈是不满意的，别人问她孩子在哪里念书，她只说在哪个城市，要是问到具体哪个学校，她就不说清楚。"（S10）

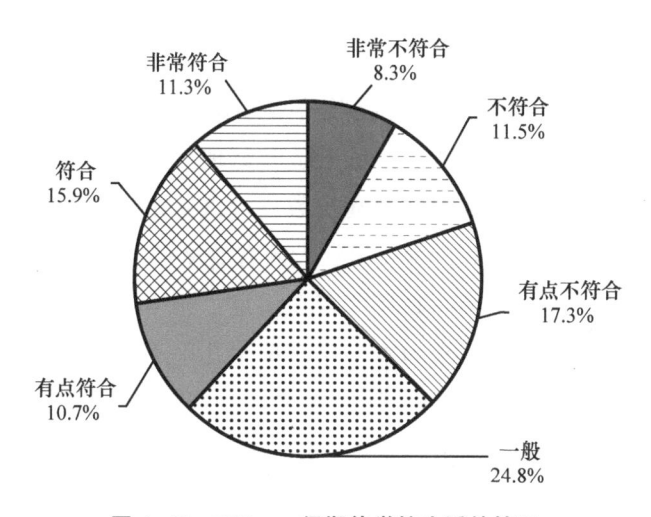

图 4-40　UI6——很期待学校生活的情况

第三节　小结

一　中国民办高校已经具有品牌意识

有学者早在 21 世纪初便提出了民办本科高校应当注重品牌建设，指出民办高校要树立正确的品牌观，不能将品牌与广告宣传等同起来，不仅要建立一支有品牌操作能力的团队，而且要对品牌做一个长远规划，并将招生和学生就业纳入品牌运营中。结合访谈结果与数据调研结果综合分析可知,民办高校已经跨越品牌"零"意识的阶段。从组织内部建设管理来看,民办高校已经认识到品牌建设与传播的重要性,并且有意识地在实际工作中贯彻品牌概念,但是存在执行力不足的情况。从受众角度,也就是从学生的感受来看,品牌意识的贯彻不够彻底,可以说有些民办高校工作人员并没有明确品牌的真实含义。在品牌建设方面,部分民办高校已经采取了一些有效措施,例如通过提升师资力量、改进教学设施和丰富校园文化等途径来增强品牌影响力。同时,一些高校还通过积极参与社会公益活动、举办学术研讨会等方式提高品牌的社会知名度。然而,这些措施在实际执行过程中往往缺乏系统性和持续性,导致品牌建设效果不尽如人意。

二 中国民办高校各阶段品牌传播基本有效

民办高校目前生源计划从数量上是满足现阶段发展需要的。从民办高校的在校生规模以及全国民办高校数量可以看出,民办高校在发展过程中,已经摸索出适合其自身发展壮大的有效途径。任何事物只要存在,就有其合理性,现阶段民办高校的存在满足了学生与社会的需求。在学费较高的前提下,民办高校的本科层次招生几乎不存在太大困难,因为学生和家长也十分明确他们自己的需求——"本科学历",但是民办高校专科层次的招生情况则不容乐观。首当其冲的就是退学率较高的问题,无论学校采取何种传播手段,确保在招生过程中成功将学生"吸引"到校,但入学后,民办高校的退学率高也是高层管理者十分重视的问题。究其原因可能是:一方面是高费用与校园生活的不匹配,学生"花多少钱办多少事"的想法未被满足;另一方面是迎合与夸大的品牌传播与学生入学后的"大学期待"差距过大。学生对学校品牌的预期和实际体验之间的落差,直接影响到学生的满意度和忠诚度,这也是当前民办高校需要重点解决的问题之一。

三 民办高校品牌建设与传播存在理论缺失与现实困境

关于品牌传播的研究已有近半世纪，国外学者最早研究品牌传播的文章发表于1979年，关于品牌传播的研究在进入21世纪后，得到了快速发展。特别是在高等教育领域，随着生源结构的变化，高考学生数量减少，高校竞争日趋激烈，学科专业建设逐渐进入以质量求生存、以特色求发展阶段。在完成学校办学条件基本达标、教学管理基本规范、教学质量基本稳定的民办高校，举办者与管理者也在不断提升其自身，实施品牌战略与品牌传播策略。然而，尽管民办高校走过了发展的四个不同阶段，但在品牌传播过程中仍然存在亟待解决的问题。访谈资料显示，民办高校品牌传播较少从学校顶层设计出发，缺乏理论与实践的结合。学校品牌建设发展与传播目前还未形成体系，对校内教职员工的品牌传播工作还未正式提上日程。品牌传播理论强调从受众需求出发，以科学的方法进行品牌定位和传播策略的制定和实施，而当前民办高校在这方面的实践仍显不足。

为了解决上述问题，民办高校需要在以下几个方面进行改进：一是加强品牌顶层设计，从学校发展战略的高度出发，制定系统的品牌建设规划，明确品牌定位、品牌价值和品牌传播的核心内容。二是理论与实践相结合，借鉴国内外品牌传播的先进理论和实践经验，结合学校实际情况，制定符合其自身特点的品牌传播策略。三是建立完善的品牌体系，提升全校教职员工的品牌意识，通过培训和宣传等方式，使每位员工都能成为学校品牌的传播者和维护者。四是建立品牌传播评估机制，通过科学的评估体系，定期对品牌传播效果进行评估和改进，以确保品牌传播的有效性和持续性。

第五章 不同信源对民办高校品牌认同的影响

第一节 不同信源传播对民办高校品牌认同的影响

本节旨在探讨不同传播信源对民办高校品牌认同的影响,并通过回归分析验证相关假设。具体来说,本节要验证的假设有:

H1a:民办高校官方传播可以增强民办高校品牌认同。

H1b:个人社交口碑传播可以增强民办高校的品牌认同。

H1c:公共渠道口碑传播可以增强民办高校的品牌认同。

为了深入探讨上述假设,本书通过问卷调查收集了大量学生对不同传播信源的感知和品牌认同度的数据,采用回归分析的方法,对这些数据进行系统性分析。

一 统计结果

本节通过回归分析方法,检验民办高校官方传播、公共渠道口碑传播与个人社交口碑传播三类信息源对民办高校品牌认同的影响。回归分析结果汇总如表5-1所示。分析显示,回归模型的 R^2 值为0.637,这表明三个信息源可以解释民办高校品牌认同变化的63.7%。F检验结果为 $F=4728.585$, $p=0.000<0.05$,说明模型整体效果显著,即至少有一项

信息源对民办高校品牌认同有显著影响。为了确保模型的可靠性，本书进行了多重共线性检验，结果显示，VIF 值均小于 5，表明不存在严重的共线性问题。此外，D-W 值为 1.927，接近于 2，说明模型不存在自相关性，样本数据之间无明显关联，模型拟合较好。经过具体分析可知：

模型公式为：民办高校品牌认同 = 0.229 + 0.427 * 民办高校官方传播 + 0.044 * 公共渠道口碑传播 + 0.443 * 个人社交口碑传播。

民办高校官方传播对品牌认同的标准化系数为 β = 0.427，p<0.001，表明官方传播对品牌认同有显著的正向影响。民办高校通过官方渠道如招生简章、招生工作人员、官网、宣传资料及官方社交媒体发布的信息，可以有效提升学生的品牌认同感。官方传播能够提供较为系统和权威的信息，使学生对学校有更全面的了解和信任。

公共渠道口碑传播的标准化系数为 β = 0.044，p<0.001，显示出公共渠道传播对品牌认同的正向影响虽然显著，但影响程度与官方传播比较相对较小。该渠道包括高考志愿填报指南、官方报告、第三方机构评价和网络平台评论等，由于其与学生产生的互动交流较少，因此在品牌认同上的影响相对有限。

个人社交口碑传播对品牌认同的影响最为显著，其标准化系数为 β = 0.443，p<0.001。这表明在校生、校友及同辈之间的推荐和评价对品牌认同产生了极强的正向影响。由于个人社交网络具有较高的可信度和亲密性，学生在择校时更容易受到此类信息源的影响。

基于以上分析，学生在择校过程中受到民办高校官方传播、公共渠道口碑传播以及个人社交口碑传播的共同影响。从系数大小来看，个人社交口碑传播的影响最大，其次是民办高校官方传播，最后是公共渠道口碑传播。在访谈过程中发现，学生通常通过多种渠道交叉获取信息，其中个人社交口碑传播因其较强的连接性，而在学生心目中具有更高的可信度和影响力。公共渠道的传播因缺乏直接互动性，虽然具有权威性但其影响力稍逊。

表 5-1　不同传播信源对民办高校品牌认同回归分析结果

	非标转化系数		标准化系数	t	Sig.	VIF
	β	标准误差	Beta			
常数	0.229	0.034	—	6.698	0.000***	—
民办高校官方传播	0.458	0.010	0.427	45.532	0.000***	1.958
公共渠道口碑传播	0.050	0.010	0.044	9.913	0.000***	1.750
个人推荐	0.437	0.008	0.443	53.396	0.000***	1.533

线性回归分析结果（n=8079）

因变量：民办高校品牌认同

D-W 值：1.927

F：4728.585***

Df（38075）

R^2：0.637

Adj R^2：0.637

说明：*** 表示 $p<0.001$；n=8079。

二　结论与讨论

由以上分析可以得出不同传播信源对民办高校品牌认同的假设检验结果（见表5-2）。

表 5-2　假设检验结果

传播路径	基本假设	标准系数 Beta 分布	Sig.	结果
民办高校品牌认同←民办高校官方传播	H1a	0.427	0.000***	支持
民办高校品牌认同←公共渠道口碑传播	H1b	0.044	0.000***	支持
民办高校品牌认同←个人推荐	H1c	0.443	0.000***	支持

说明：*** 表示 $p<0.001$；n=8079。

本节通过检验三个假设，即民办高校官方传播、公共渠道口碑传播和个人社交口碑传播，发现它们均能增强民办高校品牌认同，三个假设成立。

(一) 民办高校官方传播是获取学校主要信息的权威来源

民办高校官方传播是学生了解学校的主要信息来源和权威渠道。学校通过官网、宣传资料和官方社交媒体发布系统、权威的信息，帮助学生和家长全面、准确地了解学校。这一渠道的重要性在于提供了权威且详细的信息，很多学生和家长因为信任官方信息而选择了该学校。例如，访谈中家长普遍认为"官网是最权威的"（P2），更愿意相信学校发布的信息，对网络上的一些言论存疑（P1）。官方传播不仅是信息发布的主要途径，而且是建立学校品牌认同的重要手段。

(二) 公共渠道口碑传播是认知学校的主要信息来源

公共渠道口碑传播，如高考志愿填报指南、网络平台信息、政府发布的相关信息及第三方机构的评价，是对学校品牌的第三方评价和重要补充。这些渠道提供的客观信息和独立评价，使学生对学校的认知更加全面和真实。例如，《高考志愿填报指南》是许多学生获取学校信息的重要来源，通过网络平台的评价和第三方信息，学生能够更深入地了解学校的情况。尽管存在一些负面信息，但其影响较为有限，学生通过多方验证后，能够做出更加理性的选择。大部分学生对学校信息的搜索都集中在高考出成绩以后，根据他们自己的成绩通过《高考志愿填报指南》选取目标院校，然后通过网络上学校的官网，拨打学校的招生电话，向学校的招生人员咨询或者求助网友，"主要是网上搜，然后看贴吧，看知乎，看网上的评价，有些网友人很好的，你问什么都会告诉你"（S7），通过这些方式获取对目标院校更详细的信息。像S14这样看到许多学校"黑历史"的学生不在少数，在访谈中本书专门针对负面信息的影响进行询问，有学生表示每个学校都存在"黑历史"，这是正常的情况。也有学生认为"发布信息的人是非常情绪化的、存在夸张的描述"（S36）。除非负面信息过多，否则不会对学生产生影响，如"我选出学校之后，在网上看评价，比如说10条里面有7、8条都是负面的，我就直接把这个学校pass掉"（S21）。可见，负面信息的影响确实存在，但影响也是十分有限的。这一点从一线招生工作人员那里得到了证实："负面信息一直都有的……前几年招生时候我们还是有组织地进行澄清什么的，但是发现越澄清学生和家长就越不相信，后来我们也就不再理会了，然后就发现其实不理会，招生工作反而更顺畅了，很多学生和家长其实并没有那么容易被这些负面信息影响的。"（F8）

从访谈结果来看，将这三种信源相比较，公共渠道口碑传播中的《高考志愿填报指南》更多地扮演着一种告知的角色，学生通过指南来明确择校的基本信息，比如说学校名称、分数线、招生计划、专业等。学生对于网络平台的信息十分关注，"学校的信息主要就是上网查，有个学长跟我说贴吧的信息比较真实"（S19）。学生对网络评价的关注也支持了一些学者的研究，网络上的一些在校生所发布的言论对高校品牌认同与学生择校有重要影响。

（三）个人社交口碑传播是考生高度信任的传播渠道

个人社交口碑传播在学生择校过程中具有独特性和重要性。同学、校友、高中老师以及家人亲戚的推荐，增强了学生对民办高校品牌的信任。这一传播渠道特别依赖亲密关系和信任感，很多学生在择校时会同家人或具有亲密关系的朋友共同商量。例如，访谈中有学生提到通过在读学生的反馈和亲戚朋友的建议，做出了最终的择校决定（S14）。个人社交口碑传播不仅传递了正面信息，还具有强烈的劝说效果，尤其在学生或家长对民办高校存在疑虑时，起到了关键的说服作用，特别是具有教育行业经验的亲戚或朋友。

> 我搜了一下，就是去知乎或者百度，应该是每个学校都有"黑历史"吧，看到了很多不好的信息。后来因为我妈妈的一个朋友，是教育领域的，就推荐我来这边。我爸妈也觉得听这个阿姨的意见总比自己瞎填要好。其实很多亲戚都会跑来说，我爸妈也受影响，怕弄错，后来说那个阿姨在大学里当主任，表示学校还是靠谱的，这让我们觉着比较可信。——受访者S14

可见熟识的有教育行业经验的对象的意见对学生择校的影响较大，例如S11的姑姑和叔叔都是大学老师，在选择学校时，她的父亲因学费太贵十分不赞同她选择民办高校，但是她的姑姑极力主张。

　　我爸直接反对，要不复读要不专科，我姑姑就劝我爸妈坚持几年，甚至愿意借钱给我们，说本科一定要上。——受访者 S11

个人社交口碑传播中的在校生也是学生提及最多，对最终择校产生影响较大的信源。其中就有很多学生提及去网络上找寻报考院校的微信群、QQ 群、贴吧等等。

　　我是主动加了 19 级新生群，然后又去找了 18 级的学生群。进去后稍微问了一下，比起学校的宣传和网上的信息，我个人是更相信在读学生的话，我觉得他们才是最清楚的人。——受访者 S15

这也支持了大多数文献研究的结果，在择校过程中，学生与家长更愿意相信与其自身连接较强的信源[1]，尤其是信源本身的专业程度，比如说有教育经历的亲戚、朋友、报考院校的在校生或毕业生所提供的信息或意见对其择校行为的影响较大。可以看出在择校方面学生更愿意接受与其自身联结强且熟识的信源所提供的信息。从访谈中发现，个人社交口碑传播所传递的民办高校信息多为正面信息，特别是当学生或学生家长本身不倾向于选择民办高校时，个人社交口碑传播的信源不仅起到学校特征信息传递作用，而且更重要的是它们带有强烈的劝说色彩。

综上所述，民办高校的品牌认同受到官方传播、公共渠道口碑传播和个人社交口碑传播的共同影响。官方传播作为主要信息来源，提供了权威信息；公共渠道口碑传播作为第三方评价的补充，提供了客观信息；个人社交口碑传播则依赖信任和亲密关系，在择校过程中发挥着重要作用。通过多渠道信息的整合，学生能够更全面、客观地了解目标院校，

---

[1] K. Herold, A. Tarkiainen, S. Sundqvist, "How the Source of Word-of-Mouth Influences Information Processing in the Formation of Brand Attitudes", *Journal of Marketing for Higher Education*, Vol. 26, No. 1, January 2016, pp. 64-85.

做出明智的择校决策。

第二节　民办高校教育服务质量感知的中介作用

一　统计结果

通过回归分析，对民办高校教育服务质量感知在官方传播、个人社交口碑传播以及公共渠道口碑传播与民办高校品牌认同之间的中介效应进行了验证，结果显示其中介效应显著。

（一）民办高校官方传播通过提升民办高校教育服务质量感知增强民办高校品牌认同

通过回归分析检验民办高校教育服务质量感知对民办高校官方传播和民办高校品牌认同的中介效应，结果如表5-3所示。分析结果显示，民办高校官方传播对民办高校教育服务质量感知影响显著（$\beta=0.754$，$p<0.001$），民办高校官方传播对民办高校品牌认同也有显著影响（$\beta=0.705$，$p<0.001$）。此外，民办高校教育服务质量感知对民办高校品牌认同的影响显著（$\beta=0.796$，$p<0.001$）。当同时考虑民办高校品牌传播和民办高校教育服务质量感知对民办高校品牌认同的影响时，两者的影响均显著（$\beta=0.243$，$p<0.001$；$\beta=0.613$，$p<0.001$）。总效应为0.705，中介效应为0.600，直接效应为0.105，中介效应对总效应占比为85.106%。根据Baron与Kenny（1986）的判断，中介效果成立，民办高校教育服务质量感知在民办高校官方传播与民办高校品牌认同之间起到了部分中介作用。

表5-3　　　民办高校教育服务质量感知对民办高校官方
传播和民办高校品牌认同的中介作用

	M	Y		
	Model 1	Model 2	Model 3	Model 4
X	0.754***	0.705***		0.243***
M			0.796***	0.613***

续表

	M	Y		
	Model 1	Model 2	Model 3	Model 4
R^2	0.568	0.498	0.634	0.660
Adj R^2	0.568	0.497	0.634	0.660
F	10617.851	7997.574	14009.404	7834.595
df	(18077)	(18077)	(18077)	(28076)

说明：表中数值为标准化回归系数（β）、民办高校官方传播（X）、民办高校教育服务质量感知（M）、民办高校品牌认同（Y）；*** 表示 p<0.001。

（二）个人社交口碑传播通过提升民办高校教育服务质量感知增强民办高校品牌认同

通过回归分析检验民办高校教育服务质量感知对个人社交口碑传播和民办高校品牌认同的中介效应，结果如表5-4所示。分析结果表明，个人社交口碑传播对民办高校教育服务质量感知影响显著（β=0.754，p<0.001），个人社交口碑传播对民办高校品牌认同也有显著影响（β=0.705，p<0.001）。同时，民办高校教育服务质量感知对民办高校品牌认同的影响显著（β=0.796，p<0.001）。当考虑个人社交口碑传播和民办高校教育服务质量感知对民办高校品牌认同的共同影响时，两者的影响均显著（β=0.243，p<0.001；β=0.613，p<0.001）。总效应为0.706，中介效应为0.479，直接效应为0.227，效应占比为67.847%。根据Baron与Kenny（1986）的判断，中介效果成立，民办高校教育服务质量感知在个人社交口碑传播与民办高校品牌认同之间起到了部分中介作用。

表5-4　民办高校教育服务质量感知对个人社交口碑传播和民办高校品牌认同的中介作用

	M	Y		
	Model 1	Model 2	Model 3	Model 4
X	0.603 ***	0.706 ***		0.354 ***
M			0.796 ***	0.583 ***

续表

	M	Y		
	Model 1	Model 2	Model 3	Model 4
R^2	0.364	0.498	0.634	0.714
Adj R^2	0.364	0.498	0.634	0.714
F	4625.731	8024.754	14009.404	10089.180
自由度	(1, 8077)	(1, 8077)	(1, 8077)	(2, 8076)

说明：表中数值为标准化回归系数（β）、个人社交口碑传播（X）、民办高校教育服务质量感知（M）、民办高校品牌认同（Y）；*** 表示 $p<0.001$。

（三）公共渠道口碑传播通过提升民办高校教育服务质量感知增强民办高校品牌认同

通过回归分析检验民办高校教育服务质量感知对公共渠道口碑传播和民办高校品牌认同的中介效应，结果如表5-5所示。分析结果显示，公共渠道口碑传播对民办高校教育服务质量感知影响显著（β=0.573，$p<0.001$），公共渠道口碑传播对民办高校品牌认同有显著影响（β=0.909，$p<0.001$）。同时，民办高校教育服务质量感知对民办高校品牌认同的影响显著（β=0.796，$p<0.001$）。当考虑公共渠道口碑传播和民办高校教育服务质量感知对民办高校品牌认同的共同影响时，两者的影响均显著（β=0.113，$p<0.001$；β=0.732，$p<0.001$）。总效应为0.909，中介效应为0.456，直接效应为0.453，效应占比为50.165%。中介效果成立，民办高校教育服务质量感知在公共渠道口碑传播与民办高校品牌认同之间起到了部分中介作用。

表5-5　民办高校教育服务质量感知对公共渠道口碑传播和民办高校品牌认同的中介作用

	M	Y		
	Model 1	Model 2	Model 3	Model 4
X	0.573***	0.909***		0.113***
M			0.796***	0.732***

续表

	M		Y	
	Model 1	Model 2	Model 3	Model 4
R^2	0.328	0.283	0.634	0.643
Adj R^2	0.328	0.283	0.634	0.643
F	3941.434	3183.295	14009.404	7266.771
自由度	(1, 8077)	(1, 8077)	(1, 8077)	(2, 8076)

说明：表中数值为标准化回归系数（β）、公共渠道口碑传播（X）、民办高校教育服务质量感知（M）、民办高校品牌认同（Y）；*** 表示 $p<0.001$。

综上所述，民办高校教育服务质量感知在民办高校官方传播、个人社交口碑传播以及公共渠道口碑传播与民办高校品牌认同之间均起到了显著的中介作用。这一发现表明提升民办高校教育服务质量感知是增强学校品牌认同的重要路径。

二 结论与讨论

通过对民办高校教育服务质量感知在提升民办高校品牌认同过程中的中介作用进行的回归分析，本书验证了假设 H2a、H2b 和 H2c，结果如表5-6所示。

表5-6　　　　　　　　　假设检验结果

	基本假设	检验结论	结果
民办高校品牌认同←民办高校教育服务质量感知←民办高校官方传播	H2a	部分中介	支持
民办高校品牌认同←民办高校教育服务质量感知←公共渠道口碑传播	H2b	部分中介	支持
民办高校品牌认同←民办高校教育服务质量感知←个人社交口碑传播	H2c	部分中介	支持

本节通过实证分析证实了民办高校教育服务质量感知在民办高校官方传播、个人社交口碑传播以及公共渠道口碑传播与民办高校品牌认同

之间起到了部分中介作用。说明以上三个因素都可以在考生入校前，使其对所选择就读的民办高校教育服务产生感知，从而提升学生对民办高校品牌的认同。教育服务质量是民办高校树立品牌形象，得到学生认同的关键，品牌体验是决定一所高校品牌是否成功的重要影响因素。该结果证实了学校的服务质量是提升学校品牌认同的重要影响因素。[1] 这一发现表明，教育服务质量感知是民办高校品牌认同的重要因素之一。

民办高校官方传播对教育服务质量感知和品牌认同均有显著影响。具体来说，民办高校官方传播通过提高学生对教育服务质量的感知，进而增强学生对民办高校的品牌认同。回归分析结果显示，民办高校教育服务质量感知对民办高校品牌认同的总效应为0.705，中介效应为0.600，直接效应为0.105，中介效应对总效应的占比高达85.106%。这表明，官方传播通过提升教育服务质量感知，从而对增强品牌认同的效果尤为显著。个人社交口碑传播对教育服务质量感知和品牌认同也有显著影响。分析表明，个人社交口碑传播通过增强学生对教育服务质量的感知，提高了品牌认同。个人社交口碑传播和教育服务质量感知对品牌认同的总效应为0.706，中介效应为0.479，直接效应为0.227，效应占比为67.847%。这说明个人社交口碑传播不仅直接影响品牌认同，还通过提升教育服务质量感知间接影响品牌认同。公共渠道口碑传播同样对教育服务质量感知和品牌认同有显著影响。分析结果表明，公共渠道口碑传播对教育服务质量感知的影响显著，进而通过提升教育服务质量感知提高品牌认同。公共渠道口碑传播和教育服务质量感知对品牌认同的总效应为0.909，中介效应为0.456，直接效应为0.453，效应占比为50.165%。尽管公共渠道口碑传播的中介效应占比相对较低，但其直接效应较高，表明其对品牌认同的直接影响力较强。因此，民办高校应注重通过官方渠道传播学校的教育服务质量，以提高学生的品牌认同度；鼓励学生在社交平台上分享积极的学习体验，以增强潜在学生对学校的

---

[1] Brewer, Ann, Zhao, Jian, "The Impact of a Pathway College on Reputation and Brand Awareness for Its Affiliated University in Sydney", *International Journal of Educational Management*, Vol. 24, No. 1, January 2010, pp. 34–47.

品牌认同；用公共媒体和渠道广泛传播学校的优质教育服务，以提升品牌认同度。

综上所述，民办高校教育服务质量感知在民办高校官方传播、个人社交口碑传播和公共渠道口碑传播对民办高校品牌认同的影响过程中起到了关键的中介作用。通过这三种信源传播的教育服务质量感知，可以有效提升学生对民办高校的品牌认同度。因此，民办高校在提升品牌认同时，应注重通过多种渠道传播教育服务质量，以便潜在学生在入校前能够对学校的教育服务产生良好的感知，从而增强品牌认同。此外，学校还应持续提升其自身的教育服务质量，以确保传播内容的真实性和有效性，从而进一步巩固品牌形象和学生认同。

第三节 民办高校品牌视觉形象的调节作用

一 统计结果

本节验证了民办高校品牌视觉形象在民办高校官方传播与民办高校品牌认同之间的调节作用。假设认为，民办高校品牌视觉形象在上述关系中具有正向调节作用。然而，统计结果表明该假设不成立，具体数据如表5-7所示。

本节要验证的假设有：民办高校品牌视觉形象在民办高校官方传播和民办高校品牌认同之间具有正向调节作用。有三个模型可以反映这种调节作用，模型1包括自变量［民办高校官方传播（X）］，模型2在模型1的基础上加入调节变量［民办高校品牌视觉形象（Z）］，模型3在模型2的基础上加入交互项。通过这三种模型分析的结果如下：

模型1：包括自变量民办高校官方传播（X），其对民办高校品牌认同的影响显著（$\beta=0.757$，$t=89.429$，$p<0.001$）。R^2值为0.498，说明模型1中民办高校官方传播可以解释民办高校品牌认同变化的49.8%。

模型2：在模型1的基础上加入调节变量——民办高校品牌视觉形象（Z），结果显示，Z对品牌认同也有显著正向影响（$\beta=0.442$，$t=42.265$，$p<0.001$）。模型2的R^2值提升至0.589，解释力增加了

9.1%,表明品牌视觉形象在一定程度上对品牌认同有正向影响。

表5-7　　民办高校品牌视觉形象在民办高校官方传播和
民办高校品牌认同之间的调节效应

	民办高校品牌视觉形象调节效应分析结果（n=8079）		
	模型1	模型2	模型3
常数	3.945 (339.341***)	3.945 (374.974***)	3.971 (323.974***)
X	0.757 (89.429***)	0.446 (42.052***)	0.450 (42.303***)
Z	—	0.442 (42.265***)	0.443 (42.420***)
X*Z	—	—	-0.020 (-4.211***)
R^2	0.498	0.589	0.589
Adj R^2	0.497	0.588	0.589
F	F(1, 8077)=7997.574, p=0.000	F(2, 8076)=5775.841, p=0.000	F(2, 8076) 3864.448, p=0.000

说明：因变量：民办高校品牌认同、民办高校官方传播、民办高校品牌视觉形象。
*** 表示 p<0.001；括号里面为 t 值。

模型3：在模型2的基础上加入交互项（X*Z），结果表明，交互项对品牌认同的影响显著但呈现出负向作用（β=-0.020，t=-4.211，p<0.001）。这一结果意味着民办高校品牌视觉形象在民办高校官方传播和民办高校品牌认同之间起到了负向调节作用。

民办高校官方传播与民办高校品牌视觉形象的交互项呈现出显著性（t=-4.211，p=0.000<0.05），意味着民办高校官方传播对于民办高校品牌认同产生的影响，在其调节变量（民办高校品牌视觉形象）处在不同水平上时，其幅度具有显著性差异。这说明民办高校品牌视觉形象在民办高校官方传播和民办高校品牌认同之间具有负向调节作用，因此假设不成立。

尽管假设认为民办高校品牌视觉形象在民办高校官方传播与民办高校品牌认同之间具有正向调节作用，分析结果却显示出负向调节作用。这表明，当民办高校品牌视觉形象水平较高时，民办高校官方传播对民办高校品牌认同的影响力反而减弱。这可能是因为过于突出的品牌视觉形象掩盖了实际教育服务质量的感知，从而减弱了民办高校官方传播的效果。调节效应的显著性（t=-4.211，p<0.001）表明，民办高校品牌视觉形象在不同水平上时，民办高校官方传播对民办高校品牌认同的影响确实存在显著差异。由于民办高校品牌视觉形象的负向调节作用，建议民办高校在注重品牌视觉形象的同时，也要确保实际教育服务质量的传播和展示，以避免因过度强调视觉形象而影响品牌认同的提升。综上所述，民办高校品牌视觉形象在民办高校官方传播与民办高校品牌认同之间的负向调节作用揭示了品牌传播策略中需要注意真实展示与美化的平衡问题。

二 结论分析

本书考察了民办高校品牌传播过程中，民办高校品牌视觉形象（如学校的名称、标志与广告语、宣传资料的视觉设计、以图片或视频形式展示的学校建筑条件及校园环境）在民办高校官方传播对学生产生的学校品牌认同影响中的调节作用。结果表明，民办高校品牌视觉形象未能正向调节民办高校官方传播对民办高校品牌认同的影响，反而呈现出负向调节作用。这与理论和文献中所述的传播内容的视觉呈现对品牌认同具有正向影响的结论有所不同。[1] 统计结果显示，民办高校品牌视觉形象在官方传播与品牌认同之间具有显著的负向调节作用。调节效应的负向性表明，当民办高校品牌视觉形象水平较高时，民办高校官方传播对品牌认同的影响力反而会减弱。这一现象的根本原因在于学生对民办高校的不信任。虽然视觉宣传是学生获取学校信息的重要形式，但在学生

---

[1] Idrisa, Muhammad Zakariya, Whitfieldb, Tony W. A., "Swayed by the Logo and Name: Does University Branding Work?" *Journal of Marketing for Higher Education*, Vol. 23, No. 1, June 2014, pp. 41-58.

选择民办高校时，过于精美的视觉宣传反而引发了学生的怀疑，认为这些宣传只是"王婆卖瓜，自卖自夸"（S1）。

在访谈过程中研究人员询问为何看到学校宣传图片效果好，或者招生简章制作精良反而会降低对民办高校品牌的认同时，有学生特别指出学校不真实宣传的情况。

> 官网都说得好的，根本了解不到真实的情况。——受访者S10

> 官网做得花里胡哨的，就是感觉这个学校太注重宣传了。——受访者S14

> 我是不太在意宣传资料设计的。——受访者S24

> 看完官方图片觉得学校很大，但是来了之后觉得一般。——受访者S4

> 学校一开始宣传单做得很好的，但是来了以后发现不是这样，图片上看着很不错，结果跟实物不一样，就会觉得招生宣传真实性不高。——受访者S26

从访谈内容可以看出，学生并不希望看到过于商业化的学校宣传，会让其有可信度不高的感受。

> 就说宣传材料吧，我觉得刻板一点，公式化宣传就显得比较真实，不要过分追求美观。要是太美观我就感觉可信度不高。——受访者S26。

大部分参与访谈的学生都表现出希望能够看到学校"真实的样子"（S29），"哪怕桌子看到的是破的"（S30）。对于将要生活学习3—4年的地方,学生不想得到附加过"滤镜"的信息,"他们肯定是往好了拍啊,虽然基于实物吧,但是这个宣传图片像是有滤镜一样"(S15)。很多学生在心里就已经认定了图片与实物的巨大差距。

> 看那些图片吧,我就觉得他们搞得有点虚幻,不是很真实的样子,就感觉好像是为了宣传学校环境刻意而为。——受访者 S21

该现象也符合当下注重评价的消费观念,比如有学生直接表示说,"就想学校像淘宝卖家秀一样"(S41)。

本书认为参与问卷调研的所有学生已经入校半年,看到了学校真实的样子,因此产生了对之前看到的良好视觉内容不真实的感受,影响学生对民办高校品牌认同测量的最终结果。从访谈内容来看,学生普遍认为过于美化的宣传资料会降低其对学校的信任度。学生希望看到学校的真实样貌,而不是过度美化的形象。例如,一些学生认为宣传资料"太美观"会让他们觉得可信度不高,他们更愿意看到刻板一点、真实的宣传内容。此外,学生希望看到真实的校园环境,即使其中有些不足之处也能接受,因为他们更重视信息的真实性。针对这一结果,本书对民办高校内部工作人员进行了访谈,他们表示,民办高校为了生存和发展,为做好每年度的招生工作,它们不得不采用夸大宣传的方式,这确实引发了很多学生的质疑和不满。

> 这是一个很现实的问题,那时候为了生存,就是为了能够继续办学。民办高校在招生或者发展过程中确实出现过很多的问题,比方说很多学生都觉得被骗了这件事,但是招进来也确实希望能够培养他们,有时候不这样宣传,招学生确实存在困难,为了扩大品牌,可能只有 1 却对外宣传了 10。——受访者 F2

然而,民办高校并非出于恶意,而是为了吸引更多学生,扩大品牌影响力。这一现象反映出宣传内容与实际情况的巨大落差,落差越大,品牌传播效果就越差。可见，并不是宣传视觉过好的问题，而是宣传内容与实际情况存在落差的问题，落差越大品牌传播效果就越差。

综上所述，民办高校品牌视觉形象在官方传播与品牌认同之间的负向调节作用揭示了品牌传播策略中需要注意的平衡问题。过于美化的视觉宣传可能会降低学生对学校的信任，进而影响其品牌认同。民办高校在进行品牌传播时，应更多地关注信息的真实性和实用性，以增强学生的信任感和品牌认同度。民办高校应在宣传中更加注重真实信息的传递，避免过度美化，以减少宣传内容与实际情况的落差。同时，应加强与学生的沟通，了解其对学校品牌认同的真实需求，从而调整宣传策略，提升品牌认同度。

第四节 民办高校工作人员形象的调节作用

一 统计结果

通过表5-8的统计结果可以看出，可将调节作用分为三个模型：模型1包括自变量[民办高校官方传播（X）]，模型2在模型1的基础上加入调节变量[民办高校内部工作人员形象（Z）]，模型3在模型2的基础上加入交互项（X∗Z）。以下是对各个模型的具体分析结果：

模型1：仅包括自变量[民办高校官方传播（X）]，其回归系数为0.757（t=89.429***，p=0.000），显著性水平极高（p<0.001），表明民办高校官方传播对民办高校品牌认同有显著的正向影响。该模型的R^2值为0.498，说明自变量能够解释约49.8%的因变量变化。

模型2：在模型1的基础上加入调节变量[民办高校内部工作人员形象（Z）]，其回归系数为0.624（t=61.783***，p=0.000），影响同样显著（p<0.001）。此时自变量的回归系数降低至0.305（t=30.237***，p=0.000），但影响仍然显著。这表明民办高校内部工作人员形象对民办高校品牌认同有显著的正向影响，同时影响了民办高校官方传播的效应。模型2的R^2值提升至0.659，表示在加入调节变量后，模型的解释力显著提高。

模型3：在模型2的基础上加入交互项（X*Z），其回归系数为 −0.035（t=−7.868**，p=0.000），显著性水平极高（p<0.001），表明民办高校官方传播与民办高校内部工作人员形象的交互项对民办高校品牌认同具有显著的负向影响。此时，自变量 X 的回归系数为 0.310（t=30.783***，p=0.000），调节变量 Z 的回归系数为 0.630（t=62.440***，p=0.000），影响均显著。模型3的 R^2 值为 0.661，调整后的 R^2 值（Adj R^2）为 0.661，表明该模型具有较高的解释力。

根据模型3的结果，民办高校官方传播与民办高校内部工作人员形象的交互项（X*Z）呈现出显著的负向调节作用（t=−7.868，p=0.000）。这表明当民办高校内部工作人员形象较好时，民办高校官方传播对民办高校品牌认同的正向影响会显著减弱。这一发现与假设不符，提示我们民办高校工作人员形象并未在民办高校官方传播和民办高校品牌认同之间起到正向调节作用，反而产生了负向调节效果，因此假设不成立。

表5-8 民办高校工作人员形象在民办高校官方传播和民办高校品牌认同之间的调节效应

	民办高校工作人员形象调节效应分析结果（n=8079）		
	模型1	模型2	模型3
常数	3.945（339.341***）	3.945（411.774***）	3.971（353.543***）
X	0.757（89.429***）	0.305（30.237***）	0.310（30.783***）
Z	—	0.624（61.783***）	0.630（62.440***）
X*Z	—	—	−0.035（−7.868***）
R^2	0.498	0.659	0.661
Adj R^2	0.497	0.659	0.661
F	$F_{(1, 8077)}$=7997.574，p=0.000	$F_{(2, 8076)}$=7796.612，p=0.000	$F_{(2, 8076)}$ 5257.579，p=0.000

说明：因变量：民办高校品牌认同、民办高校官方传播（X）、民办高校工作人员形象（Z）。***表示 p<0.001；括号里面为 t 值。

学生对民办高校内部工作人员的形象认知可能会影响其对官方传播内容的接受度。具体来说，当学生认为民办高校内部工作人员形象较好时，他们可能会对官方宣传持更加审慎的态度，质疑宣传内容的真实性，认为这些内容是为了掩盖实际问题。这样的心理反应导致了品牌认同度的下降。访谈中部分学生提到："学校内部工作人员过于热情，反而让我觉得他们是故意的。"（S32）此外，还有学生表示："不要太过商业化，这样才能更信任学校。"（S35）

综上所述，民办高校内部工作人员形象在官方传播与品牌认同之间的负向调节作用揭示了品牌传播中需要注意的真实性问题。过于理想化的工作人员形象可能会引起学生的反感，认为这是一种宣传策略，而不是实际情况。

二 结论分析

通过对民办高校工作人员形象在民办高校官方传播和品牌认同之间调节作用的研究，表明民办高校工作人员形象对两者之间存在负向调节作用。即民办高校内部工作人员形象越好，民办高校官方传播对品牌认同的正向影响反而会减弱。这与预期假设相悖，揭示了民办高校品牌传播中需要注意的关键问题。

（一）传播方式的商业化倾向

目前，许多民办高校在传播方式上更倾向于商品品牌的宣传，导致学生对其产生抵触情绪。学生接触的工作人员主要是教师和招生人员。尤其是招生人员的行为和态度对学生的印象影响深远。很多学生在入学前接触到的工作人员多为招生人员和带有招生任务的教师。这些工作人员在学生心中成为学校的"形象大使"。然而，一些招生人员的过度宣传和不切实际的承诺引发了学生的不满。例如，有学生表示："有的招生（人员）很烦人，有时候一个劲儿地打电话，你越让我去我就越不想去"（S31）。这反映了招生人员的行为对学生产生了负面影响，削弱了官方传播对品牌认同的正向作用。

第五章 不同信源对民办高校品牌认同的影响

（二）招生方式的现实与期望落差

很多学生在入学前因为招生人员的宣传而选择了学校，但入学后发现实际情况与宣传有较大差距，导致他们对学校的失望，同时有的学校要求学生参加招生工作，引发了很多学生的不满。

> 每年学校都要求我们学生下去招生，还要参加招生培训，就是教我们怎么拿到高三学生的联系方式，然后跟他们交朋友啊，关心他们，聊天。很累的，从早上8点开完早会，就开始了（一天的工作），下午还得出去陪他们逛街，晚上也是聊天，他们高考完事每天都睡得很晚，我们还陪他们打游戏。——受访者S25

大部分受访学生也表示他们是因为学校招生人员的影响而来到学校的。甚至有学生是因为与招生的学生"恋爱"所以选择来到学校，当来到学校报到的时候"恋爱关系"就被迫结束了。也有学生表示他们自己被要求缴纳200元的报名费，招生人员告诉他，交了钱就能保证一定会被录取。这种招生方式虽然在短期内有效，但是给学校品牌带来了极坏的影响，导致品牌认同严重下降。

（三）招生人员正向作用的不连续性

当要求学生以百分制给入校前与入校后的学校打分时，大部分接受访谈的学生都将分数提升10—20分不等，其中重要的原因就是在职教师。

> 我就觉得我们辅导员、任课老师都很认真，学校的环境也是可以的，比预期好。——受访者S21

民办高校的辅导员和老师，大多数表现为工作认真、具有履行契约的精神（F5），认真完成学校交给的招生工作任务和教学工作任务（F7）。但是，这些人又是高级知识分子，他们的学术身份赋予他们的特征是对学科专业的忠诚度大于对具体就职学校的忠诚度。这一点也是影响民办高校品牌认同度的重要因素。中国的民办高校虽然经过了40年的发展成长,但在高等教育领域依然处于边缘地带。

> 民办高校教师的社会地位、学科平台、薪酬待遇、社会福利等与公办高校教师相比处于劣势,所以在民办高校工作的人员都非常努力,想方设法表现自己,特别是在教学、科研、社会服务等方面,得到学生家长和社会的认可。——受访者F5

教师作为人才资源是影响高等教育服务质量的关键因素,会正向提升民办高校的品牌认同度。但在现实中,民办高校教师成长成熟后,就会选择跳槽到公办高校工作,改变他们自己民办高校教师身份,从而进入体制内以获得体制内高校教师的待遇,对于民办高校品牌提升没有连续性。

(四)民办高校管理者的传播策略

民办高校的管理者在对外传播时需要避免夸大品牌承诺,确保传播内容真实反映品牌的实际价值。目前,许多民办高校在暑假期间通过宣传营造的"大学梦"与现实的落差引发了品牌认同的危机,这种落差感是品牌认同下降的一个重要原因。[①]

综上所述,民办高校在品牌传播中需要注重真实性和透明度,优化招生流程,加强招生工作人员团队建设,重视学生反馈,才能有效提升品牌认同度。

第五节 小结

民办高校官方信息是学校信息传播的主要来源和渠道。官方信息的传播在塑造学校形象和传递学校价值方面起到了重要作用。然而,由于

[①] Piehler, Roman, Schade Markus, Burmann Christoph J., "Employees as a Second Audience: the Effect of External Communication on Internal Brand Management Outcomes", *Journal of Brand Management*, Vol. 26, No. 4, July 2019, pp. 445-460.

一些民办高校在宣传过程中存在夸大和不实信息的问题，这种失落感导致学生在入校后感到失望。民办高校官方传播是学生认知学校的主要信息来源之一，这类信息通常被认为具有较高的可信度，能够有效影响学生的选择。但官方传播的内容需要进行严格把控，学生在入校后发现学校实际情况与预期差距较大，会产生强烈的失望情绪，进而影响其对学校的品牌认同。个人社交口碑传播是考生高度信任的传播渠道，这种传播方式通常通过亲朋好友、同学等熟人之间的交流进行，由于信息源的可信度高，这种口碑传播对学生的影响非常大。本章通过统计学分析对第三章提出的假设进行了检验，以实证分析得出了以下结论。首先，通过对数据的分析，发现民办高校品牌传播对民办高校品牌认同影响的路径如图5-1所示。

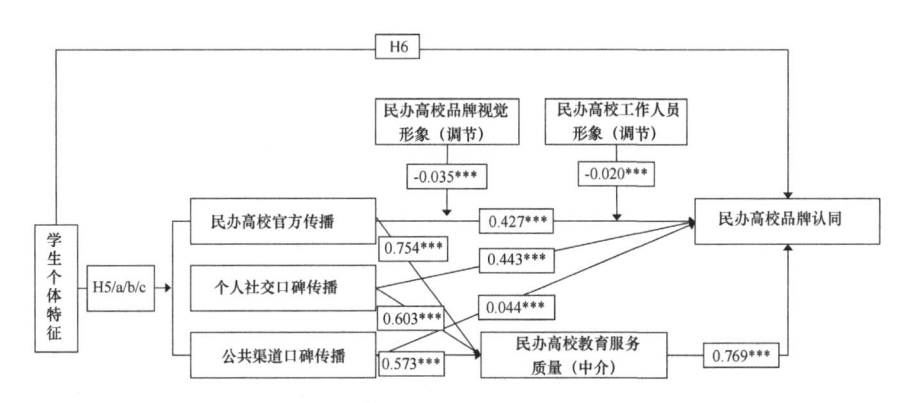

图5-1 民办高校品牌传播对民办高校品牌认同影响路径

说明：*** 表示 $p<0.001$。

一 不同信源对民办高校品牌认同的影响探讨

通过分析三种不同信源对民办高校品牌认同的影响，可以看出，家长和学生普遍认为民办高校官方传播是有效且重要的，通过访谈进一步证实家长认为官方传播具有权威性和可信度，视其为"官方"和"值得信赖"的信息源。然而，通过访谈也发现学生群体对官方传播的态度呈现出两极分化。一部分学生厌恶过度商业化的宣传方式，反感频繁的电话和QQ信息，同时受到高中老师的影响，选择不接触招生工作人员，也不信任其提供的信息。另一部分学生则认为招生人员表现出关心和帮助，与之建立了友好的关系，因而信赖他们提供的信息。随着网络的普及，学生普遍认为学校官方网站、官方微信和微博是必要的参考信息来源，特别是近几年大家都选择关注志愿院校的直播频道。然而，由于部分民办高校在品牌传播中存在夸大行为，如对无法保证的事项给予承诺，甚至个别招生人员出现"过度承诺"等行为，导致对品牌认同产生负面影响。在视觉呈现方面，正常的照片美化和视觉设计提升并未达到预期效果，学生希望看到更真实的场景，如"买家秀"般的内容。避重就轻和不够真实的传播行为在学生入校后给其带来了较大的心理落差，使学生感到失望。这种现象普遍发生在拥有超过一个校区的高校，不同校区的生活与学习环境打造不可能完全一致，因此存在只宣传最好的一面的现象，很多学生反映确实受到了影响，但是入校后才发现他们自己的学院不在所宣传的校区。然而，这种"不真实"在许多营销宣传中是普遍存在的客观事实。此外，学生在高中毕业准备进入新生活后，对未来"大学校园"充满梦幻的憧憬与向往，存在一定的超越现实的期待。

二 个人社交口碑传播是民办高校品牌认同的"双刃剑"

本书明确了个人社交口碑传播在民办高校品牌传播中所扮演的关键角色，学生与家长普遍依赖这种非正式的信息交换。有学者指出，这种传播渠道对受众选择意向的决策过程和结果有着显著影响。[1] 调查和访谈显示出学生和家长高度信任来源于个人社交圈的信息。具体而言，个人社交口碑传播的信源包括具有教育行业背景的亲友、所报考院校的在校生或毕业生，以及高中老师等。这些信源的信誉和权威性显著影响了家长和学生的选择倾向。此外，此类信源表现出强烈的说服意愿，希望咨询者采纳他们的意见。尽管个人社交口碑传播在所有信源中具有重要地位，但与每一位学生的社交网络建立关系会导致宣传成本剧增。因此，

---

[1] M. Söderlund, S. Rosengren, "Receiving Word-of-Mouth from the Service Customer: An Emotion-Based Effectiveness Assessment", *Journal of Retailing and Consumer Services*, Vol. 14, No. 2, February 2007, pp. 123–136.

民办高校必须注重通过其自身和公共渠道建立良好的学校品牌。这些传播渠道是民办高校掌握更多主动权的资源，应该合理利用且最大化传播效果以树立正面形象。在个人社交口碑传播中，在校生的体验与宣传尤为关键。访谈中管理层纷纷表示，在"招生季"组织学生宣传的效果较好，学生和家长更喜欢听到这些真实体验者的经历与感受。需要注意的是，部分在读的学生和家长由于社会文化价值观或个人因素，可能不愿意公开承认在民办高校就读。为解决这一问题，民办高校需要打造其自身的强势专业或为学生提供独特的价值附加。例如，有高校利用其自身医学与专业优势，要求所有入学学生掌握基础医疗急救常识，既增强了学生大众医学技能，也增加了他们服务社会的能力，提升了自我价值。这种举措激发了在校生的宣传意愿。也有访谈者提及对学生的特殊选拔，使其加入优质课程培训以辅助学校日常学生管理工作，增强其"主人翁"意识，这一举措确实增强了学生的自我认同与自我提升感。另外还需要注意，在校生的分享与宣传是一把"双刃剑"，这个年龄段的学生不仅愿意传播积极体验，也会揭露负面情况。随着学生维权意识的增强，学校必须具备对内管理和对外宣传的舆论敏感性，确保信息的真诚、真实和真挚。

三 公共渠道口碑传播是民办高校学生择校的关键因素

公共渠道口碑传播在民办高校品牌认同中的作用虽在数据验证方面显得相对较弱，但其信息传递的影响不容忽视。数据显示，公共渠道口碑传播对民办高校品牌认同的总效应为 0.909，其中，中介效应为 0.456，占总效应的 50.165%。这一数据表明，公共渠道口碑传播对品牌认同具有显著的直接影响。例如，《高考志愿填报指南》几乎是学生形成"选择集"的首选工具，学生在参考志愿填报指南时，更多关注的是院校的填报资格，而非详细的办学信息。学生普遍认为，网络平台（如百度贴吧、知乎等）是接收负面学校信息的主要途径，但多数学生具备较高的媒介素养，对负面信息持有辩证态度，不会盲目相信。相比之下，家长更容易受到网络负面信息的影响，这是出于对孩子学习和生活的关心。许多民办高校在"招生季"采取净化网络评价的措施,尤其针对家长参与度较高的家庭。家长不仅是公共渠道口碑传播的受众,也是个人社交口碑传播的信源之一,对学生的择校决策有重要影响。择校决策通常以家庭为单位,家长作为重要的决策信息输出者,其多重身份应引起民办高校品牌传播执行者的重视。在许多情况下,家长是择校决策的主要制定者,因此,品牌传播策略需特别关注家长的需求和影响力。

四 民办高校品牌视觉形象与工作人员形象的负向影响

本章的实证分析还发现,民办高校品牌视觉形象和民办高校工作人员形象通过民办高校官方传播对民办高校品牌认同的影响产生了负向调节作用。具体而言,民办高校在宣传过程中,过度依赖视觉形象和工作人员形象来吸引学生,但由于宣传内容与实际情况不符,导致学生在入校后产生强烈的失望情绪。对学生的访谈证实了之前学者的研究发现,即高校在宣传过程中由于过于迎合学生对大学的期望,因此产生了宣传形象与实际形象存在差异的情况,使学生入校后产生失落以及对学校的不满情绪。[1]

通过本章的分析可以看出,民办高校在品牌传播过程中面临着诸多挑战。官方信息、公共渠道口碑传播和个人社交口碑传播对品牌认同有着重要影响。然而,宣传与实际情况的差距导致学生对学校的认同度降低。管理者需要在品牌传播中注重真实性和透明度,优化招生流程,加强教师团队建设,重视学生反馈,才能有效提升品牌认同度。本书验证了所有的假设,为民办高校品牌传播提供了重要的理论依据和实践建议。未来可以进一步探讨如何在品牌传播中更好地结合这三种信源,以提高品牌认同度,并对其他类型高校进行类似的研究,以比较不同类型高校在品牌传播中的异同。

---

[1] Brodie Roderick J., Ilic Ana, Juric Biljana, Hollebeek Linda, "Consumer Engagement in a Virtual Brand Community: An Exploratory Analysis", *Journal of Business Research*, Vol. 66, No. 1, January 2013, pp. 105-114.

第六章 基于个体特征的信源影响与学校品牌认同的差异分析

第一节 基于个体特征的民办高校官方传播的差异分析

本节将探讨民办高校官方传播对不同学生个体特征的影响。本节要验证的假设包括：民办高校官方传播在不同高考成绩、性别、志愿填报情况、是否为独生子女家庭、家庭所在地、父亲文化程度、母亲文化程度、家庭年收入上是否存在差异。通过差异分析，找出不同特征学生对民办高校官方传播的差异，以便提出更具针对性的传播策略，提高民办高校官方传播的效果。

一 不同高考成绩的学生受民办高校官方传播的影响

（一）统计结果

根据表6-1的方差齐性检验结果，不同高考成绩的学生群体在受民办高校官方传播影响上呈现出显著性差异（$p<0.05$），由于不满足方差分析的前提要求，因此本书采用非参数检验以研究差异关系。非参数检验方法尤其适用于数据不满足正态分布或方差齐性假设的情况，能够更为准确地反映各组之间的差异性。

表 6-1　不同高考成绩的学生受民办高校官方传播方差齐性检验

	高考成绩（标准差）						F	p
	1 (n=239)	2 (n=896)	3 (n=3787)	4 (n=1717)	5 (n=905)	6 (n=535)		
a	1.51	1.41	1.34	1.41	1.34	1.36	2.290	0.043*

说明：*表示 $p<0.05$。

a "民办高校官方传播"；1 为"高于生源地本科线以上 100 分"；2 为"在生源地本科线以上 51—10 分"；3 为"在生源地本科线以上 0—50 分"；4 为"高于生源地专科线以上 100 分"；5 为"在生源地专科线以上 51—100 分"；6 为"在生源地专科线以上 0—50 分"。

在表 6-2 中，通过 Kruskal-Wallis H 检验（即秩和检验），对不同高考成绩的学生群体在受民办高校官方传播影响方面进行了差异性分析。结果显示，不同高考成绩的学生群体在这一方面并未表现出显著性差异（$H=5.98$，$p=0.31$）。尽管在初步方差分析中显示出显著性差异，但经过更为严谨的非参数检验后，不同高考成绩的学生群体在面对民办高校官方传播时表现出高度的一致性。

表 6-2　不同高考成绩的学生受民办高校官方传播影响的秩和检验

	高考成绩（中位数）						H 值	p
	1 (n=239)	2 (n=896)	3 (n=3787)	4 (n=1717)	5 (n=905)	6 (n=535)		
a	3.66	3.66	3.33	3.33	3.33	3.00	5.98	0.31

说明：a 为"民办高校官方传播"；1 为"高于生源地本科线以上 100 分"；2 为"在生源地本科线以上 51—100 分"；3 为"在生源地本科线以上 0—50 分"；4 为"高于生源地专科线以上 100 分"；5 为"在生源地专科线以上 51—100 分"；6 为"在生源地专科线以上 0—50 分"。

（二）结论分析

原本假设不同高考成绩的学生在受官方传播影响上可能会存在显著差异，特别是成绩较高的学生可能会更加挑剔，或者成绩较低的学生可能对官方信息更加依赖。然而，这种假设并未得到支持。这一结果表明，学生在面对民办高校官方传播信息时，其反应趋于一致。造成这一现象的原因可能是，第一，民办高校在招生录取过程中，由于招生政策和录取标准，导致学生的高考成绩相对集中，减少了不同成绩段学生间的显著差异。由之前的描述性统计可知，民办高校招收的学生普遍分布"在生源地本科线以上0—50分（46.9%）""高于生源地专科线以上100分（21.3%）"，这两个分数段就包含了近七成的学生。第二，民办高校在官方传播过程中通常采取统一的宣传策略，而不是根据学生高考成绩的差异进行针对性的信息投放。这种统一传播策略不仅符合品牌声音一致性要求，还能够有效覆盖广泛的目标群体，确保信息的普遍影响力。

因此，民办高校目前运行的官方传播策略能够有效覆盖因成绩划分的学生群体，而无须针对不同成绩的学生进行过多区分。这不仅有助于节省传播成本，还能增强信息传达的广泛性和有效性。可见，民办高校官方传播通过保持统一的传播策略，能够进一步巩固品牌形象。

二 不同性别的学生受民办高校官方传播的影响

（一）统计结果

表6-3显示，男性和女性样本在受民办高校官方传播影响方面的方差齐性检验结果并不显著（F=2.628，p=0.105），满足方差分析的要求。

表6-3　　　　性别和民办高校官方传播的方差齐性检验

	性别（标准差）		F	p
	男（n=2772）	女（n=5307）		
民办高校官方传播	1.40	1.36	2.628	0.105

表6-4通过单因素方差分析（ANOVA）对性别在民办高校官方传播影响方面的差异进行了研究。结果显示，不同性别样本对民办高校官方传播的反应存在显著差异（t=-4.89，p=0.000***）。具体来看，男性学生的平均值为3.33±1.40，而女性学生的平均值为3.49±1.36，女性学生在受民办高校官方传播影响方面的平均值显著高于男性学生。

表6-4　　　　性别在民办高校官方传播上的 ANOVA 分析

	性别（平均值±标准差）		t	p
	男（n=2772）	女（n=5307）		
民办高校官方传播	3.33±1.40	3.49±1.36	-4.89	0.000***

说明：*** 表示 p<0.001。

（二）结论分析

研究结果表明，性别在受民办高校官方传播影响方面存在显著差异。这一结果揭示了性别因素对学生信息接受和反应的影响：女性学生在受民办高校官方传播影响方面表现出较高的平均值，这可能表明女性学生对学校官方传播的信息更敏感或更易受到影响。她们可能对学校的宣传内容更关注，或者在决策过程中更依赖于官方提供的信息。相比之下，男性学生的平均值较低，表明他们对学校官方传播的接受度相对较低。这意味着男性学生在获取学校信息时可能更倾向于依赖其他渠道。

三　不同志愿填报情况的学生受民办高校官方传播的影响

（一）统计结果

根据表6-5的方差齐性检验结果，不同志愿填报情况的样本在受民办高校官方传播影响上呈现出显著性差异（F=15.61，p=0.000***），不满足方差分析的前提要求，因此本书采用非参数检验以研究差异关系。

表6-5　　　不同志愿填报情况受民办高校官方传播的方差齐性检验

	志愿填报情况（标准差）			F	p
	1（n=1967）	2（n=5156）	3（n=956）		
a	1.29	1.31	1.48	15.61	0.000***

说明：*** 表示 p<0.001。

a 为"民办高校官方传播"；1 为"是第一志愿，我很希望被这所学校录取"；2 为"不是第一志愿，但也不是我心目中排名最后的学校"；3 为"不是第一志愿，是我心目中排名最后的学校"。

表6-6通过 Kruskal-Wallis H 检验对志愿填报情况的差异进行了非参

数检验分析。结果显示，三组志愿填报情况在民办高校官方传播的影响方面均表现出显著性差异（K-W 检验 H 值 = 98.27，p = 0.000***）。这意味着不同志愿填报情况的学生在面对民办高校的官方传播时反应不同。

表 6-6　志愿填报情况在民办高校官方传播上的秩和检验分析

	志愿填报情况（中位数）			K-W 检验 H 值	p
	1（n=1967）	2（n=5156）	3（n=956）		
民办高校官方传播	3.00	3.33	4.167	98.27	0.000***

说明：*** 表示 p<0.001。

1 为"是第一志愿，我很希望被这所学校录取"；2 为"不是第一志愿，但也不是我心目中排名最后的学校"；3 为"不是第一志愿，是我心目中排名最后的学校"。

表 6-7 对志愿填报情况在民办高校官方传播中的多重比较结果进行详细分析，"第一志愿"与"非第一志愿，不是心目中排名最后的学校"：这两者之间在民办高校官方传播影响上存在显著差异（p = 0.000***），均值差为 -1.244。"第一志愿"与"非第一志愿，是心目中排名最后的学校"：这两者之间也存在显著差异（p = 0.000***），均值差为 -3.821。"非第一志愿，不是心目中排名最后的学校"与"非第一志愿，是心目中排名最后的学校"：这二者之间存在显著差异（p = 0.000***），均值差为 -2.577。

表 6-7　志愿填报情况在民办高校官方传播上的多重比较

	名称 I	名称 J	差值（I-J）	p
民办高校官方传播	第一志愿	非第一志愿，不是心目中排名最后的学校	-1.244	0.000***
	第一志愿	非第一志愿，是心目中排名最后的学校	-3.821	0.000***
	非第一志愿，不是心目中排名最后的学校	非第一志愿，是心目中排名最后的学校	-2.577	0.000***

说明：*** 表示 p<0.001；n=8079。

（二）结论分析

研究结果表明，不同志愿填报情况的学生在受民办高校官方传播影响上表现出显著的差异性。这一结果揭示了志愿填报偏好不同的学生对信息接受和反应的影响。"第一志愿"学生的积极性：填报民办高校为第一志愿的学生更希望被该校录取，因此对学校的官方传播持积极态度，他们较高的积极性反映在对信息的更高敏感度和接受度上。非第一志愿学生的选择性关注：对于非第一志愿的学生，尤其是那些心目中将民办高校排名放在最后的学生，民办高校的官方传播对他们的影响相对较小。这可能是由于这些学生对相关信息的关注度较低，或已经预设对该学校的兴趣较弱。

四 是否为独生子女家庭的学生受民办高校官方传播的影响

（一）统计结果

表6-8显示，独生子女和非独生子女样本在受民办高校官方传播影响方面的方差齐性检验结果具有显著性差异（$F=4.975$，$p=0.026^*$），不满足方差分析前提要求，因此本书采用非参数检验以研究差异关系。

表6-8　是否为独生子女和民办高校官方传播的方差齐性检验

	是否为独生子女（标准差）		F	p
	是（n=2303）	否（n=5776）		
民办高校官方传播	1.41	1.36	4.975	0.026*

说明：*表示 $p<0.05$。

表6-9采用Mann-Whitney U检验对是否为独生子女对民办高校官方传播影响的差异进行非参数检验分析。结果显示，独生子女和非独生子女在受民办高校官方传播影响方面并不存在显著性差异（$U=6644622.500$，$Z=-0.068$，$p=0.946$）。这表明，无论是否为独生子女，学生对民办高校官方传播的反应基本一致。

表 6-9　　是否为独生子女对于民办高校官方传播的非参数检验

	是否为独生子女（中位数）		U	Z	p
	是（n=2303）	否（n=5776）			
民办高校官方传播	3.333	3.333	6644622.500	-0.068	0.946

（二）结论分析

研究结果表明，是否为独生子女对学生在受民办高校官方传播影响方面并没有显著差异。这一结果揭示了家庭结构因素对学生信息接受和反应的影响：无论学生是否为独生子女，他们在面对民办高校官方传播时的反应差异不大。原本假设认为，独生子女可能因为家庭关注度较高而更依赖官方信息，但结果显示其影响并不显著。对于民办高校而言，在制定官方传播策略时，可以不必对独生子女和非独生子女进行特别区分。这意味着学校的传播内容和形式在针对学生群体时具有普适性，无须因家庭结构不同而做出调整。尽管家庭结构在本书中未显示出显著差异，其他如文化背景、教育方式、社会经济地位等因素可能会对学生的反应产生影响。

五　不同家庭所在地的学生受民办高校官方传播的影响

（一）统计结果

表 6-10 显示，不同家庭所在地样本在受民办高校官方传播影响方面的方差齐性检验结果具有显著差异（F=4.061，p=0.007**），不满足方差分析的前提要求，因此本书采用非参数检验以研究差异关系。

表 6-10　　**家庭所在地对于民办高校官方传播的非参数检验**

	家庭所在地（标准差）				F	p
	1 (n=809)	2 (n=1259)	3 (n=2148)	4 (n=3863)		
a	1.41	1.44	1.37	1.35	4.061	0.007**

说明：** 表示 p<0.01。

a 为"民办高校官方传播"；1 为"直辖市或省会城市"；2 为"地级市"；3 为"县级市或县城"；4 为"农村"。

表 6-11 采用 Kruskal-Wallis H 检验对不同家庭所在地对民办高校官方传播影响的差异进行了非参数检验分析。结果显示，不同家庭所在地在受民办高校官方传播影响方面不存在显著差异（H = 0.371，p = 0.946）。这表明无论家庭所在地是直辖市还是省会城市、地级市、县级市或县城，抑或是农村，学生对民办高校官方传播的反应基本一致。

表 6-11　　家庭所在地在民办高校官方传播上的非参数检验

	家庭所在地（中位数）				K-W 检验 H 值	p
	1 (n=809)	2 (n=1259)	3 (n=2148)	4 (n=3863)		
a	3.33	3.33	3.33	3.33	0.371	0.946

说明：a 为"民办高校官方传播"；1 为"直辖市或省会城市"；2 为"地级市"；3 为"县级市或县城"；4 为"农村"。

（二）结论分析

研究结果表明，家庭所在地对学生在受民办高校官方传播影响方面并没有显著差异。这一结果揭示了地域因素对学生信息接受和反应的影响：无论家庭所在地是城市还是农村，学生在面对民办高校官方传播时的反应差异不大。这可能因为随着信息传播渠道的多样化和普及化，学生获取和处理信息的能力逐渐趋于一致。对于民办高校而言，在制定官方传播策略时，可以不必对不同家庭所在地的学生进行特别区分，学校的传播内容和形式在针对学生群体时具有广泛适用性，无须因家庭所在地的不同而做出调整。现代社会的信息普及较为均衡，城乡差异对学生信息接收的影响减小。这一现象为教育机构和传播者提供了均衡的信息传播基础，使得信息能够更广泛地覆盖到不同地区的学生群体上。

六　父母文化程度对学生受民办高校官方传播的影响

（一）统计结果

表 6-12 显示，父亲受教育程度的样本在受民办高校官方传播影响方

面的方差齐性检验结果具有显著差异（F=7.27，p=0.000***），由于不满足方差分析的前提要求，因此本书采用非参数检验以研究差异关系。

表6-12　父亲受教育程度和民办高校官方传播的方差齐性检验

	父亲受教育程度（标准差）					F	p
	1 (n=4582)	2 (n=2063)	3 (n=698)	4 (n=677)	5 (n=59)		
a	1.33	0.39	1.49	1.48	1.29	7.27	0.000***

说明：*** 表示 p<0.001。

a 为"民办高校官方传播"；1 为"初中，包含初中以下"；2 为"高中"；3 为"专科"；4 为"本科"；5 为"研究生"。

表6-13采用Kruskal-Wallis H检验对父亲受教育程度不同的学生对民办高校官方传播影响的差异进行了非参数检验分析。结果显示，父亲受教育程度不同的学生在受民办高校官方传播影响方面不存在显著差异（H=0.038，p=1.00）。这表明无论父亲的受教育程度是初中及以下、高中、专科、本科还是研究生，学生对民办高校官方传播的反应基本一致。

表6-13　父亲的受教育程度在民办高校官方传播上的非参数检验

	父亲受教育程度（中位数）					K-W检验H值	p
	1 (n=4582)	2 (n=2063)	3 (n=698)	4 (n=677)	5 (n=59)		
a	3.33	3.33	3.33	3.33	3.00	0.038	1.00

说明：a为"民办高校官方传播"；1为"初中，包含初中以下"；2为"高中"；3为"专科"；4为"本科"；5为"研究生"。

表6-14显示，母亲受教育程度的样本在受民办高校官方传播影响方面的方差齐性检验结果具有显著差异（F=7.18，p=0.000***）。这表明母亲受教育程度的样本方差不相等，因此需要使用非参数检验进行差异

性研究。

表6-14　母亲受教育程度和民办高校官方传播的方差齐性检验

	母亲受教育程度（标准差）					F	p
	1 (n=5308)	2 (n=1598)	3 (n=646)	4 (n=497)	5 (n=30)		
a	1.34	1.42	1.49	1.48	1.37	7.18	0.000***

说明：*** 表示 p<0.001。

a 为"民办高校官方传播"；1 为"初中，包含初中以下"；2 为"高中"；3 为"专科"；4 为"本科"；5 为"研究生"。

表6-15采用Kruskal-Wallis H检验对母亲受教育程度不同的学生在受民办高校官方传播影响的差异进行了非参数检验分析。结果显示，母亲受教育程度不同的学生在受民办高校官方传播影响方面不存在显著差异（H=0.49，p=0.974）。这表明无论母亲的受教育程度是初中及以下、高中、专科、本科还是研究生，学生对民办高校官方传播的反应基本一致。

表6-15　母亲受教育程度在民办高校官方传播上的非参数检验分析

	母亲受教育程度（中位数）					K-W检验H值	p
	1 (n=5308)	2 (n=1598)	3 (n=646)	4 (n=497)	5 (n=30)		
a	3.33	3.33	3.33	3.33	4.00	0.49	0.974

说明：a 为"民办高校官方传播"；1 为"初中，包含初中以下"；2 为"高中"；3 为"专科"；4 为"本科"；5 为"研究生"。

（二）结论分析

研究结果表明，父母受教育程度对学生在受民办高校官方传播影响方面并没有显著差异。这一结果揭示了家庭背景因素对学生信息接受和反应的影响：无论父母的受教育程度如何，学生在面对民办高校官方传播时的反应差异不大。这可能表明学生在信息获取和处理方面的能力受父母教育程度的影响有限。对于民办高校而言，在制定官方传播策略时，可以不必对不同父母受教育程度的学生进行特别区分。这意味着学校的传播内容和形式在针对学生群体时具有普适性，无须因父母教育背景的不同而做出调整。研究结果也表明，现代社会的信息传播较为均衡，父母的教育背景对学生信息接收的影响减弱。

七 家庭年收入不同的学生受民办高校官方传播的影响

（一）统计结果

表6-16显示，家庭年收入不同的样本在受民办高校官方传播影响方面的方差齐性检验结果不具有显著差异（F=1.83，p=0.102），满足方差分析的前提假设，因此可以用方差分析（ANOVA）来研究差异性。

表6-16　　家庭年收入和民办高校官方传播的方差齐性检验

	家庭年收入（标准差）						F	p
	1 (n=3861)	2 (n=896)	3 (n=3787)	4 (n=1717)	5 (n=905)	6 (n=535)		
a	1.38	1.33	1.41	1.40	1.48	1.35	1.83	0.102

说明：a为"民办高校官方传播"；1为"5万元以下，包含5万元"；2为"5万元以上—10万元"；3为"10万元以上—15万元"；4为"15万元以上—20万元"；5为"20万元以上—30万元"；6为"30万元以上"。

表6-17展示了家庭年收入在民办高校官方传播影响方面的方差分析结果。结果显示，家庭年收入不同的学生受民办高校官方传播的影响不存在显著差异（F=1.641，p=0.145）。效应量（η^2）为0.001，表明家庭年收入对民办高校官方传播影响的解释量极小。这意味着不同家庭年收入水平的学生在面对民办高校官方传播时，其反映基本一致。

表 6-17　家庭年收入在民办高校官方传播上的 ANOVA 分析

民办高校官方传播					
变异来源	SS	df	MS	F	P	ηP2
家庭年收入	139.422	5	27.884	1.641	0.145	0.001
误差	137157.682	8073	101.903			
总和	137297.104	8078				

（二）结论分析

研究结果表明，家庭年收入对学生在受民办高校官方传播影响方面没有显著差异。这一发现有助于我们理解家庭经济状况对学生信息接收和反应的影响：无论家庭年收入水平如何，学生在面对民办高校官方传播时的反应没有显著差异。这可能意味着，尽管家庭经济状况不同，学生在获取信息和应对传播内容时表现出类似的模式。对于民办高校而言，在制定和实施官方传播策略时，可以不必过于关注学生家庭的经济背景。学校的传播信息在不同经济背景的学生群体中具有较好的普遍适应性，能够有效地传达学校的核心信息和价值观。

可见，家庭收入对学生受到学校官方传播的影响有限。

八　讨论与分析

由表 6-18 假设检验结果汇总可知，高考成绩、是否为独生子女、家庭所在地、父母受教育程度以及家庭年收入在民办高校官方传播上的感受没有差异，有差异的是志愿填报情况与性别。

表 6-18　学生个体特征在民办高校官方传播上的差异假设检验

内容	基本假设	结果
高考成绩在民办高校官方传播上存在差异	H5a—1	不支持
填报志愿在民办高校官方传播上存在差异	H5a—2	支持
性别在民办高校官方传播上存在差异	H5a—3	支持
是否为独生子女家庭在民办高校官方传播上存在差异	H5a—4	不支持

续表

内容	基本假设	结果
家庭所在地在民办高校官方传播上存在差异	H5a—5	不支持
父亲受教育程度在民办高校官方传播上存在差异	H5a—6	不支持
母亲受教育程度在民办高校官方传播上存在差异	H5a—7	不支持
家庭年收入在民办高校官方传播上存在差异	H5a—8	不支持

(一) 志愿填报情况的影响

通过访谈发现，符合民办高校录取分数段的学生大多填报了十个平行志愿（S33、S42），随后还填报了征集志愿（S42），这种志愿填报方式导致学生被随机录取的概率较高。为了提高报到率，民办高校的官方传播活动虽然主要集中在招生季，但其持续时间较长，从高考前开始，直至开学。在随后的多重比较分析中发现，填报第一志愿的学生对就读学校的意愿最强，尤其是在收到录取通知书后，许多学生表示"被录取后非常开心"（S21、S36），因此觉得没有必要再花费时间去进一步了解学校（S21）。而对于那些非第一志愿、心目中排名最后的学校的录取者，官方传播对他们的影响较不显著。这些学生在得知他们自己被录取后，通常会感到失落（S15、S25、S47），因此，他们倾向于通过不断搜索学校的具体信息来缓解内心的不安和焦虑（S47）。

(二) 性别的影响

性别在民办高校官方传播的影响上也表现出显著差异。具体而言，女性学生比男性学生更愿意接受和关注学校的官方宣传。这种差异可能与女性学生在信息获取和情感反应上的特定倾向有关。女性学生在面对重大决策时，可能更倾向于通过获取外部信息来增强决策的信心，因此更容易受到学校官方传播的影响。此外，女性学生在情感表达和社会交往方面的敏感性可能使她们更愿意参与学校相关的交流和互动，从而更容易接受和回应官方传播的内容。

在诸多个体特征中，志愿填报情况和性别是影响学生对民办高校官方传播感受的主要因素。这一发现对民办高校的传播策略提出了以下启示：民办高校在制定和实施官方传播策略时，应特别关注填报志愿情况和性别差异。针对填报非第一志愿的学生，学校可以加大录取后的传播力度，通过提供详细的信息和积极的情感支持，帮助这些学生更好地适应和接受录取结果，增加其对学校的归属感和满意度。由于女性学生在接受官方传播信息方面表现出更高的意愿，学校可以在传播内容中加入更多与情感共鸣相关的元素，以满足女性学生的信息需求。同时，学校还可以通过互动性强的传播形式，如社交媒体互动、线上活动等，增强女性学生的参与感和积极性。虽然高考成绩、是否为独生子女、家庭所在地、父母受教育程度及家庭年收入在官方传播感受上未表现出显著差异，但这些因素的影响不应被完全忽视。学校应继续关注和研究这些因素在其他传播情境中的作用，以便更全面地理解学生在多元背景下的信息接收行为。

第二节 基于个体特征的个人社交口碑传播的差异分析

本节将探讨个人社交口碑传播对不同个体特征学生的影响。本节要验证的假设包括：个人社交口碑传播在不同高考成绩、性别、志愿填报情况、是否为独生子女家庭、家庭所在地、父亲文化程度、母亲文化程度、家庭年收入上是否存在差异。通过差异分析，了解不同个体特征的学生在接收信任个人社交口碑传播方面的差异，为民办高校制定更具针对性的传播策略提供依据。

一 不同高考成绩的学生受个人社交口碑传播的影响

（一）统计结果

表6-19是针对不同高考成绩的学生进行个人社交口碑传播的方差齐性检验结果，可以发现高考成绩样本在个人社交口碑传播方差齐性方面并未表现出显著差异（$F=1.240$, $p=0.278$）。因此，可以得出结论，高考成绩的不同组别在个人社交口碑传播上的方差是齐性的，满足进行方差分析的前提条件。

第六章 基于个体特征的信源影响与学校品牌认同的差异分析　243

表 6-19　基于不同高考成绩的个人社交口碑传播的方差齐性分析

	高考成绩（标准差）						F	p
	1 (n=239)	2 (n=896)	3 (n=3787)	4 (n=1717)	5 (n=905)	6 (n=535)		
a	1.57	1.51	1.47	1.50	1.46	1.51	1.240	0.278

说明：a 为"个人社交口碑传播"；1 为"高于生源地本科线以上 100 分"；2 为"在生源地本科线以上 51—10 分"；3 为"在生源地本科线以上 0—50 分"；4 为"高于生源地专科线以上 100 分"；5 为"在生源地专科线以上 51—100 分"；6 为"在生源地专科线以上 0—50 分"。

表 6-20 展示了高考成绩和个人社交口碑传播的 ANOVA 分析结果。从中可以看出，高考成绩对个人社交口碑传播具有显著影响（F=6.935，p<0.001）。方差分析显示，不同高考成绩组别之间存在显著差异，这表明高考成绩的高低确实会对学生的个人社交口碑传播产生影响。

表 6-20　高考成绩和个人社交口碑传播的 ANOVA 分析

个人社交口碑传播						
变异来源	SS	df	MS	F	P	ηP^2
高考分数	587.202	5	117.440	6.935	0.000***	0.004
误差	136709.902	8073	101.903			
总和	137297.104	8078				

说明：*** 表示 p<0.001；n=8079。

通过表 6-21 的事后多重比较分析可以更详细地了解高考成绩不同组别之间的具体差异。

高于生源地本科线以上 100 分的学生与在生源地本科线以上 0—50 分的学生：这两者之间的均值差为 0.783，且差异显著（p=0.004）。高于生源地本科线以上 100 分的学生与高于生源地专科线以上 100 分的学生：两者之间的均值差为 0.624，且差异显著（p=0.028）。高于生源地本科线以上 100 分的学生与生源地专科线以上 51—100 分的学生：两者之间的均值差为1.036，且差异显著（p=0.001）。高于生源地本科线以上100分的学生与生源地专科线以上0—50分的学生：两者之间的均值差为1.245，且差异显著（p=0.000）。在生源地本科线以上51—100分的学生与在生源地本科线以上0—50分的学生：两者之间的均值差为0.530，且差异显著（p=0.001）。在生源地本科线以上51—100分的学生与高于生源地专科线以上100分的学生：两者之间的均值差为0.371，且差异显著（p=0.029）。在生源地本科线以上51—100分的学生与在生源地专科线以上51—100分的学生：两者之间的均值差为0.782，且差异显著（p=0.000）。在生源地本科线以上51—100分的学生与在生源地专科线以上0—50分的学生：两者之间的均值差为0.991，且差异显著（p=0.000）。高于生源地本科线以上0—50分的学生与在生源地专科线以上0—50分的学生：两者之间的均值差为0.461，且差异显著（p=0.015）。高于生源地专科线以上100分的学生与在生源地专科线以上51—100分的学生：两者之间的均值差为0.412，且差异显著（p=0.015）。高于生源地专科线以上100分的学生与在生源地专科线以上0—50分的学生：两者之间的均值差为0.621，且差异显著（p=0.002）。

高于生源地本科线以上100分的学生与其他组别的显著差异：该组别学生在各个对比组别中均表现出显著差异，尤其是与生源地本科线以上0—50分和生源地专科线以上51—100分组别之间。这表明，高考成绩特别优秀的学生在择校过程中更加依赖亲密社交关系中的人的意见。

本科线以上51—100分组别的显著差异：该组别学生与专科线以上组别的学生相比，也表现出显著差异。这可能是因为该组别学生虽然成绩没有特别突出，但仍在本科线以上，他们在择校过程中也会比较依赖亲密关系中的人的意见。

专科线以上组别间的差异：专科线以上不同分数段的学生在择校过程中受到亲密社交关系中人的意见的影响也存在显著差异。这反映出即使是在较低分数段内，成绩的差异仍然会显著影响学生在择校过程中对他人意见的依赖程度。

表 6-21　　　　　　高考分数与个人社交口碑传播的事后比较

	名称 I	名称 J	差值（I-J）	p
个人社交口碑传播	高于生源地本科线以上 100 分	生源地本科线以上 51—100 分	0.253	0.398
	高于生源地本科线以上 100 分	生源地本科线以上 0—50 分	0.783	0.004**
	高于生源地本科线以上 100 分	高于生源地专业线以上 100 分	0.624	0.028*
	高于生源地本科线以上 100 分	生源地专科线以上 51—100 分	1.036	0.001**
	高于生源地本科线以上 100 分	生源地专科线以上 0—50 分	1.245	0.000***
	生源地本科线以上 51—100 分	生源地本科线以上 0—50 分	0.530	0.001**
	生源地本科线以上 51—100 分	高于生源地专业线以上 100 分	0.371	0.029*
	生源地本科线以上 51—100 分	生源地专科线以上 51—100 分	0.782	0.000***
	生源地本科线以上 51—100 分	生源地专科线以上 0—50 分	0.991	0.000***
	高于生源地本科线以上 0—50 分	高于生源地专业线以上 100 分	-0.159	0.183
	高于生源地本科线以上 0—50 分	生源地专科线以上 51—100 分	0.252	0.098
	高于生源地本科线以上 0—50 分	生源地专科线以上 0—50 分	0.461	0.015*
	高于生源地专科线以上 100 分	生源地专科线以上 51—100 分	0.412	0.015*
	高于生源地专科线以上 100 分	生源地专科线以上 0—50 分	0.621	0.002**
	生源地专科线以上 50—100 分	生源地专科线以上 0—50 分	0.209	0.352

说明：* 表示 p<0.05；** 表示 p<0.01；*** 表示 p<0.001；n=8079。

（二）结论分析

高考成绩对个人社交口碑传播的影响机制是多方面的，包括社会认可、信息需求、心理情感和社会期望等因素。不同高考成绩组别在择校过程中受到亲密社交关系中人的意见的影响程度存在显著差异，这为理解学生的择校行为提供了新的视角。高考成绩高的学生通常会获得更大的社会认可和赞誉，这使得他们在个人社交关系中更加被重视。因此，这些学生会主动寻求来自家人、朋友和高中老师的意见，以帮助他们自己做出更明智的择校决策。当这些学生在择校过程中向家人、朋友和高中老师等亲密关系中的人征求意见时，更有可能被这些人认真对待和详细考虑。此外，成绩优异的学生在择校过程中可能面临更大的选择压力，这使他们更加愿意接纳他人的意见以缓解决策压力。这种心理和情感需求使得他们更加重视亲密社交关系中人的建议，并在择校决策中受到更大的影响。

二 不同性别的学生受个人社交口碑传播的影响

（一）统计结果

根据表6-22的方差齐性检验结果，男性和女性在个人社交口碑传播方面的方差齐性检验存在显著差异（$F=5.816$，$p=0.016$），不满足方差分析的前提要求，因此本书采用非参数检验以研究差异关系。

表6-22　性别和个人社交口碑传播的方差齐性检验

	性别（标准差）		F	p
	男（n=2772）	女（n=5307）		
个人社交口碑传播	1.54	1.46	5.816	0.016*

说明：*表示$p<0.05$；n=8079。

表6-23是使用Mann-Whitney检验对性别在个人社交口碑传播上的差异进行分析的结果。它显示出男性（n=2772）和女性（n=5307）在个人社交口碑传播上的U值为7304705.500，Z值为-0.512，p值为0.609。这表明男性和女性在个人社交口碑传播上的平均值没有显著差异，意味着不同性别样本在这一方面表现出一致性。

表6-23　性别在个人社交口碑传播上的非参数检验分析

	性别（平均值±标准差）		U	Z	p
	男（n=2772）	女（n=5307）			
个人社交口碑传播	3.250	3.250	7304705.500	-0.512	0.609

说明：n=8079。

（二）结论分析

非参数检验的结果表明两者的均值差异并不显著。这可能是因为在现代社会中，随着社交媒体和网络平台的普及，男性和女性在获取和传播信息方面的途径趋于一致，二者都能够通过个人社交网络获得相似的信息，特别是在择校这样高度需要他人意见的决策过程中，无论男性还是女性都倾向于依赖个人社交口碑。性别之间在信息需求和利用方式上的差异可能是导致方差不齐性的原因。尽管方差齐性检验结果显示存在差异，但这种差异并未体现在平均值上，表明二者受个人社交口碑传播影响的整体水平具有一致性。

三 不同志愿填报情况的学生受个人社交口碑传播的影响

（一）统计结果

从表 6-24 的方差齐性检验结果可以看出，不同志愿填报情况组别在个人社交口碑传播中的方差是齐性的（$F=0.57$，$p=0.565$），满足进行方差分析的前提条件。

表 6-24　　志愿填报情况和个人社交口碑传播的方差齐性检验

	志愿填报情况（标准差）			F	p
	1（n=1967）	2（n=5156）	3（n=956）		
个人社交口碑传播	1.45	1.43	1.40	0.57	0.565

说明：1 为"是第一志愿，我很希望被这所学校录取"；2 为"不是第一志愿，但也不是我心目中排名最后的学校"；3 为"不是第一志愿，是我心目中排名最后的学校"。

根据表 6-25 的 ANOVA 分析结果，志愿填报情况对个人社交口碑传播具有显著影响（$F=8.113$，$p<0.001$）。这表明学生在填报志愿时受到他人意见的影响程度与其填报的志愿类型密切相关。

表6-25　　　志愿填报情况在个人社交口碑传播上的 ANOVA 分析

个人社交口碑传播					
变异来源	SS	df	MS	F	P	ηP²
志愿填报情况	4133.517	5	826.703	8.113	0.000 ***	0.005

说明：*** 表示 $p<0.001$；$n=8079$。

表6-26　　　志愿填报情况在个人社交口碑传播上的事后比较

	名称 I	名称 J	差值（I-J）	p
个人社交口碑传播	第一志愿	非第一志愿，不是心目中排名最后的学校	-2.436	0.000 ***
	第一志愿	非第一志愿，是心目中排名最后的学校	-6.042	0.000 ***
	非第一志愿，不是心目中排名最后的学校	非第一志愿，是心目中排名最后的学校	-3.605	0.000 ***

说明：*** 表示 $p<0.001$；$n=8079$。

通过表6-26的事后多重比较分析，可以观察到不同志愿填报组别之间的具体差异：

"第一志愿"与"非第一志愿，不是心目中排名最后的学校"的显著差异："第一志愿"的学生与"非第一志愿，不是心目中排名最后的学校"的学生之间在个人社交口碑传播上的差异显著（$p=0.000$），其均值差为-2.436。这表明"第一志愿"学生在决策过程中更加重视并受到亲密关系中人的意见的影响。

"第一志愿"与"非第一志愿，是心目中排名最后的学校"的显著差异："第一志愿"的学生与"非第一志愿，是心目中排名最后的学校"的学生之间的差异也显著（$p=0.000$），其均值差为-6.042。这进一步证明"第一志愿"的学生在填报志愿时受到他人意见的影响最大。

"非第一志愿，不是心目中排名最后的学校"与"非第一志愿，是心目中排名最后的学校"的显著差异："非第一志愿，不是心目中排名最后的学校"的学生与"非第一志愿，是心目中排名最后的学校"的学生之间的差异同样显著（$p=0.000$），其均值差为-3.605。这反映出虽然这些学生对学校的期望没有"第一志愿"的学生那么高，但他们在决策时仍会在一定程度上受到亲密关系中人的意见的影响。

(二) 结论分析

选择将某所学校作为"第一志愿"的学生，通常对该学校有较高的期望和较强的愿望。这类学生在填报志愿时，更加依赖家人、朋友和老师等亲密关系中人的意见，以确保他们自己的选择是经过充分考量的。因此，他们在决策过程中会更加重视和采纳他人的建议。将某所学校作为"非第一志愿，不是心目中排名最后的学校"的学生，虽然没有对该学校抱有最强烈的期望，但也认为该学校是一个较为理想的选择。这类学生在填报志愿时，也会寻求他人的意见，但相比"第一志愿"的学生，其依赖程度稍低。这可能是因为他们在决策时已经有一定的心理准备和预期，不完全依赖外界的意见。将某所学校作为"非第一志愿，是心目中排名最后的学校"的学生，对该学校的期望最低。这类学生在填报志愿时，虽仍然会听取亲密关系中人的意见，但这种意见对其决策的影响较小。这可能是因为他们在填报志愿时已经考虑到多种备选方案，并且对最终的选择持有较为消极的态度，因此外界的意见对其决策的影响相对较弱。

四 是否为独生子女家庭的学生受个人社交口碑传播的影响

(一) 统计结果

根据表6-27的方差齐性检验结果，是否为独生子女在个人社交口碑传播中的方差不存在显著差异（F=1.756，p=0.185）。这表明，不论是否为独生子女，其在个人社交口碑传播方面的方差是齐性的。因此，可以进一步使用t检验来分析其均值的差异性。

表6-27　是否为独生子女和个人社交口碑传播的方差齐性检验

	是否为独生子女（标准差）		F	p
	是（n=2303）	否（n=5776）		
个人社交口碑传播	1.53	1.48	1.756	0.185

说明：n=8079。

表6-28展示了是否为独生子女在个人社交口碑传播上的t检验结果。结果显示，独生子女（n=2303）和非独生子女（n=5776）在个人社交口碑传播上的均值分别为4.50±1.53和4.52±1.48，t值为-0.406，p值为0.658。这表明是否为独生子女对个人社交口碑传播没有显著差异（p>0.05），即独生子女和非独生子女在这一方面表现出一致性。

表6-28　是否为独生子女在个人社交口碑传播上的t检验分析结果

	是否为独生子女（平均值±标准差）		t	p
	是（n=2303）	否（n=5776）		
个人社交口碑传播	4.50±1.53	4.52±1.48	-0.406	0.658

说明：n=8079。

（二）结论分析

假设认为，独生子女和非独生子女在家庭结构上的差异可能会影响其信息传播的方式和渠道。独生子女通常与父母之间有更紧密的联系，因此在重要决策过程中可能更多地依赖父母的意见和建议；而非独生子女则由于兄弟姐妹的存在，通常会在家庭内部通过与兄弟姐妹的互动来获取更多样的信息，这样的情况在家中存在年长同辈时表现得更为明显。调查发现来自非独生女子家庭学生的哥哥或姐姐大都有高等教育经历，因此他们会在家庭内部通过与兄、姐的互动来获取更多的择校支持。例如，S20明确表示会跟她自己的姐姐讨论，只念过初中的父母也会"要求"她去找她的姐姐，因为姐姐上过大学并且已经参加工作。独生子女在成长过程中可能会面临较大的压力，因为父母的目光和期望全部集于其一身，这种压力使得他们在决策过程中可能更加依赖于个人社交网络互动获得支持。例如，S33提到在填报志愿的时候舅舅和舅妈给了他很多建议，S58也明确表示是其妈妈的朋友发了学校的链接，并且专门打电话咨询了学校的情况。然而，数据分析显示，无论是独生子女还是非独生子女，在面临重要决策时，都会寻求来自家庭、朋友等个人社交网络的意见支持，这使得两者在个人社交口碑传播影响的平均水平上表现出一致性。可见，无论家庭结构如何，个体都能够通过个人社交网络中的多样化渠道（家长亲友、朋友同学、师长前辈等）获取意见。这种多样性在一定程度上淡化了家庭结构对个人社交网络信息传播的影响，从而导致独生子女和非独生子女在个人社交口碑传播上的均值差异不显著。

五 不同家庭所在地的学生受个人社交口碑传播的影响

（一）统计结果

表6-29显示，不同家庭所在地的样本在个人社交口碑传播上的方差齐性检验结果未表现出显著差异（F=1.430，p=0.232）。这表明各地家庭在个人社交口碑传播上的方差是齐性的，因此适合进行方差分析（ANOVA）。

表6-29　　　家庭所在地和个人社交口碑传播的方差齐性检验

	家庭所在地（标准差）				F	p
	1 (n=809)	2 (n=1259)	3 (n=2148)	4 (n=3863)		
a	1.54	1.52	1.49	1.48	1.430	0.232

说明：a为"个人社交口碑传播"；1为"直辖市或省会城市"；2为"地级市"；3为"县级市或县城"；4为"农村"。

表6-30中的ANOVA分析结果显示，家庭所在地对于个人社交口碑传播的影响不显著。具体而言，直辖市或省会城市（n=809，均值=4.54±1.54）、地级市（n=1259，均值=4.59±1.52）、县级市或县城（n=2148，均值=4.51±1.49）、农村（n=3863，均值=4.48±1.48）的F值为1.70，p值为0.164。这说明不同家庭所在地样本在个人社交口碑传播上没有显著差异（p>0.05），意味着不同地区的个体在个人社交口碑传播上的表现相似。

表 6-30　　家庭所在地在个人社交口碑传播上的 ANOVA 分析

	家庭所在地（平均值±标准差）				F	p
	1 (n=809)	2 (n=1259)	3 (n=2148)	4 (n=3863)		
a	4.54±1.54	4.59±1.52	4.51±1.49	4.48±1.48	1.70	0.164

说明：a 为"个人社交口碑传播"；1 为"直辖市或省会城市"；2 为"地级市"；3 为"县级市或县城"；4 为"农村"。

（二）结论分析

随着互联网和移动通信技术的普及，各地区的信息获取渠道变得更加多样化和便捷化。无论是城市还是农村，个体通过互联网接触到广泛的资源，参与个人社交网络并传递信息。这种技术的普遍应用在一定程度上缩小了城乡之间的信息差距，尤其是在年轻一代中，互联网和社交媒体已成为主要的信息获取途径。

假设认为，省会城市和一线城市的家庭可能有更多的机会接触高层次的社交资源，能够获得更多专家级或更可靠的建议，但数据分析结果显示，不同家庭所在地之间在个人社交口碑传播上的差异并不显著。这一现象的背后可能是：第一，随着全球化和城市化的推进，不同地区的文化和价值观趋同，尤其是通过社交媒体和大众文化的传播，年轻一代的消费观念和社交行为表现出高度一致性。第二，民办高校学生的社交网络构成相对集中，前文描述性统计结果表明，民办高校的学生在 10 人当中仅有 1 人来自直辖市或省会城市，近五成的学生来自农村，因此减少了家庭所在地在个人社交口碑传播上的差异性。

六　不同父母文化程度的学生受个人社交口碑传播的影响

（一）统计结果

根据表 6-31 中的方差齐性检验结果，父亲的文化程度不同在个人社交口碑传播上的方差齐性未表现出显著差异（F=2.096，p=0.079）。这表明父亲文化程度不同的组别在个人社交口碑传播上的方差是齐性的，

第六章 基于个体特征的信源影响与学校品牌认同的差异分析

满足方差分析（ANOVA）的前提要求。

表6-31 父亲受教育程度和个人社交口碑传播的方差齐性检验

	父亲的文化程度（标准差）					F	p
	1 (n=4582)	2 (n=2063)	3 (n=698)	4 (n=677)	5 (n=59)		
a	1.47	1.51	1.53	1.52	1.75	2.096	0.079

说明：a为"个人社交口碑传播"；1为"初中，包含初中以下"；2为"高中"；3为"专科"；4为"本科"；5为"研究生"。

表6-32的ANOVA分析结果显示，父亲受教育程度对个人社交口碑传播的影响不显著。具体而言，初中及以下（n=4582，均值=4.50±1.47）、高中（n=2063，均值=4.54±1.51）、专科（n=698，均值=4.53±1.53）、本科（n=677，均值=4.52±1.52）、研究生（n=59，均值=4.20±1.75）的F值为0.916，p值为0.453。这表明父亲受教育程度不同的样本在个人社交口碑传播上的均值差异不显著（p>0.05），意味着父亲受教育程度对个人社交口碑传播的影响不大。

表6-32 父亲的文化程度在个人社交口碑传播上的ANOVA分析

	父亲的文化程度（平均值±标准差）					F	p
	1 (n=4582)	2 (n=2063)	3 (n=698)	4 (n=677)	5 (n=59)		
a	4.50±1.47	4.54±1.51	4.53±1.53	4.52±1.52	4.20±1.75	0.916	0.453

说明：a为"个人社交口碑传播"；1为"初中，包含初中以下"；2为"高中"；3为"专科"；4为"本科"；5为"研究生"。

根据表6-33中的方差齐性检验结果，母亲受教育程度不同在个人社交口碑传播上的方差齐性检验结果显示出显著差异（F=2.67，p=0.031*）。这表明母亲受教育程度不同的组别在个人社交口碑传播上的方差不齐，不能满足方差分析的要求。因此，采用非参数检验进行分析。

表 6-33　母亲受教育程度和个人社交口碑传播的方差齐性检验

	母亲受教育程度（标准差）					F	p
	1 (n=5308)	2 (n=1598)	3 (n=646)	4 (n=497)	5 (n=30)		
a	1.47	1.52	1.50	1.57	1.92	2.67	0.031*

说明：*表示 $p<0.05$。

a 为"个人社交口碑传播"；1 为"初中，包含初中以下"；2 为"高中"；3 为"专科"；4 为"本科"；5 为"研究生"。

表 6-34 的非参数检验结果显示，母亲受教育程度对个人社交口碑传播的影响不显著。具体而言，初中及以下（n=5308，中位数=4.50）、高中（n=1598，中位数=4.50）、专科（n=646，中位数=4.75）、本科（n=497，中位数=4.50）、研究生（n=30，中位数=4.87）的 Kruskal-Wallis H 值为 0.72，p 值为 0.949。这表明母亲受教育程度不同的样本在个人社交口碑传播上的中位数差异不显著（$p>0.05$），意味着母亲受教育程度对个人社交口碑传播的影响不大。

表 6-34　母亲受教育程度在个人社交口碑传播上的非参数检验分析

	母亲受教育程度（中位数）					K-W 检验 H 值	p
	1 (n=5308)	2 (n=1598)	3 (n=646)	4 (n=497)	5 (n=30)		
a	4.50	4.50	4.75	4.50	4.87	0.72	0.949

说明：a 为"个人社交口碑传播"；1 为"初中，包含初中以下"；2 为"高中"；3 为"专科"；4 为"本科"；5 为"研究生"。

（二）结论分析

假设认为，受教育程度较高的父母通常更加重视培养子女的批判性思维和社交能力，并且拥有更多的社会资源和广泛的人际网络，这些资源可以为子女提供更多的信息获取渠道和机会。然而，在民办高校的学生中，这种差异在实际的社交口碑传播中并未体现出显著影响，其原因可能在于父母整体受教育水平的局限性。尽管父母受教育程度在统计分析中未表现出显著的影响,然而,家庭教育环境依然可能对个体的信息传播行为产生潜在影响。

描述性统计数据显示,在民办高校学生的父母中,超过一半的人仅有义务教育经历,拥有高等教育背景的父母不到两成。这表明民办高校学生父母的受教育程度差异不足以在个人社交网络构成或社交口碑传播上产生显著区别。虽然受教育程度较高的父母通常具备较高的文化资本,并通过言传身教将这些资本传递给子女,但这种影响在现代社会可能被多种多样的互联网信息传播途径所冲淡。因此,民办高校学生的父母受教育程度对其个人社交口碑传播的影响在统计上并未表现出显著差异。

七 不同家庭年收入的学生受个人社交口碑传播的影响

（一）统计结果

根据表6-35的方差齐性检验结果,家庭年收入不同的样本在个人社交口碑传播上的方差存在显著差异（F=3.62,p=0.003**）。这表明,不同家庭年收入组别在个人社交口碑传播上的方差不齐,不满足方差分析（ANOVA）的前提要求。因此,采用非参数检验进行差异性研究。

表6-35　　　家庭所在地和个人社交口碑传播的方差齐性检验

	家庭年收入（标准差）						F	p
	1 (n=3861)	2 (n=896)	3 (n=3787)	4 (n=1717)	5 (n=905)	6 (n=535)		
a	1.49	1.44	1.54	1.54	1.55	1.60	3.62	0.003**

说明：**.p<0.01。

a为"个人社交口碑传播";1为"5万元以下,包含5万元";2为"5万元以上—10万元";3为"10万元以上—15万元";4为"15万元以上—20万元";5为"20万元以上—30万元";6为"30万元以上"。

表6-36的非参数检验结果显示,家庭年收入对个人社交口碑传播的影响不显著。具体而言,家庭年收入在5万元以下（含5万元）（n=

3861，中位数=4.50)、5万元以上—10万元 (n=896，中位数=4.50)、10万元以上—15万元 (n=3787，中位数=4.50)、15万元以上—20万元 (n=1717，中位数=4.25)、20万元以上—30万元 (n=905，中位数=4.50)、30万元以上 (n=535，中位数=4.50) 的Kruskal-Wallis H值为1.006，p值为0.962。这表明不同家庭年收入的样本在个人社交口碑传播上的中位数差异不显著 ($p>0.05$)，意味着家庭年收入对个人社交口碑传播的影响不大。

表6-36　　家庭年收入在个人社交口碑传播上的非参数检验分析

	家庭年收入（中位数）						K-W检验H值	p
	1 (n=3861)	2 (n=896)	3 (n=3787)	4 (n=1717)	5 (n=905)	6 (n=535)		
a	4.50	4.50	4.50	4.25	4.50	4.50	1.006	0.962

说明：a为"个人社交口碑传播"；1为"5万元以下，包含5万元"；2为"5万元以上—10万元"；3为"10万元以上—15万元"；4为"15万元以上—20万元"；5为"20万元以上—30万元"；6为"30万元以上"。

(二) 结论分析

假设认为，高收入家庭通常能够接触到更多高质量的付费媒体和信息资源，这可能为其提供更可靠的信息来源，而低收入家庭则更依赖于免费渠道。然而，互联网的普及和信息获取渠道的多样化，特别是社交媒体平台的兴起，使得这种信息获取方式的差异在个人社交口碑传播中被削弱。

从生活方式和社交行为的角度来看，收入较高的家庭可能更有机会参加高端社交活动，这些活动能够拓宽其社交网络的广度和深度，从而提升口碑传播的效果。然而，本书中的数据分析显示，家庭年收入对社交口碑传播的影响在统计上并不显著。可能的原因是，根据之前描述性统计数据，有近一半的家庭年收入在5万元以下，而仅有10%的家庭年收入超过15万元，这样的收入分布可能导致组间差异不够显著。

另一个可能的原因在于，本书中对家庭年收入的分组区间较小，未能充分捕捉高收入家庭之间的差异。例如，年收入 15 万元与 30 万元的家庭可能在生活方式、社交网络构成等方面存在较大差距，但由于分组区间限制，未能在统计分析中体现出来。因此，未来的研究可以考虑重新调整家庭年收入的分组方式，以更细致地分析其对个人社交口碑传播的潜在影响。

八 讨论与分析

高考成绩和填报志愿情况对个人社交口碑传播具有显著影响，而性别、是否为独生子女、家庭所在地、父母文化程度和家庭年收入的影响则不显著。这表明在分析学生个体特征对社交口碑传播的影响时，需要特别关注高考成绩和志愿填报等与学术选择直接相关的因素（假设验证结果见表 6-37）。具体来说，高考成绩高于生源地本科线以上 100 分的学生相比于其他分数段的学生，受到个人社交口碑传播的影响更大。该分数段的学生过了本科线，但选择公办高校没有竞争力，而选择公办专科又不甘心，选择民办高校则具有较大把握。因此，这些学生在选择民办高校时表现得十分谨慎，希望能从可信赖的渠道获得有关学校的详细信息。尤其是那些有教育行业经验的朋友的建议，对他们的择校决策具有关键影响。学生在填报志愿时，往往依赖于可信赖的信息来源，包括在校生或毕业生的反馈和建议。这些信息被认为更为真实可信，因为在校生或毕业生拥有实际的学校生活体验，能够提供关于学校的第一手资料。

表6-37 学生个体特征在个人社交口碑传播上的差异假设检验结果

内容	基本假设	结果
高考成绩在个人社交口碑传播上存在差异	H5b—1	支持
填报志愿在个人社交口碑传播上存在差异	H5b—2	支持
性别在个人社交口碑传播上存在差异	H5b—3	不支持
是否为独生子女家庭在个人社交口碑传播上存在差异	H5b—4	不支持
家庭所在地在个人社交口碑传播上存在差异	H5b—5	不支持
父亲文化程度在个人社交口碑传播上存在差异	H5b—6	不支持

续表

内容	基本假设	结果
母亲文化程度在个人社交口碑传播上存在差异	H5b—7	不支持
家庭年收入在个人社交口碑传播上存在差异	H5b—8	不支持

第三节 基于个体特征的公共渠道口碑传播的差异分析

本节将探讨公共渠道口碑传播对不同学生个体特征的影响。本节要验证的假设包括：公共渠道口碑传播在不同高考成绩、性别、志愿填报情况、是否为独生子女、家庭所在地、父亲文化程度、母亲文化程度、家庭年收入上是否存在差异。通过差异分析，揭示不同个体特征的学生对公共渠道口碑传播信息的接受程度和信任度方面的差异，为民办高校品牌宣传提供实证支持。

一 不同高考成绩的学生受公共渠道口碑传播的影响

（一）统计结果

根据表6-38的方差齐性检验结果，高考成绩与公共渠道口碑传播的方差齐性检验不存在显著差异（$F=1.157$，$p=0.328$）。这表明各组样本的方差齐性假设成立，满足方差分析（ANOVA）的前提条件。

表6-38　　　高考成绩和公共渠道口碑传播的方差齐性检验

	高考成绩（标准差）						F	p
	1 (n=239)	2 (n=896)	3 (n=3787)	4 (n=1717)	5 (n=905)	6 (n=535)		
a	1.37	1.34	1.28	1.30	1.24	1.31	1.157	0.328

说明：a为"公共渠道口碑传播"；1为"高于生源地本科线以上100分"；2为"在生源地本科线以上51—10分"；3为"在生源地本科线以上0—50分"；4为"高于生源地专科线以上100分"；5为"在生源地专科线以上51—100分"；6为"在生源地专科线以上0—50分"。

表 6-39 显示了高考成绩对公共渠道口碑传播影响的 ANOVA 分析结果。高考成绩对公共渠道口碑传播的影响显著（F=5.962，p<0.001），解释了总体变异的 0.4%（$\eta P^2 = 0.004$）。

表 6-39　　高校成绩和公共渠道口碑传播的 ANOVA 分析

变异来源	SS	df	MS	F	P	ηP^2
\multicolumn{7}{c}{公共渠道口碑传播}
高考分数	1960.940	5	392.188	5.962	0.000***	0.004
误差	531051.035	8073	65.781			
总和	533011.975	8078				

说明：*** 表示 p<0.001。

表 6-40 的事后多重比较分析结果进一步揭示了不同高考成绩组间在公共渠道口碑传播上的差异。

表 6-40　　高考分数与公共渠道口碑传播影响的事后比较

	名称 I	名称 J	差值（I-J）	p
公共渠道口碑传播	高于生源地本科线以上 100 分	生源地本科线以上 51—100 分	0.212	0.573
	高于生源地本科线以上 100 分	生源地本科线以上 0—50 分	0.829	0.016*
	高于生源地本科线以上 100 分	高于生源地专科线以上 100 分	0.659	0.065
	高于生源地本科线以上 100 分	生源地专科线以上 51—100 分	0.582	0.122
	高于生源地本科线以上 100 分	生源地专科线以上 0—50 分	0.791	0.049*
	生源地本科线以上 51—100 分	生源地本科线以上 0—50 分	0.617	0.001**
	生源地本科线以上 51—100 分	高于生源地专科线以上 100 分	0.447	0.036*

续表

	名称I	名称J	差值（I-J）	p
公共渠道口碑传播	生源地本科线以上51—100分	生源地专科线以上51—100分	0.370	0.129
	生源地本科线以上51—100分	生源地专科线以上0—50分	0.578	0.041*
	高于生源地本科线以上0—50分	高于生源地专科线以上100分	−0.170	0.257
	高于生源地本科线以上0—50分	生源地专科线以上51—100分	−0.247	0.196
	高于生源地本科线以上0—50分	生源地专科线以上0—50分	−0.039	0.871
	高于生源地专科线以上100分	生源地专科线以上51—100分	−0.077	0.717
	高于生源地专科线以上100分	生源地专科线以上0—50分	0.132	0.607
	生源地专科线以上50—100分	生源地专科线以上0—50分	0.209	0.459

说明：* 表示 $p<0.05$；** 表示 $p<0.01$。

高于生源地本科线以上100分的学生与生源地本科线以上0—50分的学生之间存在显著差异（$p=0.016$，均值差$=0.829$）。

高于生源地本科线以上100分的学生与生源地专科线以上0—50分的学生之间存在显著差异（$p=0.049$，均值差$=0.791$）。

生源地本科线以上51—100分的学生与生源地专科线以上0—50分的学生之间存在显著差异（$p=0.001$，均值差$=0.617$）。

生源地本科线以上51—100分的学生与高于生源地专科线以上100分的学生之间存在显著差异（$p=0.036$，均值差$=0.447$）。

生源地本科线以上51—100分的学生与生源地专科线以上0—50分的学生之间存在显著差异（$p=0.041$，均值差$=0.578$）。

(二) 结论分析

从上述分析结果可以看出,不同高考成绩对公共渠道口碑传播的影响存在显著差异。高考成绩高于生源地本科线以上 100 分的学生相比其他分数段的学生,更依赖于公共渠道口碑传播。具体原因如下:高分学生在选择高校时,由于民办高校竞争力不足,他们更注重获取详细、可靠的信息。公共渠道如网络评论、政府文件以及第三方评价等成为民办高校品牌背书的重要组成。这些学生在做出择校决策时,更加谨慎,倾向于通过这些渠道获得有用的建议和反馈。高分学生在择校时所面临的选择更多,因此决策过程也更加复杂,为了做出最佳决策,他们会尽可能多地收集和分析各类信息。公共渠道的信息丰富且多样,能够提供全面的视角和深度的分析,帮助他们在众多选项中做出最优选择。高分学生可能具有较强的独立思考和批判性思维能力,他们更倾向于通过多渠道、多角度的信息来验证和补充其判断。这种信息行为使他们更依赖公共渠道的口碑传播,以确保决策的全面性和准确性。

二 不同性别的学生受公共渠道口碑传播的影响

(一) 统计结果

根据表 6-41 的方差齐性检验结果,性别对公共渠道口碑传播的方差齐性存在显著差异（$F=7.237$,$p=0.007$）。这一结果表明,男生与女生在公共渠道口碑传播上的方差存在显著差异,满足非参数检验的前提条件。

表 6-41　　　　　性别和公共渠道口碑传播的方差齐性检验

	性别（标准差）		F	p
	男（n=2772）	女（n=5307）		
a	1.34	1.27	7.237	0.007**

说明:a 为"公共渠道口碑传播";** 表示 p<0.01。

根据表 6-42 的方差齐性检验结果,性别对公共渠道口碑传播的方差齐性检验存在显著差异（F=7.237，p=0.007）。这一结果表明，男生与女生在公共渠道口碑传播上的方差存在显著差异，满足非参数检验的前提条件。

表6-42　　　性别在公共渠道口碑传播的非参数检验分析

	性别（平均值±标准差）		U	Z	p
	男（n=2772）	女（n=5307）			
公共渠道口碑传播	4.000	4.750	6450489.000	-9.112	0.000***

说明：　***表示p<0.001。

（二）结论分析

通过上述分析可以看出，性别在公共渠道口碑传播上存在显著差异。具体来说，女生相比男生更倾向于依赖公共渠道的口碑传播。以下是对此现象的深入探讨：女生在选择高校时，通常更注重详细且多元的信息来源。公共渠道如网络评论、政府文件以及第三方评价等信息提供了丰富的背景资料和用户体验，这对于女生来说尤为重要，她们倾向于通过这些渠道获取全面且可靠的信息以辅助决策。女生在社交行为和信息传播方面具有更高的参与度。她们更倾向于分享和交流信息，并且更加重视他人的反馈和意见。在访谈中发现，女生更愿意频繁地在网络上搜索与学校相关的情况。因此，公共渠道的口碑传播对女生具有更大的吸引力和影响力。公共渠道提供的多元化信息和他人经验能够帮助她们更好地评估选择的利弊，降低决策的不确定性。她们更倾向于认为这些信息源更为客观和公正，尤其是来自网络中的一些帖子下面的用户评价，S22与S23都提到了报到之前在网上看到了第三方的排名，也会去一些政府的网站上找学校的信息。这种信任度差异也导致了性别在公共渠道口碑传播上的显著差异。

三　不同志愿填报情况的学生受公共渠道口碑传播的影响

（一）统计结果

根据表6-43的方差齐性检验结果，不同志愿填报情况在公共渠道口碑传播上的方差齐性检验存在显著差异（F=9.38，p=0.000），说明方差齐性检验不满足方差分析的要求。因此，需要通过非参数检验来分析不同志愿填报情况在公共渠道口碑传播上的差异性。

表6-43　　志愿填报情况和公共渠道口碑传播的方差齐性检验

	志愿填报情况（标准差)			F	p
	1（n=1967)	2（n=5156)	3（n=956)		
公共渠道口碑传播	1.26	1.25	1.41	9.38	0.000***

说明：*** 表示p<0.001。

1为"第一志愿，我很希望被这所学校录取"；2为"非第一志愿，但也不是我心目中排名最后的学校"；3为"非第一志愿，是我心目中排名最后的学校"。

表6-44展示了不同志愿填报情况在公共渠道口碑传播上的非参数检验分析结果。采用Kruskal-Wallis H检验统计量进行分析，结果显示，不同志愿填报情况在公共渠道口碑传播上的差异具有显著性（H=57.21，p=0.000）。具体来看，"第一志愿"的中位数为3.00，"非第一志愿，不是心目中排名最后的学校"的中位数为3.25，"非第一志愿，是心目中排名最后的学校"的中位数为4.00。

表6-44　　志愿填报情况在公共渠道口碑传播上的非参数检验分析

	志愿填报情况（中位数)			K-W检验H值	p
	1（n=1967)	2（n=5156)	3（n=956)		
公共渠道口碑传播	3.00	3.25	4.00	57.21	0.000***

说明：*** 表示p<0.001。

a为"民办高校官方传播"；c为"公共渠道口碑传播"；1为"是第一志愿，我很希望被这所学校录取"；2为"非第一志愿，但也不是我心目中排名最后的学校"；3为"非第一志愿，是我心目中排名最后的学校"。

表6-45显示了不同志愿填报情况在公共渠道口碑传播上的事后多重

比较结果。结果表明,"第一志愿"与"非第一志愿,不是心目中排名最后的学校"之间存在显著差异(均值差=-0.949,p=0.000***);"第一志愿"与"非第一志愿,是心目中排名最后的学校"之间存在显著差异(均值差=-3.142,p=0.000***);"非第一志愿,不是心目中排名最后的学校"与"非第一志愿,是心目中排名最后的学校"之间也存在显著差异(均值差=-2.193,p=0.000***)。

表6-45　　　志愿填报情况在公共渠道口碑传播上的事后多重比较

	名称I	名称J	差值(I-J)	p
公共渠道口碑传播	第一志愿	非第一志愿,不是心目中排名最后的学校	-0.949	0.000***
	第一志愿	非第一志愿,是心目中排名最后的学校	-3.142	0.000***
	非第一志愿,不是心目中排名最后的学校	非第一志愿,是心目中排名最后的学校	-2.193	0.000***

说明：*** 表示 $p<0.001$。

（二）结论分析

通过上述分析可以看出,不同志愿填报情况在公共渠道口碑传播上存在显著差异。公共渠道如网络等互联网平台、政府文件及第三方评价等信息来源为学生提供了多元的视角和丰富的背景资料。具体来说,填报"第一志愿"的学生相比于其他志愿的学生,较少依赖公共渠道的口碑传播,填报非第一志愿的学生更需要这些多样的信息来帮助他们做出更明智的决策。原因可能是：填报"第一志愿"的学生通常对该校已有较深入的了解,通过学校的官方网站、招生宣讲会或其他途径直接获取了足够的信息,因此对公共渠道的依赖较少,这类学生通常对所选择的学校有较高的信任度和决策信心,不需要额外的信息来确认他们的选择。相反,填报非第一志愿的学生,特别是那些"非第一志愿,是心目中排名最后学校"的学生,可能对这些学校了解较少,更需要通过公共渠道获取信息以提升他们自己就读的信心,这类学生对学校的信任度和决策

第六章 基于个体特征的信源影响与学校品牌认同的差异分析

信心不足，倾向于依赖公共渠道的口碑传播，以寻求外部验证和支持。

四 是否为独生子女家庭的学生受公共渠道口碑传播的影响

（一）统计结果

根据表6-46的方差齐性检验结果，是否为独生子女在公共渠道口碑传播上的方差存在显著差异（F=9.119，p=0.003），说明方差齐性检验不满足方差分析的要求。因此，需要通过非参数检验来分析独生子女身份在公共渠道口碑传播上的差异性。

表6-46 是否为独生子女和公共渠道口碑传播的方差齐性检验

	是否为独生子女（标准差）		F	p
	是（n=2303）	否（n=5776）		
公共渠道口碑传播	1.34	1.27	9.119	0.003**

说明：*.p<0.05；**.p<0.01；***.p<0.001。

表6-47展示了独生子女身份在公共渠道口碑传播上的非参数检验分析结果。采用Mann-Whitney U检验统计量进行分析，结果显示，是否为独生子女在公共渠道口碑传播上的差异不具有显著性（U=6469926.500，Z=-1.919，p=0.055）。具体来看，独生子女的中位数为3.500，非独生子女的中位数为3.250。

表6-47 是否为独生子女在公共渠道口碑传播上的非参数检验分析

	是否为独生子女（中位数）		U	Z	p
	是（n=2303）	否（n=5776）			
公共渠道口碑传播	3.500	3.250	6469926.500	-1.919	0.055

（二）结论分析

通过上述分析可以看出，是否独生子女身份在公共渠道口碑传播上并没有表现出显著差异。具体来说，是否为独生子女并不会显著影响他们对于公共渠道口碑传播的依赖程度。以下是对此现象的深入探讨：第一，无论是独生子女还是非独生子女，在信息获取渠道上基本没有差异。随着互联网和社交媒体的发展，学生获取信息的渠道变得多样化且普遍化。无论家庭背景如何，学生都能够通过公共渠道获取到丰富的信息资源。虽然独生子女在家庭资源和关注度上可能相对较多，但在信息需求和决策过程中，独生子女和非独生子女并没有明显的差异。

第二，现代家庭教育越来越注重孩子的独立思考和自主决策能力，因此，无论是独生子女还是非独生子女，他们在选择高校时，都会通过相似的公共渠道进行信息获取和决策。独生子女和非独生子女在社会资源的共享上是相对均等的。无论家庭背景如何，学生都可以通过公共平台获取到相似的信息。这种资源的共享性使得独生子女和非独生子女在公共渠道口碑传播上的差异不显著。

五 不同家庭所在地的学生受公共渠道口碑传播的影响

（一）统计结果

根据表6-48的方差齐性检验结果，不同家庭所在地在公共渠道口碑传播上的方差存在显著差异（F=6.109，p=0.000），说明方差齐性检验不满足方差分析的要求。因此，需要通过非参数检验来分析不同家庭所在地在公共渠道口碑传播上的差异性。

表6-48　家庭所在地和公共渠道口碑传播的方差齐性检验

	家庭所在地（标准差）				F	p
	1 (n=809)	2 (n=1259)	3 (n=2148)	4 (n=3863)		
公共渠道 口碑传播	1.32	1.39	1.29	1.26	6.109	0.000***

说明：*** 表示p<0.001。

1为"直辖市或省会城市"；2为"地级市"；3为"县级市或县城"；4为"农村"。

表6-49展示了不同家庭所在地在公共渠道口碑传播上的非参数检验

第六章 基于个体特征的信源影响与学校品牌认同的差异分析 267

分析结果。采用 Kruskal-Wallis H 检验统计量进行分析，结果显示，不同家庭所在地在公共渠道口碑传播上的差异不具有显著性（H=2.51，p=0.474）。具体来看，直辖市或省会城市、县级市或县城的中位数为3.50，地级市和农村的中位数为3.25。

表6-49　家庭所在地在公共渠道口碑传播上的非参数检验分析

	家庭所在地（中位数）				K-W检验 H 值	p
	1 (n=809)	2 (n=1259)	3 (n=2148)	4 (n=3863)		
公共渠道口碑传播	3.50	3.25	3.5	3.25	2.51	0.474

说明：1 为"直辖市或省会城市"；2 为"地级市"；3 为"县级市或县城"；4 为"农村"。

（二）结论分析

通过上述分析可以看出，不同家庭所在地在公共渠道口碑传播上并没有表现出显著差异。具体来说，家庭所在地的不同并不会显著影响学生对于公共渠道口碑传播的依赖程度。原因可能是：第一，随着互联网和移动设备的普及，信息传播的渠道和手段变得越来越多样化和普遍化。无论是居住在直辖市、省会城市，还是地级市、县城甚至农村，学生都可以通过互联网获取到相同的信息。因此，家庭所在地对信息获取的影响逐渐减小。

第二，教育资源的均衡发展和普及程度不断提高，学生获取信息的途径和质量越来越接近。随着社会经济的发展和城乡一体化进程的推进，城乡差距逐渐缩小。不同家庭所在地的经济条件和社会环境逐渐趋同，使得学生在信息需求和获取方式上的差异不大。因此，家庭所在地对公共渠道口碑传播的依赖程度影响不大。无论是居住在城市还是农村，学生都可以通过各种技术手段和平台，如社交媒体、教育类应用程序等，获取到丰富的信息资源。这种技术和平台的普及性使得不同家庭所在地的学生在信息获取上差异不大。

六 父母文化程度不同的学生受公共渠道口碑传播的影响

（一）统计结果

根据表6-50的方差齐性检验结果，父亲受教育程度在公共渠道口碑传播上的方差存在显著差异（F=6.429，p=0.000），说明方差齐性检验不满足方差分析的要求。因此，需要通过非参数检验来分析不同父亲受教育程度在公共渠道口碑传播上的差异性。

表6-50　父亲受教育程度和公共渠道口碑传播的方差齐性检验

	\multicolumn{5}{c}{父亲受教育程度（标准差）}	F	p
	1 (n=4582)	2 (n=2063)	3 (n=698)	4 (n=677)	5 (n=59)	F	p
a	1.25	1.33	1.37	1.40	1.43	6.429	0.000***

说明：*** 表示 $p<0.001$。

a 为"公共渠道口碑传播"；1 为"初中，包含初中以下"；2 为"高中"；3 为"专科"；4 为"本科"；5 为"研究生"。

表6-51显示父亲受教育程度在公共渠道口碑传播上的非参数检验分析结果。采用Kruskal-Wallis H检验统计量进行分析，结果显示，父亲受教育程度在不同的学生受公共渠道口碑传播影响的差异不具有显著性（H=0.42，p=0.98）。具体来看，初中及以下、高中、专科、本科及研究生的中位数分别为3.25、3.25、3.50、3.50和3.25。

表6-51　父亲受教育程度在公共渠道口碑传播上的非参数检验分析

	1 (n=4582)	2 (n=2063)	3 (n=698)	4 (n=677)	5 (n=59)	K-W检验H值	p
a	3.25	3.25	3.50	3.50	3.25	0.42	0.98

说明：a 为"公共渠道口碑传播"；1 为"初中，包含初中以下"；2 为"高中"；3 为"专科"；4 为"本科"；5 为"研究生"。

根据表6-52的方差齐性检验结果,母亲受教育程度不同在公共渠道口碑传播上的方差存在显著差异（F=9.31,p=0.000***），同样不满足方差分析的要求。因此,需要通过非参数检验来分析母亲受教育程度不同在公共渠道口碑传播上的差异性。

表6-52　母亲受教育程度和公共渠道口碑传播的方差齐性检验

	母亲受教育程度（标准差）					F	p
	1 (n=5308)	2 (n=1598)	3 (n=646)	4 (n=497)	5 (n=30)		
a	1.26	1.33	1.37	1.40	1.75	9.31	0.000***

说明：*** 表示 $p<0.001$。

a 为"公共渠道口碑传播"；1 为"初中,包含初中以下"；2 为"高中"；3 为"专科"；4 为"本科"；5 为"研究生"。

表6-53显示母亲受教育程度在公共渠道口碑传播上的非参数检验分析结果。采用Kruskal-Wallis H检验统计量进行分析,结果显示,母亲受教育程度不同的学生在公共渠道口碑传播上的差异不具有显著性（H=1.45,p=0.835）。具体来看,初中及以下、高中、专科、本科及研究生的中位数分别为3.25、3.50、3.50、3.25和4.00。

表6-53　母亲受教育程度在公共渠道口碑传播上的非参数检验分析

	母亲受教育程度（中位数）					K-W检验H值	p
	1 (n=5308)	2 (n=1598)	3 (n=646)	4 (n=497)	5 (n=30)		
a	3.25	3.50	3.50	3.25	4.00	1.45	0.835

说明：a 为"公共渠道口碑传播"；1 为"初中,包含初中以下"；2 为"高中"；3 为"专科"；4 为"本科"；5 为"研究生"。

（二）结论分析

通过上述分析可以看出,父母的受教育程度在公共渠道口碑传播上并没有表现出显著差异。具体来说，父母受教育程度的不同并不会显著影响学生对于公共渠道口碑传播的依赖程度。可能的原因是：第一，无论父母的受教育程度如何，学生获取信息的渠道和手段在当今社会中已经变得十分普遍，尽管父母受教育程度不同，现代家庭普遍重视对子女的教育，且注重信息的多样性和全面性。父母在引导子女获取信息时，通常会利用各种公共渠道，使得不同教育背景的家庭在信息传播上的差异不大。

第二，教育资源的均衡发展和普及程度不断提高，使得不同教育背景的家庭能够获取相似的教育资源和信息渠道。这种均等化的发展趋势使得父母受教育程度对公共渠道口碑传播的影响减小。信息传播的透明化和公开性使得任何家庭都可以通过公共渠道获取真实、全面的信息。因此，父母的受教育程度不会显著影响其子女在信息传播和获取上的依赖程度。

七 不同家庭年收入的学生受公共渠道口碑传播的影响

（一）统计结果

根据表6-54的方差齐性检验结果，不同家庭年收入的学生受公共渠道口碑传播影响的方差存在显著差异（F=2.86，p=0.014*），这表明不同家庭年收入的学生群体受公共渠道口碑传播影响的方差不满足齐性假设。因此，需要采用非参数检验来分析不同家庭年收入在公共渠道口碑传播上的差异性。

表6-54　　　家庭年收入和公共渠道口碑传播的方差齐性检验

	家庭年收入（标准差）						F	p
	1 (n=3861)	2 (n=896)	3 (n=3787)	4 (n=1717)	5 (n=905)	6 (n=535)		
a	1.30	1.23	1.33	1.32	1.37	1.39	2.86	0.014*

说明：*表示p<0.05。

a为"公共渠道口碑传播"；1为"5万元以下，包含5万元"；2为"5万元以上—10万元"；3为"10万元以上—15万元"；4为"15万元以上—20万元"；5为"20万元以上—30万元"；6为"30万元以上"。

第六章　基于个体特征的信源影响与学校品牌认同的差异分析

表 6-55 展示了不同家庭年收入的学生在公共渠道口碑传播上的非参数检验结果。采用 Kruskal-Wallis H 检验进行分析，结果显示，不同家庭年收入的学生在公共渠道口碑传播上的差异不具有统计学显著性（H=1.563，p=0.906）。具体来看，年收入 5 万元以下（含 5 万元）、5 万元以上至 10 万元、10 万元以上至 15 万元、15 万元以上至 20 万元、20 万元以上至 30 万元、30 万元以上的家庭，其公共渠道口碑传播的中位数分别为 3.25、3.25、3.25、3.25、3.25 和 3.50。

表 6-55　家庭年收入在公共渠道口碑传播上的非参数检验分析

	家庭年收入（中位数）						K-W 检验 H 值	p
	1 (n=3861)	2 (n=896)	3 (n=3787)	4 (n=1717)	5 (n=905)	6 (n=535)		
a	3.25	3.25	3.25	3.25	3.25	3.50	1.563	0.906

注：a 为"公共渠道口碑传播"；1 为"5 万元以下，包含 5 万元"；2 为"5 万元以上—10 万元"；3 为"10 万元以上—15 万元"；4 为"15 万元以上—20 万元"；5 为"20 万元以上—30 万元"；6 为"30 万元以上"。

（二）结论分析

以上分析结果表明，家庭年收入与公共渠道口碑传播之间不存在显著差异。这意味着无论家庭年收入高低，家庭成员对公共渠道口碑传播的依赖程度都没有显著差异。其原因可能是：随着互联网和数字媒体的普及，信息获取渠道变得更加广泛和便捷，不再局限于特定的收入群体。公共渠道的口碑传播，例如社交媒体、网络新闻和在线评价等，已成为获取信息的主要途径，覆盖面广泛，在信息传播过程中，互联网的普及在家庭年收入的不同层次上可能起到了均衡作用。高收入和低收入家庭成员都可能通过类似的社交圈子或网络接触到相同的信息来源，这在一定程度上削弱了收入差异对信息传播的影响。尽管家庭收入差异较大，但在获取信息、了解市场和社会动态等方面，各收入群体的需求基本一致。这种一致需求推动了公共渠道口碑传播的内容和形式向大众化和通俗化发展，使得不同收入群体能够平等地获取信息。

八 讨论与分析

由表6-56假设检验结果汇总可知，不同学生个体特征对公共渠道口碑传播的影响存在一定的差异性。具体来说，高考成绩、志愿填报情况对公共渠道口碑传播的影响具有显著差异，而性别、是否为独生子女、家庭所在地、父母受教育程度以及家庭年收入则没有显著差异。以下是对各个假设检验结果的详细讨论：高考成绩是学生选择高校的重要参考依据，这一结果支持了假设H5c—1。由于高考成绩直接决定了学生可选择的学校范围，学生通常会在了解其自身成绩后，开始系统地搜集目标学校的信息。这种行为表明，在志愿填报阶段，学生和家长需要结合学生的高考成绩谨慎地选择合适的学校和专业，这一结果支持了假设H5c—2。公共渠道如百度贴吧、知乎和新浪微博等平台成为学生获取学校信息的主要来源，通过这些渠道，他们可以浏览学校的评价、排名以及学科特色等，形成对学校的初步印象。

> 现在网络这么发达，什么都能搜到。——受访者S25

> 互联网和招生简章是最主要的，事先在招生简章上看自己的分数能去哪些学校，然后再去网上搜，包括百度，搜狗，知乎，微博，各种搜。——受访者S50

不同志愿填报情况的学生对公共渠道口碑传播的依赖程度存在显著差异，具体来说，那些不确定他们自己志愿选择的学生更有可能依赖公共渠道的评价和口碑，以获取更多的决策支持。性别、是否为独生子女以及家庭所在地对公共渠道口碑传播的影响不显著（分别为H5c—3、H5c—4和H5c—5假设）。无论学生来自何地或家庭结构如何，他们都能平等地获取到相似的公共信息资源。父母的受教育程度和家庭年收入也没有显著影响学生对公共渠道口碑传播的依赖性（H5c—6、H5c—7和H5c—8假设均不支持）。这表明，在获取学校信息的过程中，这些个人背景因素并未显著影响学生对公共渠道的依赖程度。

表 6-56　学生个体特征在公共渠道口碑传播上的差异假设检验结果

内容	基本假设	结果
高考成绩在公共渠道口碑传播上存在差异	H5c—1	支持
填报志愿在公共渠道口碑传播上存在差异	H5c—2	支持
性别在公共渠道口碑传播上存在差异	H5c—3	不支持
是否为独生子女家庭在公共渠道口碑传播上存在差异	H5c—4	不支持
家庭所在地在公共渠道口碑传播上存在差异	H5c—5	不支持
父亲文化程度在公共渠道口碑传播上存在差异	H5c—6	不支持
母亲文化程度在公共渠道口碑传播上存在差异	H5c—7	不支持
家庭年收入在公共渠道口碑传播上存在差异	H5c—8	不支持

综上所述，在学生个体特征上，仅高考成绩和志愿填报情况对公共渠道口碑传播的依赖性存在显著差异，而性别、是否为独生子女、家庭所在地、父母受教育程度及家庭年收入则无显著差异。这一发现提示民办高校在信息传播和招生宣传中，应借助公共渠道口碑传播为不同高考成绩和志愿填报情况的学生提供更为精准的信息服务以满足其需求。

第四节　基于个体特征的民办高校品牌认同的差异分析

本节将探讨民办高校品牌认同对不同个体特征学生的影响。本节要验证的假设包括：民办高校品牌认同在不同高考成绩、性别、志愿填报情况、是否为独生子女、家庭所在地、父亲文化程度、母亲文化程度、家庭年收入上是否存在差异。通过差异分析，了解不同个体特征的学生在民办高校品牌认同上的差异，为民办高校提升品牌形象和认同度提供理论依据和实践指导。

一 不同高考成绩的学生在民办高校品牌认同方面的差异分析

（一）统计结果

根据表6-57的方差齐性检验结果，高考成绩对学生在民办高校品牌认同上的方差齐性检验显示出显著性（$F=2.63$，$p=0.022^*$），说明不同高考成绩组别之间的方差不齐，需使用非参数检验方法进行进一步分析。

表6-57　　高考成绩对于民办高校品牌认同方差齐性检验

	高考成绩（标准差)						F	p
	1 (n=239)	2 (n=896)	3 (n=3787)	4 (n=1717)	5 (n=905)	6 (n=535)		
a	1.54	1.47	1.44	1.51	1.45	1.55	2.63	0.022*

说明：*表示$p<0.05$。

a为"民办高校品牌认同"；1为"高于生源地本科线以上100分"；2为"在生源地本科线以上51—100分"；3为"在生源地本科线以上0—50分"；4为"高于生源地专科线以上100分"；5为"在生源地专科线以上51—100分"；6为"在生源地专科线以上0—50分"。

通过表6-58的非参数检验（Kruskal-Wallis检验）分析，高考成绩在学生对民办高校品牌认同上的影响显著（$H=44.497$，$p=0.000^{***}$）。具体来说，不同高考成绩组别在民办高校品牌认同上的中位数存在显著差异。此结果表明，高考成绩显著影响学生对民办高校品牌的认同度，且这种影响在不同成绩段有所差异。

表6-58　　高考成绩对于民办高校品牌认同的非参数检验分析

	高考成绩（中位数)						K-W检验H值	p
	1 (n=239)	2 (n=896)	3 (n=3787)	4 (n=1717)	5 (n=905)	6 (n=535)		
a	4.167	4.167	4.000	4.000	3.667	3.667	44.497	0.000***

说明：***表示$p<0.05$。

a为"民办高校品牌认同"；1为"高于生源地本科线以上100分"；2为"在生源地本科线以上51—100分"；3为"在生源地本科线以上0—50分"；4为"高于生源地专科线以上100分"；5为"在生源地专科线以上51—100分"；6为"在生源地专科线以上0—50分"。

根据表6-59的事后多重比较分析，高考成绩对学生对民办高校品牌

第六章 基于个体特征的信源影响与学校品牌认同的差异分析

认同的影响,在多个成绩段上存在显著差异:高考成绩在"生源地本科线以上100分"与"生源地专科线以上100分"两个成绩段存在显著差异(p=0.031*),均值差为1.308。高考成绩"高于生源地本科线以上100分"与"生源地专科线以上51—100分"两个成绩段存在显著差异(p=0.000***),均值差为2.786。高考成绩"高于生源地本科线以上100分"与"生源地专科线以上0—50分"两个成绩段存在显著差异(p=0.000***),均值差为2.958。高考成绩在"生源地本科线以上51—100分"与"生源地本科线以上0—50分"两个成绩段存在显著差异(p=0.004**),均值差为0.948。高考成绩在"生源地本科线以上51—100分"与"高于生源地专科线以上100分"两个成绩段存在显著差异(p=0.000***),均值差为1.335。高考成绩在"生源地本科线以上51—100分"与"生源地专科线以上51—100分"两个成绩段存在显著差异(p=0.000***),均值差为2.812。高考成绩"高于生源地本科线以上51—100分"与"生源地专科线以上0—50分"两个成绩段存在显著差异(p=0.000***),均值差为2.984。高考成绩"高于生源地本科线以上0—50分"与"生源地专科线以上51—100分"两个成绩段存在显著差异(p=0.000***),均值差为1.864。高考成绩"高于生源地本科线以上0—50分"与"生源地专科线以上0—50分"两个成绩段存在显著差异(p=0.000***),均值差为2.036。高考成绩"高于生源地专科线以上100分"与"生源地专科线以上51—100分"两个成绩段存在显著差异(p=0.000***),均值差为1.478。高考成绩"高于生源地专科线以上100分"与"生源地专科线以上0—50分"两个成绩段存在显著差异(p=0.000***),均值差为1.650。

表6-59　　　　高考分析与民办高校品牌认同的事后多重比较

	名称I	名称J	差值(I-J)	p
民办高校品牌认同	高于生源地本科线以上100分	生源地本科线以上51—100分	-0.027	0.967
	高于生源地本科线以上100分	生源地本科线以上0—50分	0.911	0.117

续表

名称 I	名称 J	差值（I-J）	p
高于生源地本科线以上100分	高于生源地专业线以上100分	1.308	0.031*
高于生源地本科线以上100分	生源地专科线以上51—100分	2.786	0.000***
高于生源地本科线以上100分	生源地专科线以上0—50分	2.958	0.000***
生源地本科线以上51—100分	生源地本科线以上0—50分	0.948	0.004**
生源地本科线以上51—100分	高于生源地专业线以上100分	1.335	0.000***
生源地本科线以上51—100分	生源地专科线以上51—100分	2.812	0.000***
生源地本科线以上51—100分	生源地专科线以上0—50分	2.984	0.000***
高于生源地本科线以上0—50分	高于生源地专业线以上100分	0.387	0.131
高于生源地本科线以上0—50分	生源地专科线以上51—100分	1.864	0.000***
高于生源地本科线以上0—50分	生源地专科线以上0—50分	2.036	0.000***
高于生源地专科线以上100分	生源地专科线以上51—100分	1.478	0.000***
高于生源地专科线以上100分	生源地专科线以上0—50分	1.650	0.000***
生源地专科线以上50—100分	生源地专科线以上0—50分	0.172	0.720

说明：* 表示 $p<0.05$；** 表示 $p<0.01$；*** 表示 $p<0.001$。

（二）结论分析

从上述结果可以看出，高考成绩在学生对民办高校品牌认同度上有显著影响。特别是高考成绩高于本科线的学生与那些在专科线上的学生之间，这种影响尤为显著。高考成绩高的学生往往有更多的高校选择权，尤其是在优质公办高校和综合实力较强的民办高校之间。由于选择较多，这些学生可能会倾向于选择学术声誉高、资源丰富的学校，因此对品牌认同的要求更高。高分段的学生尽管成绩优异，但由于公办高校录取名额有限，尤其是顶尖公办高校的录取率极低，他们依然面临着激烈的竞争压力。不同成绩段的学生由于对未来的期望和职业发展路径的设想不同，他们在选择高校时，对品牌认同的衡量标准也不同。分数较低的学生在选择高校时，可能会认为民办高校之间的差异不大，因此在品牌认同上表现得较为随意，他们可能认为所有的选择都差不多，没有特别强烈的品牌偏好。

综上所述，高分段学生对民办高校品牌认同更高，主要是因为他们在公办高校竞争中的压力，使得他们在选择民办高校时更为慎重，注重学校的综合实力和未来发展的潜力。而分数较低的学生则因选择空间和期望值的限制，在民办高校的品牌认同上相对略低。

二 不同性别的学生在民办高校品牌认同方面的差异分析

（一）统计结果

根据表6-60和表6-61的数据可知，不同性别对民办高校品牌认同的差异具有统计学意义。首先，通过方差齐性检验（F=13.832，p=0.000***）表明，男生和女生对民办高校品牌认同的方差存在显著差异（p<0.05），这意味着我们需要使用非参数检验来进一步分析不同性别之间的差异。

表6-60　　性别对于民办高校品牌认同的方差齐性检验分析

	性别（标准差）		F	p
	男（n=2772）	女（n=5307）		
民办高校品牌认同	1.52	1.44	13.832	0.000***

说明：*** 表示p<0.001。

Mann-Whitney 非参数检验结果（U=6408046.000，z=-9.526，p=0.000**）显示在0.01水平上，性别对民办高校品牌认同的影响具有显著差异。具体而言，女生的中位数（4.000）明显高于男生的中位数（3.667），这表明女生对民办高校品牌的认同程度显著高于男生。因此，假设成立，即性别在民办高校品牌认同方面存在显著差异。

表6-61　　　　性别对于民办高校品牌认同非参数检验分析

	性别（中位数）		U	z	p
	男（n=2772）	女（n=5307）			
民办高校品牌认同	3.667	4.000	6408046.000	-9.526	0.000**

说明：** 表示 p<0.01。

为进一步明确性别特征对民办高校品牌认同的影响，本书将性别与高考成绩、志愿填报情况以及学籍情况进行了交叉对比分析，将高考成绩生成新的分组（成绩过本科线与成绩未过本科线两组）。如图6-1交叉对比分析结果所示，性别对于高考成绩呈现出0.01水平显著性（x^2=10.477，p=0.001<0.01），通过百分比对比差异可知，女生选择过本科线（63.14%）的比例明显高于男生（59.39%）；性别对于志愿填报情况呈现出0.01水平显著性（x^2=34.273，p=0.000<0.01），通过百分比对比差异可知，男生选择第一志愿（27.90%）的比例明显高于女生的选择（21.95%）；性别对于学籍情况呈现出0.01水平显著性（x^2=27.926，p=0.000<0.01），通过百分比对比差异可知，女生选择统招本科的比例（61.42%）明显高于男生的选择（55.23%）。可见，性别可能不是决定性因素，也许是因为参加本次调研的女生成绩普遍高于男生。为进一步明确志愿填报情况对民办高校学生满意度的影响，本书将高考成绩与志愿填报情况进行交叉对比分析。高考成绩对于志愿填报情况呈现出0.01水平显著性（x^2=267.818，p=0.000<0.01），通过百分比对比差异可知，分数较高的学生对录取期望较低。本书通过与学生访谈交流发现，许多学生表示"不太想来这所学校"（S15），"（知道被

录取后）真的是难过"（S25）"饭都不想吃了，想复读，可是一想复读那么辛苦，算了，就念吧"（S47），这类学生在报到之前大多在心里做了学校不好的预设，入学后通过慢慢接触，他们对学校的评分有所上升。

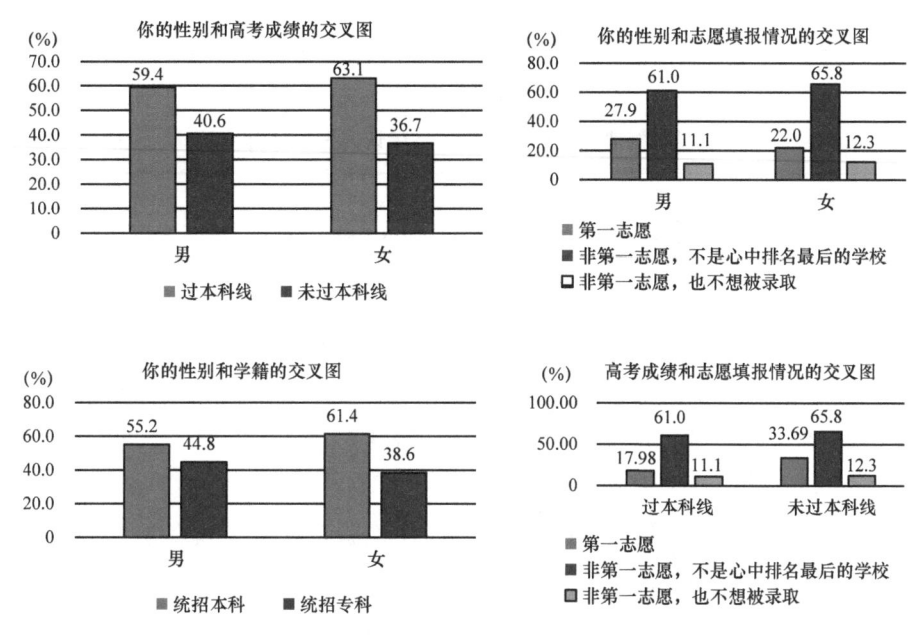

图 6-1 交叉对比分析结果

（二）结论分析

性别对民办高校品牌认同的影响是多方面的，不仅与高考成绩、志愿填报情况和学籍情况相关，可能还与心理预期、社会文化影响以及信息处理方式有关。从交叉对比分析结果上发现，女生的成绩普遍高于男生，因此高分学生中女生占比也更高，使得数据呈现出女生在这些方面表现出更高的认同度，还可能是由于社会对女性角色的期望使她们更加关注未来的职业发展和社会认可，这也解释了为什么女生表现出更高的稳健性和对民办高校品牌的认同度。

三 不同志愿填报情况的学生在民办高校品牌认同方面的差异分析

(一) 统计结果

表6-62显示,填报志愿情况对民办高校品牌认同的方差齐性检验结果为$F=3.842$,$p=0.021$,小于0.05,呈现出显著差异。因此,需要使用非参数检验进行进一步的差异分析。

表6-62　填报志愿情况对于民办高校品牌认同方差齐性检验

	填报志愿(标准差)			F	p
	1 (n=239)	2 (n=896)	3 (n=3787)		
民办高校品牌认同	1.40	1.37	1.31	3.842	0.021*

说明：*表示$p<0.05$。

1为"是第一志愿,我很希望被这所学校录取";2为"不是第一志愿,但也不是我心目中排名最后的学校";3为"不是第一志愿,是我心目中排名最后的学校"。

表6-63显示,通过Kruskal-Wallis H检验,高考成绩在学生对民办高校品牌认同上的中位数在不同填报志愿情况中存在显著差异($H=44.497$,$p=0.000$***)。其中,第一志愿的中位数为4.167,非第一志愿但不是心目中排名最后的学校的中位数也为4.167,而非第一志愿且是心目中排名最后的学校的中位数为4.000。

表6-63　填报志愿情况对于民办高校品牌认同非参数检验分析

	高考成绩(中位数)			K-W检验H值	p
	1 (n=239)	2 (n=896)	3 (n=3787)		
民办高校品牌认同	4.167	4.167	4.000	44.497	0.000***

说明：***表示$p<0.001$。

1为"是第一志愿,我很希望被这所学校录取";2为"不是第一志愿,但也不是我心目中排名最后的学校";3为"不是第一志愿,是我心目中排名最后的学校"。

表 6-64 显示的事后比较分析结果具体如下："第一志愿"与"非第一志愿，不是心目中排名最后的学校"两者之间的差异显著（p = 0.000***），均值差为 -4.164。"第一志愿"与"非第一志愿，是心目中排名最后的学校"两者之间的差异显著（p = 0.000***），均值差为 -11.527。"非第一志愿，不是心目中排名最后的学校"与"非第一志愿，是心目中排名最后的学校"两者之间的差异显著（p = 0.000***），均值差为 -7.363。

表 6-64　　　　志愿填报情况与民办高校品牌认同事后比较

	名称 I	名称 J	差值（I-J）	p
民办高校品牌认同	第一志愿	非第一志愿，不是心目中排名最后的学校	-4.164	0.000***
	第一志愿	非第一志愿，是心目中排名最后的学校	-11.527	0.000***
	非第一志愿，不是心目中排名最后的学校	非第一志愿，是心目中排名最后的学校	-7.363	0.000***

说明：*** 表示 p<0.001。

（二）结论分析

上述结果表明，不同填报志愿情况的样本对民办高校品牌认同确实存在显著差异。具体来说，填报非第一志愿且是心目中排名最后的学校的学生对民办高校的品牌认同度最高，而填报第一志愿的学生品牌认同度最低。填报第一志愿的学生通常对该学校抱有较高的期待和好感，因此他们可能在入学后对学校的现实情况感到失望，导致品牌认同度较低。相反，填报非第一志愿且是心目中排名最后的学校的学生，对学校的期望较低，在入学后的实际体验中，填报非第一志愿特别是排名最后的学校的学生，可能会发现学校的优势和亮点，逐渐改变他们的初始看法，进而提高品牌认同度。填报第一志愿的学生，如果实际体验不佳，可能会降低对学校的品牌认同。填报非第一志愿且是心目中排名最后的学校的学生，可能在低预期下更容易接受学校的实际情况，进而提高品牌认同度。而填报第一志愿的学生,由于心理预期较高,容易产生失望情绪,导致品牌认同度下降。

四 是否为独生子女家庭的学生在民办高校品牌认同方面的差异分析

（一）统计结果

表6-65显示,是否为独生子女对民办高校品牌认同的方差齐性检验结果如下:独生子女（n=2303）的标准差为1.52,非独生子女（n=5776）的标准差为1.45,F=6.490,p=0.011。由于p值小于0.05,表明独生子女与非独生子女之间在民办高校品牌认同上的方差存在显著差异。因此,需要使用非参数检验进行进一步的差异分析。

表6-65 是否为独生子女对于民办高校品牌认同的方差齐性检验

	是否为独生子女（标准差）		F	p
	是（n=2303）	否（n=5776）		
民办高校品牌认同	1.52	1.45	6.490	0.011*

说明：*表示p<0.05。

表6-66通过Mann-Whitney U检验研究是否为独生子女对民办高校品牌认同的影响。结果显示,独生子女的中位数为4.000,非独生子女的中位数也为4.000,U=6533594.500,z=-1.242,p=0.214。结果表明,独生子女和非独生子女在民办高校品牌认同上并不存在显著差异（p>0.05）。因此,该假设不成立,即是否为独生子女对于民办高校品牌认同的影响不显著。

表6-66 是否为独生子女对于民办高校品牌认同的非参数检验

	是否为独生子女（中位数）		U	z	p
	是（n=2303）	否（n=5776）			
民办高校品牌认同	4.000	4.000	6533594.500	-1.242	0.214

（二）结论分析

数据分析结果表明，是否为独生子女对民办高校品牌认同的影响无显著差异，这反映了在现代教育体系和社会环境下，独生子女和非独生子女在心理预期、社会支持、教育资源和个人发展方面的趋同性。探讨其原因，首先，独生子女和非独生子女在选择民办高校时，可能都有相似的心理预期和期望值。他们在选择学校时的心理预期和实际体验之间并未表现出显著差异，致使品牌认同度的中位数均为 4.000，且无显著差异。在实际的学习和生活中，独生子女和非独生子女在民办高校的体验上也可能类似，学校的教育质量、师资力量、校园环境等因素对他们的影响相似，因而品牌认同度无显著差异。此外，无论是独生子女还是非独生子女，他们在民办高校中都能够获得来自家庭、同学和学校的支持。这些支持系统帮助他们更好地适应校园生活，增强对学校的品牌认同度。在现代社会中，独生子女和非独生子女在适应新环境方面的能力逐渐趋同，他们在民办高校中都能够较快地适应新环境，积极融入校园生活，因而品牌认同度无显著差异。教育资源的公平性也是一个重要因素。民办高校在教育资源的分配上可能较为公平，无论是独生子女还是非独生子女，都能够获得相似的教育资源和学习机会。这种公平性使得两者在品牌认同度上的差异不显著。学校在教学管理和学生服务方面的均等化措施，使得独生子女和非独生子女的学习体验相似，他们对学校品牌的认同度也因此趋于一致。最后，独生子女和非独生子女在民办高校中的个人发展机会相似，他们在学术、社交和职业发展方面的体验无显著差异，这导致品牌认同度的中位数一致。两者在校期间的社会互动机会和方式可能相似，他们在同伴关系和社会网络方面的体验无显著差异，这进一步强化了品牌认同度无显著差异。

五 不同家庭所在地的学生在民办高校品牌认同方面的差异分析

（一）统计结果

表 6-67 显示，不同家庭所在地的学生对民办高校品牌认同的方差齐

性检验结果如下：直辖市或省会城市（n=809）的标准差为 1.51，地级市（n=1259）的标准差为 1.54，县级市或县城（n=2148）的标准差为 1.46，农村（n=3863）的标准差为 1.45，F=3.79，p=0.01**。由于 p 值小于 0.05，表明不同家庭所在地样本在民办高校品牌认同上的方差存在显著差异。因此，需要使用非参数检验进行进一步的差异对比。

表 6-67　　家庭所在地对于民办高校品牌认同的方差齐性检验

	家庭所在地（标准差）				F	p
	直辖市或省会城市（n=809）	地级市（n=1259）	县级市或县城（n=2148）	农村（n=3863）		
a	1.51	1.54	1.46	1.45	3.79	0.01**

说明：** 表示 p<0.01。a 为 "民办高校品牌认同"。

表 6-68 通过 Kruskall-Wallis H 检验分析不同家庭所在地的学生对民办高校品牌认同的影响。结果显示，直辖市或省会城市、地级市、县级市或县城的中位数均为 4.000，而农村的中位数为 3.833，H=6.215，p=0.012*。结果表明，不同家庭所在地的学生在民办高校品牌认同上存在显著差异（p<0.05）。

表 6-68　　家庭所在地对于民办高校品牌认同非参数检验

	家庭所在地（中位数）				H	p
	直辖市或省会城市（n=809）	地级市（n=1259）	县级市或县城（n=2148）	农村（n=3863）		
a	4.000	4.000	4.000	3.833	6.215	0.012*

说明：* 表示 p<0.05。a 为 "民办高校品牌认同"。

进一步的分析结果见表 6-69，通过非参数检验对不同家庭所在地的学生的比较结果如下：直辖市或省会城市与农村之间的均值差为 0.730，p=0.033*；地级市与农村之间的均值差为 0.702，p=0.014*；县级市或县城与农村之间的均值差为 0.490，p=0.039*。这些结果表明，家庭所在地为直辖市或省会城市、地级市、县级市或县城与农村的学生之间在民办高校品牌认同上均存在显著差异（p<0.05）。

表 6-69　　家庭所在地与民办高校品牌认同的差异比较

	名称I	名称J	差值（I-J）	p
民办高校品牌认同	直辖市或省会城市	地级市	0.028	0.944
	直辖市或省会城市	县级市或县城	0.240	0.511
	直辖市或省会城市	农村	0.730	0.033*
	地级市	县级市或县城	0.212	0.500
	地级市	农村	0.702	0.014*
	县级市或县城	农村	0.490	0.039*

说明：*表示 p<0.05。

（二）结论分析

不同家庭所在地的学生对民办高校品牌认同的影响存在显著差异。这反映了在社会经济水平、教育资源分布、文化支持和个人发展机会等方面的差异在学生对民办高校品牌认同度的影响。探讨其原因，首先，不同家庭所在地的社会经济水平和教育资源分布差异较大。直辖市或省会城市的教育资源和社会经济水平普遍较高，学生在这种环境中成长，对教育机构的品牌认同度较高。相比之下，农村地区的教育资源相对匮乏，学生在接受民办高校教育时，可能对学校品牌的认同度较低。这导致了不同家庭所在地学生在品牌认同上的显著差异。其次，家庭所在地的文化和社会支持系统也影响了学生对民办高校的品牌认同。在直辖市或省会城市，家庭和社会对教育的重视程度较高，学生受到的教育支持和鼓励更多，这增强了他们对学校品牌的认同感。而在农村地区，学生获得的教育支持相对较少，对学校品牌的认同度也相对较低。此外，经济因素也是重要的影响因素之一。民办高校的学费通常较高，对于来自经济发达地区的学生来说，家庭收入普遍较高，使得学费在家庭支出中所占比例相对较低。这使得这些学生在选择和认同民办高校时，可能会更关注学校的品牌和教育质量，而不是学费负担。相对而言，农村地区的学生家庭收入较低，学费占家庭支出的比例较大，因此他们可能会更加关注学费负担而不是学校的品牌认同。最后，不同家庭所在地学生的个人发展机会和社会互动环境也存在差异。在经济发达的直辖市或省会城市，学生有更多的机会参与各种社会活动和职业发展项目，这增加了他们对学校品牌的认同感。相比之下，农村地区的学生可能缺乏这样的机会，对学校品牌的认同度因此较低。

六 父母文化程度不同的学生在民办高校品牌认同方面的差异分析

（一）统计结果

根据表6-70的结果，父亲文化程度在学生对民办高校品牌认同的方差齐性检验显示，各组间的标准差分别为：初中（或以下）（n=4582）为1.43，高中（n=2063）为1.50，专科（n=698）为1.57，本科（n=677）为1.56，研究生（n=59）为1.65，F值为6.085，p值为0.000***。由于p值小于0.05，表明父亲文化程度不同的样本在民办高校品牌认同上的方差存在显著差异。因此，需进一步使用非参数检验进行差异性对比分析。

表6-70 父亲文化程度对于民办高校品牌认同的方差齐性检验

	父亲文化程度（标准差）					F	p
	初中（初中以下）(n=4582)	高中 (n=2063)	专科 (n=698)	本科 (n=677)	研究生 (n=59)		
a	1.43	1.50	1.57	1.56	1.65	6.085	0.000***

说明：*** 表示 $p<0.001$；a 为"民办高校品牌认同"。

表6-71中显示出使用Kruskall-Wallis H检验所分析的父亲文化程度不同对民办高校品牌认同的影响。结果显示，初中（或以下）、高中、专科和本科组的中位数均为4.000，而研究生组的中位数为3.833，H值为3.020，p值为0.555。结果表明，父亲文化程度不同的样本在民办高校品牌认同上未表现出显著差异（$p>0.05$），意味着

父亲文化程度在学生对民办高校品牌认同方面没有显著影响。因此，该假设不成立。

表6-71　　　父亲文化程度对于民办高校品牌认同非参数检验

	父亲文化程度（中位数）					H	p
	初中（初中以下）（n=4582）	高中（n=2063）	专科（n=698）	本科（n=677）	研究生（n=59）		
a	4.000	4.000	4.000	4.000	3.833	3.020	0.555

说明：a为"民办高校品牌认同"。

对于母亲文化程度的分析，表6-72显示了母亲文化程度在学生对民办高校品牌认同的方差齐性检验结果，可以看出，各组间的标准差分别为：初中（或以下）（n=5308）为1.44，高中（n=1598）为1.51，专科（n=646）为1.53，本科（n=497）为1.59，研究生（n=30）为1.79，F值为4.685，p值为0.001***。由于p值小于0.05，表明母亲文化程度不同的样本在民办高校品牌认同上的方差存在显著差异。因此，也需要进一步使用非参数检验进行差异性对比分析。

表6-72　　　母亲文化程度对于民办高校品牌认同方差齐性检验

	母亲文化程度（标准差）					F	p
	初中（初中以下）（n=5308）	高中（n=1598）	专科（n=646）	本科（n=497）	研究生（n=30）		
a	1.44	1.51	1.53	1.59	1.79	4.685	0.001***

说明：*** 表示p<0.001；a为"民办高校品牌认同"。

表6-73显示了利用Kruskall-Wallis H检验分析的不同母亲文化程度对民办高校品牌认同的影响。结果显示，初中（或以下）、高中、专科、本科和研究生组的中位数均为4.000，H值为3.829，p值为0.430。结果表明，不同母亲文化程度的样本在民办高校品牌认同上未表现出显著差异（p>0.05），意味着母亲文化程度在学生对民办高校品牌认同上没

有显著影响。因此，该假设不成立。

表 6-73　　母亲文化程度对于民办高校品牌认同非参数检验

	母亲文化程度（中位数）					H	p
	初中（初中以下）(n=5308)	高中 (n=1598)	专科 (n=646)	本科 (n=497)	研究生 (n=30)		
a	4.000	4.000	4.000	4.000	4.000	3.829	0.430

说明：a 为"民办高校品牌认同"。

（二）结论分析

虽然在本书中，父母的文化程度与学生对民办高校品牌认同未表现出显著相关性，但这并不意味着父母教育水平对学生教育态度和期望毫无影响。这可能是因为品牌认同更多地受到学生自身的教育经历、学校资源和个人发展机会的影响，而不仅仅与家庭背景因素相关。此外，不同家庭背景的学生可能在其他方面存在差异，如社会经济水平、家庭教育氛围和父母对教育的重视程度，这些因素可能通过其他途径间接影响学生对学校品牌的认同度。

导致这一结果的进一步探讨可能的原因可能是，首先，品牌认同可能主要受到学校的品牌建设、教育质量和资源分配的影响，而家庭背景对这一方面的直接影响较小。其次，学生在校期间的个人经历和学校提供的支持和机会可能对其品牌认同起到更重要的作用。最后，社会文化环境和同龄人的影响也可能是重要因素。因此，在提升民办高校品牌认同度的过程中，学校应更加关注提供优质的教育资源、丰富的学生支持服务和广泛的个人发展机会，以增强学生对学校品牌的认同感。

七　不同家庭年收入的学生在民办高校品牌认同方面的差异分析

（一）统计结果

根据表 6-74 的结果，家庭年收入对民办高校品牌认同的方差齐性检验显示，各组间的标准差分别为：5 万元以下（包括 5 万元）（n=3861）为

1.47，5 万元以上—10 万元（n=2278）为 1.43，10 万元以上—15 万元（n=999）为 1.51，15 万元以上—20 万元（n=390）为 1.54，20 万元以上—30 万元（n=250）为 1.55，30 万元以上（n=301）为 1.56，F 值为 2.989，p 值为 0.011*。由于 p 值小于 0.05，表明不同家庭年收入的样本在民办高校品牌认同上的方差存在显著差异。因此，需进一步使用非参数检验进行差异性对比分析。

表 6-74　　家庭年收入对于民办高校品牌认同的方差齐性检验

	家庭年收入（标准差）						F	p
	5 万元以下（包括 5 万元）(n=3861)	5 万元以上—10 万元 (n=2278)	10 万元以上—15 万元 (n=999)	15 万元以上—20 万元 (n=390)	20 万元以上—30 万元 (n=250)	30 万元以上 (n=301)		
a	1.47	1.43	1.51	1.54	1.55	1.56	2.989	0.011*

说明：*表示 p<0.05；a 为"民办高校品牌认同"。

表 6-75 显示了使用 Kruskall-Wallis H 检验分析的不同家庭年收入对民办高校品牌认同的影响。结果显示，5 万元以下（包括 5 万元）、5 万元以上—10 万元、10 万元以上—15 万元、20 万元以上—30 万元和 30 万元以上组的中位数均为 4.000，而 15 万元以上—20 万元组的中位数为 3.833，H 值为 6.204，p 值为 0.028*。结果表明，不同家庭年收入的样本在民办高校品牌认同上表现出显著差异（p<0.05），意味着家庭年收入对民办高校品牌认同有显著影响。

表 6-75　　家庭年收入对于民办高校品牌认同非参数检验

	家庭年收入（标准差）						H	p
	5 万元以下（包括 5 万元）(n=3861)	5 万元以上—10 万元 (n=2278)	10 万元以上—15 万元 (n=999)	15 万元以上—20 万元 (n=390)	20 万元以上—30 万元 (n=250)	30 万元以上 (n=301)		
a	4.000	4.000	4.000	3.833	4.167	4.000	6.204	0.028*

说明：*表示 p<0.05。a 为"民办高校品牌认同"。

表 6-76 中的事后多重比较结果进一步揭示了其具体差异。家庭年收入"5 万元以上—10 万元（包含 10 万元）"与"20 万元以上—30 万元（包括 30 万元）"之间存在显著差异（p=0.033），均值差为 -1.254；"10 万元以上—15 万元"与"20 万元以上—30 万元（包括 30 万元）"之间也存在显著差异（p=0.025），均值差为 -1.399；"10 万元以上—15 万元"与"30 万元以上"之间呈现显著差异（p=0.039），均值差为 -1.198。这些结果表明，较高家庭年收入组（20 万元以上—30 万元和 30 万元以上）与中等收入组（5 万元以上—10 万元和 10 万元以上—15 万元）在民办高校品牌认同上存在显著差异。

表 6-76　　家庭年收入与民办高校品牌认同的事后多重比较

	名称 I	名称 J	差值（I-J）	p
择校行为意向	5 万元以下（包括 5 万元）	5 万元以上—10 万元（包括 10 万元）	0.431	0.065
	5 万元以下（包括 5 万元）	10 万元以上—15 万元（包括 15 万元）	0.575	0.067
	5 万元以下（包括 5 万元）	15 万元以上—20 万元（包括 20 万元）	0.422	0.369
	5 万元以下（包括 5 万元）	20 万元以上—30 万元（包括 30 万元）	-0.824	0.153
	5 万元以下（包括 5 万元）	30 万元以上	-0.623	0.239
	5 万元以上—10 万元（包括 10 万元）	10 万元以上—15 万元（包括 15 万元）	0.144	0.667
	5 万元以上—10 万元（包括 10 万元）	15 万元以上—20 万元（包括 20 万元）	-0.009	0.986
	5 万元以上—10 万元（包括 10 万元）	20 万元以上—30 万元（包括 30 万元）	-1.254	0.033*
	5 万元以上—10 万元（包括 10 万元）	30 万元以上	-1.053	0.052
	10 万元以上—15 万元	15 万元以上—20 万元（包括 20 万元）	-0.153	0.772

续表

	名称I	名称J	差值（I-J）	p
择校行为意向	10万元以上—15万元	20万元以上—30万元（包括30万元）	-1.399	0.025*
	10万元以上—15万元	30万元以上	-1.198	0.039*
	15万元以上—20万元（包括20万元）	20万元以上—30万元（包括30万元）	-1.246	0.082
	15万元以上—20万元（包括20万元）	30万元以上	-1.045	0.123
	20万元以上—30万元（包括30万元）	30万元以上	0.201	0.791

说明：*表示 $p<0.05$。

（二）结论分析

不同家庭年收入的样本在民办高校品牌认同上表现出显著差异（$p<0.05$），意味着家庭年收入对民办高校品牌认同有显著影响。进一步探讨可能的原因，首先，较高的家庭年收入可能意味着更为稳定和充裕的经济条件，学生可能更少受到经济压力的影响，从而更容易专注于学习和成长。这种相对较低的经济压力可能会使他们更倾向于对民办高校的品牌和教育价值产生积极认同，较小的个人压力或家庭经济压力可以减少学生在教育选择上的焦虑感和紧张感。这些因素可以帮助理解家庭年收入较高的群体对民办高校品牌的认同度可能会更高这一问题。

八　讨论与分析

根据对表6-77的假设检验结果的汇总分析，民办高校品牌认同在多个学生个体特征上存在差异，而某些特征并没有显示出显著差异。具体而言，是否为独生子女以及父母的受教育程度在民办高校品牌认同上没有显著差异。然而，不同高考成绩、不同志愿填报情况、不同性别、不同家庭所在地以及不同家庭年收入的样本在民办高校品牌认同上存在显著差异。

表 6-77　学生个体特征在民办高校品牌认同上的差异假设检验结果

内容	基本假设	结果
高考成绩对于民办高校品牌认同存在差异	H6a	支持
填报志愿情况在民办高校品牌认同上存在差异	H6b	支持
性别在民办高校品牌认同上存在差异	H6c	支持
是否为独生子女家庭在民办高校品牌认同上存在差异	H6d	不支持
家庭所在地在民办高校品牌认同上存在差异	H6e	支持
父亲文化程度在民办高校品牌认同上存在差异	H6f	不支持
母亲文化程度在民办高校品牌认同上存在差异	H6g	不支持
家庭年收入在民办高校品牌认同上存在差异	H6h	支持

首先，从高考成绩来看，高考成绩高于生源地本科线100分以上的学生与高于生源地本科线51—100分的学生在民办高校品牌认同上没有显著差异，这两组学生对民办高校的品牌认同度高于其他分数较低的学生。高考成绩高于生源地本科线0—50分的学生与高于生源地专科线100分的学生在品牌认同上也没有显著差异，这两组学生的品牌认同度高于分数较低的学生，因为这些分数段的学生基本上被专科录取，有较高概率通过套读自考本科或专升本考试获得本科学历。因此，可以看出，分数较高的学生对民办高校本科教育的认同度较高，而在就读专科的学生中分数较高者对民办高校品牌认同度高于分数较低者，因为他们有更大的机会通过套读自考本科或专升本考试获得本科学历。

其次，性别对民办高校品牌认同也存在显著差异，女生的品牌认同度高于男生。通过双重比较发现，女生的高考成绩均值高于男生，因此女生对民办高校品牌认同度较高可能与她们的高考成绩较高相关联，这表明高考成绩较高的学生对民办高校品牌认同度较高的结论具有一致性。

最后，来自农村的学生对民办高校品牌认同度低于来自其他地区的学生，而家庭年收入高于20万元的学生对民办高校的认同度较高。这两项分析表明，家庭的经济条件和地理位置对学生的品牌认同度有显著影响。高收入家庭的学生由于较少的经济压力和更高的教育投资能力，对民办高校品牌的认同度较高。此外，来自农村的学生由于家庭经济条件和教育资源的限制，可能对民办高校品牌认同度较低。

在对这些结果进行深入探讨时，可以考虑以下几点原因。首先，家庭年收入较高的学生由于较少的就业压力和经济负担，能够更加客观地评价和认同民办高校的教育质量和品牌形象。其次，高收入家庭通常能够提供更好的教育资源，这也可能提升学生对学校的认同感和满意度。最后，地理位置和家庭背景的差异也会影响学生对学校品牌的认同，来自经济较发达地区和高收入家庭的学生更倾向于认可民办高校的品牌价值和教育优势。

综上所述，不同高考成绩、志愿填报情况、性别、家庭所在地和家庭年收入对民办高校品牌认同存在显著差异，而是否为独生子女以及父母受教育程度则没有显著影响。对于民办高校而言，在品牌建设和宣传时需要综合考虑这些因素，通过提供优质教育资源、增加经济支持和奖学金项目，提升品牌认同度，以满足不同背景学生的需求。

第五节 小结

高考成绩、是否为独生子女、家庭所在地、父母受教育程度以及家庭年收入在民办高校官方传播上的感受没有差异，有差异的是志愿填报情况与性别；是否为独生子女、家庭所在地、父母受教育程度以及家庭年收入在受个人社交口碑传播的影响上没有差异，不同高考成绩、不同志愿填报情况以及不同性别的样本在受个人社交口碑传播的影响上有差异；高考成绩、是否为独生子女、家庭所在地、父母受教育程度以及家庭年收入在公共个人社交口碑传播的影响没有差异，不同志愿填报情况以及不同性别的样本受个人社交口碑传播的影响有差异。是否为独生子女、父母受教育程度在民办高校品牌认同上没有差异，不同高考成绩、不同志愿填报情况、不同性别、不同家庭所在地以及不同家庭年收入的样本在民办高校品牌认同上存在差异。验证结果汇总如表6-78所示（本表只汇总结果显著的内容）。

表 6-78　　　　　　　个体特征差异假设验证结果汇总

内容	基本假设	结果
填报志愿在民办高校官方传播上存在差异	H5a—2	支持
性别在民办高校官方传播上存在差异	H5a—3	支持
高考成绩在个人社交口碑传播上存在差异	H5b—1	支持
填报志愿在个人社交口碑传播上存在差异	H5b—2	支持
性别在个人社交口碑传播上存在差异	H5b—3	支持
高考成绩在公共渠道口碑传播上存在差异	H5c—1	支持
填报志愿在公共渠道口碑传播上存在差异	H5c—2	支持
高考成绩在民办高校品牌认同上存在差异	H6a	支持
填报志愿情况在民办高校品牌认同上存在差异	H6b	支持
性别在民办高校品牌认同上存在差异	H6c	支持
家庭所在地在民办高校品牌认同上存在差异	H6e	支持
家庭年收入在民办高校品牌认同上存在差异	H6h	支持

　　从问卷调查结果可知，"非第一志愿，是心目中排名最后的学校"的学生受这三类信源的影响最大，且对民办高校的品牌认同度最高。这类学生在收到录取通知书后，通常会经历一定的失落感，但由于录取结果已成定局，他们在第二次信息搜索期间，倾向于寻找更多正面的学校信息以支持他们自己的就读决策。这一现象可以用认知不协调理论来解释[1]，根据该理论，当个人面对与其自身期望不一致的信息时，会产生心理不协调感，进而通过选择性地接收正面信息来消除这种不协调。对于这些学生而言，选择性地接收和相信正面的学校信息，有助于他们调节内心的失落感，进而提高对学校的认同度。具体而言，这类学生往往通过与学校老师的交流和参与学校活动，更多地接触学校的正面信息和积极面，这不仅增强了他们的归属感和满意度，也进一步提升了他们对

---

[1]　认知不协调理论起源于 20 世纪 50 年代，由美国心理学家莱昂·费斯廷格提出。这个理论是社会心理学中一种重要的认知理论，主要研究人们如何处理其自身内心的冲突和矛盾。认知不协调理论的基本观点是，当个体的两个或多个认知元素存在不一致或矛盾时，就会产生一种名为"认知不协调"的心理状态。这种状态会带来不适感，驱使个体采取行动以消除或减少不协调。

学校的品牌认同。此外，这类学生在民办高校入学后，逐渐发现学校提供的资源和环境能够满足他们的学习和生活需求，从而进一步增强了他们的品牌认同感。相比之下，第一志愿的学生与其他两类相比对民办高校的品牌认同度较低，这可能是由于一开始他们对学校产生了过高的期待，但入校后的实际体验让他们产生了落差感。对于那些在报名时将民办高校作为"保底"选择的学生（非第一志愿，不是心目中排名最后的学校）而言，他们对学校的初步认知与实际体验较为一致，因而认同度相对平衡。不同志愿填报背景的学生对民办高校品牌认同存在显著差异，主要受认知不协调理论的影响，民办高校应重视这一现象，通过提供更多积极正面的信息和资源，帮助学生更好地适应和认同学校。从品牌传播的角度来看，品牌传播不仅在入学报到时结束，而且学生的入学体验同样至关重要。因此，学校需要在学生入学后持续关注他们的需求和反馈，提升整体品牌形象和学生满意度。

还需注意的是，超过一半的民办高校学生的高考成绩刚过本科线。这类学生在历经高中的严格学习后，对复读持有较低的期望，但由于已过本科线，不甘心选择专科就读，他们对本科学历有强烈的渴望，认为能够获得本科就读机会实属难得。因此，这部分学生对民办高校的品牌认同较高。值得注意的是，高考分数高于本科线100分以上的学生在民办高校中占比较少，但他们对民办高校的品牌认同度最高。分析其原因，这些学生因其自身良好的学习资质，在入学后能够充分利用民办高校所提供的课程资源和教师能力，获得了优质的教育教学体验。这种积极的学习体验提升了他们的自我价值感，进而增强了他们对民办高校的品牌认同。此外，这类学生在校期间往往能够获得更多的学术成就和实践机会，这不仅提高了他们的自信心，也增强了他们对学校的归属感和认同感。相比之下，较低分数段的学生可能因为在学习上遇到更大的挑战，对学校的满意度和品牌认同较低。

综上所述，不同分数段的学生对民办高校的品牌认同存在显著差异，这主要受学生入学前后体验、教育资源利用情况以及个人学习成就感的影响。民办高校应根据不同学生群体的特点，优化教育服务和资源配置，以提升整体品牌认同度。不同家庭所在地与不同家庭年收入的学生在民办高校品牌认同方面存在较大差异。从问卷调查结果可知，来自地级以上城市的学生对民办高校的认同大于来自县级市和农村的学生，家庭年收入在20万元以上的学生对民办高校的品牌认同大于家庭收入较低的家庭。分析其原因，来自地级以上城市的学生家庭年收入普遍较高，对民办高校学费的敏感度较低，从而对民办高校的品牌认同度较高。

第七章 研究结论与展望

第一节 主要研究结论

本书采用问卷调查和半结构访谈，首先获取民办高校品牌传播现状以及存在的问题。通过问卷调查和半结构式访谈，收集了学生和家长受民办高校官方传播、个人社交口碑传播、公共渠道口碑传播影响的数据。其次，通过实证分析三种信源对民办高校品牌传播效果的影响，发现不同信源在品牌传播中的作用具有显著差异。最后，针对不同个体特征的学生群体，分析了其受不同信源的影响对民办高校品牌认同的差异，具体揭示了高考成绩、家庭背景以及志愿填报顺序等因素在促使学生形成品牌认同上的差异。通过对民办高校品牌传播、品牌服务质量、品牌认同等进行问卷调查和访谈获取数据，对调查结果进行了描述性分析、回归分析与差异性分析，为民办高校品牌传播策略方案制定和优化提供了参考依据，为民办高校探索品牌传播方式变革提供了方向和思路。具体研究结论如下。

一 民办高校学生品牌认同不仅限于学生的直接体验，也受到学生身边人评价的影响

民办高校的学生品牌认同受到其个人体验、民办高校内部工作人员形象感知和身边人对学校评价的综合影响,这些因素共同塑造了学生对学校的评价。民办高校内部工作人员和学生的家长、亲友是学生在校期间社交环境的重要构成,一方面高质量的教育服务和正面的工作人员的形象可以增强学生对学校的认同[1];另一方面亲友的积极评价也能提升学生对学校的认同感。[2] 因此,民办高校可以通过设定工作人员的行为标准,提升学生对工作人员形象的感知,并尝试与学生的家庭亲友建立良好关系,以进一步提升学生对学校的满意度。

二 学生对民办高校工作人员形象感知可成为民办高校"口碑传播"的驱动力

学生对民办高校工作人员的正面形象感知,可以通过社会交往过程传到其社交圈,进而形成良好的学校口碑。首先,学生作为信息源,其在校体验和感受会通过交谈和社交媒体传播,例如学生在与家长、朋友交谈时可能提及"学校老师在我遇到问题时提供了帮助",这样的积极评价可以塑造学校工作人员专业且友善的形象。其次,如果学生在分享学校情况时感到他们自己学校的工作人员形象更积极,便会在他人的羡慕情绪中感到满足。这种感觉通过比较形成,从而对其学校满意度产生影响,早期的研究也支持这一观点,即社交信息交换可以对消费者的态度和行为产生影响。[3] 因此,学生与民办高校工作人员的交流互动是形成学生对学校教育服务感知与满意度的积极因素。

---

[1] K. M. Elliot, D. Shin, "Student Satisfaction: An Alternative Approach to Assessing This Important Concept", *Journal of Higher Education Policy and Management*, Vol. 24, No. 2, November 2002, pp. 197-209.

[2] D. Hossler, K. S. Gallagher, "Studying Student College Choice: A Three-Phase Model and the Implications for Policymakers", *College and University*, Vol. 62, No. 3, January 1987, pp. 207-221.

[3] M. Söderlund, S. Rosengren, "Receiving Word-of-Mouth from the Service Customer: An Emotion-Based Effectiveness Assessment", *Journal of Retailing and Consumer Services*, Vol. 14, No. 2, February 2007, pp. 123-136.

三 性别、高考成绩、志愿填报情况、学籍、家庭所在地以及年收入等因素在民办高校学生品牌认同方面存在显著差异

结果表明,女生满意度显著高于男生,这与部分学者研究结果一致[1],但也有学者的证实结果与此相反[2],这可能是因为性别并非决定性影响因素[3],或因为本书测量的是整体品牌认同程度,并未对细分维度进行测量。[4] 在被调研学生中,近半数学生高考成绩刚过生源地本科线,这类学生历经高中学习的严苛,对复读并无太大期待,同时认为进入公办本科学习机会较小,因此对民办本科学历有强烈期望。较高分数段的学生与较低分数段的学生相比对民办高校的满意度较高,这与学籍情况相似,这可能是因为民办高校本科生通常享有更多学校资源和优势地位。

选择"不想被录取"的学生,他们的高考成绩通常较高,尽管在收到录取通知书后感到失落,但入学后普遍设定"考研升学"等目标,期望通过努力学习"摆脱"民办高校学生的身份。有学生表示"参与较多学校活动是为找寻对学校'不满'的证据,但参加多了反而觉得学校很不错",这与认知不协调理论相契合,即当个体的认知存在矛盾时,驱使个体采取行动以消除或减少内心不协调。在努力学习、参与学校活动以及与教师频繁交流的过程中,这类学生往往能取得优异成绩,获得了更多成就感,从而对学校感到满意。

家庭所在地为城市和家庭年收入较高的学生对民办高校的满意度较高,一个重要的原因可能是,由于民办高校的学费通常较高,家庭经济条件较好的学生能够更好地承担这部分费用,这使得他们在学习过程中不容易被经济压力所困扰,从而提高了他们对学校的满意度。

---

[1] 王洋、祝宁、申倩:《C大学学生在校满意度调查与分析》,《高教论坛》2021年第11期。

[2] 李卓:《民办高校教学质量学生满意度的实证研究——基于一所学校的调查》,《科教导刊》(电子版)2021年第5期。

[3] 郭国峰、毛圆圆:《基于因子分析的大学生对高校办学质量的满意度研究》,《平顶山学院学报》2018年第1期。

[4] 李湘萍:《大学生校园住宿环境满意度的实证研究》,《复旦教育论坛》2017年第5期。

四　民办高校应充分利用其管理灵活性，为学生提供个性化的教育服务

民办高校可以充分利用其管理灵活性，制定科学的人才培养模式、提供个性化的教育服务手段以及进行专业化的内部人员培训，构建既能满足学生需求，又能推动学校品牌建设发展的良性互动环境。首先，民办高校需要精准定位其培养对象。例如，可将成绩优异但非第一志愿的学生视为具有独特价值的群体。这类学生往往具备较强烈的学习自主性和内驱力，通过精细化培养，使其引领学校学风，赋能校园文化建设，从而对其他学生产生积极影响。其次，民办高校需要根据学生的个体差异，提供个性化教育服务。从课程设置、学习辅导、实践机会和发展空间等多方面满足学生的个性化需要，提升学生满意度。再次，民办高校需要加强内部人员的专业化培训，提升其与学生互动交流的能力和热情。学校应对此行为进行科学量化的工作指标考核，以激励学校教师与其他部门工作人员积极开展创新性和创造性的教育服务。最后，民办高校需要定期收集和分析学生对教育服务的反馈，以便及时调整和改进教育服务的方法和形式，确保能够更好地满足学生的需求和期望。

第二节　民办高校品牌传播的启示

一　民办高校品牌官方传播对学生的影响有待提高

本书调查结果显示，民办高校的品牌官方传播多选择网站、招生简章、工作人员开展的招生宣传活动等途径，但这些途径在品牌形象塑造与具体传播信息的整体协调方面还存在不足。中国民办高校在品牌传播中缺乏从内容设计到传播渠道以及传播效果的整体策划与系统管理。大多数民办高校走过了利用权威媒体进行形象宣传的时期，民办高校应侧重于缺乏细分受众市场的有效传播策略，充分利用互联网平台传递正面真实的学校信息。例如，多校联合建立检索平台为学生提供更详尽的学校信息，并且要及时更新官方网站，以保持信息的准确性和时效性。民

办高校在招生季宣传时，应特别注意学生在第二次信息搜索的关键期，细分受众群体，并对已录取学生传递更多的正面信息，以提高他们对学校的认同度。

二 个人社交口碑传播是学生在择校期间依赖的主要信源

每个学生在进入大学前都不同程度地幻想过"大学梦"，这些"梦"大部分是通过高中老师、家人和朋友的影响形成的，而不完全基于现实。有研究指出，学生在选择学习目的地时，通常会依据家人、朋友和高中老师的建议。[1] 因此，民办高校在品牌传播方面，应重视个人社交口碑传播的建设与管理。首先，民办高校应加强与生源地高中的联系，与高中老师建立长期紧密的关系，使他们更了解民办高校的优势和特点。其次，加强内涵建设，提升教育教学服务能力与水平，使在校生获得良好的教育体验，从而增加他们的品牌认同感。研究表明，在校生与毕业生对学校的满意度直接影响潜在学生的择校行为[2]，所以要加强校友管理，校友是学校的重要资源，是品牌传播的忠实践行者，学校应通过密切的校友关系，建立起长期稳固的品牌传播途径。

三 加强公共渠道口碑传播信息的管理

在民办高校的品牌传播中，公共渠道口碑传播主要通过《高考志愿填报指南》对学生择校产生影响，而其他途径如政府信息、第三方评价等未能发挥预期的作用。尽管公共渠道口碑传播在民办高校品牌认同形成方面并不占据主导地位，也应积极与政府和其他第三方机构建立良好关系，以争取更多的政策倾斜和发展机会。教育主管部门应加强对民办高校的政策引导和形象宣传，消除公众对民办高校的偏见，促进公办高

---

[1] F. Maringe, "University and Course Choice: Implications for Positioning, Recruitment and Marketing", *International Journal of Education Management*, Vol. 20, No. 6, October 2006, pp. 466-479.

[2] Nguyen, Bao, Yu, Xiaoyu, Melewar, T. C., Hemsley-Brown, Jane, "Brand Ambidexterity and Commitment in Higher Education: An Exploratory Study", *Journal of Business Research*, Vol. 69, No. 8, August 2016, pp. 3105-3112.

校与民办高校在公众心目中的平等地位。民办高校需要注重强化其自身特色建设，展示其自身的办学成果和独特价值，通过发展强有力的特色专业，在某些领域树立专业品牌，通过专业品牌带动整体学校品牌的提升。此外，民办高校应避免为了排名而追求排名，而是应专注于提升实际的教育质量和学生体验。尽管有些学校在提升教育质量的过程中忽略了第三方排名评价，也并不影响其知名度和美誉度的提升，因此不需要过分依赖排名。因为这些排名往往具有特定的指标导向，公众对第三方排名的重视程度有所降低。

四 重视品牌内部传播

品牌的内部传播与外部传播相互影响、互为作用。内部传播深受组织文化影响，同时也在促进和形成组织文化方面发挥着重要作用。只有通过品牌内部传播，才能完整且成功地叙述品牌故事。[1] 内部品牌（Internal Brand, IB）这一概念被认为是市场营销领域中的重要概念之一，机构的繁荣与发展主要依赖于内部员工通过其行为和表现向外部客户传播品牌承诺。[2] 行政部门和学校员工在建立、维护和提升组织品牌中起着至关重要的作用，他们的行为被视为组织形象的直接体现。在高等教育领域，教师是与学生接触最多的内部人员，他们凭借高学历和个人才能，激发学生对大学品牌体验的认同。部分学者强调，高校内部品牌传播对学生选择学校与高等教育品牌的发展至关重要。[3] 尽管大多数高校仍将重点放在外部品牌传播上[4]，但这忽略了一个重要事实：缺乏内部

---

[1] Piehler, Romy, Schade, Michael, Burmann, Christoph J., "Employees as a Second Audience: The Effect of External Communication on Internal Brand Management Outcomes", *Journal of Brand Management*, Vol. 26, No. 4, April 2019, pp. 445-460.

[2] Judson, Kimberly M., Gorchels, Lauren, Aurand, Timothy W., "Building a University Brand from Within: A Comparison of Coaches' Perspectives of Internal Branding", *Journal of Marketing for Higher Education*, Vol. 16, No. 1, October 2006, pp. 97-114.

[3] Whisman, Roger, "Internal Branding: A University's Most Valuable Intangible Asset", *Journal of Product Brand Management*, Vol. 18, No. 5, August 2009, pp. 367-370.

[4] Chapleo, Chris, "Exploring Rationales for Branding a University: Should We Be Seeking to Measure Branding in UK Universities?", *Journal of Brand Management*, Vol. 18, No. 6, January 2011, pp. 411-422.

品牌支撑，持续的外部品牌传播是不可行的。[1] 内部品牌传播在高等教育品牌传播中具有重要意义，因为大学内部员工的教学水平、研究成果和声誉是外部利益相关者建构和识别大学品牌的重要途径之一。品牌的强弱实际上反映了资源的强弱。国内学者结合本土实情探讨了民办高校品牌建设的重点在于整合利用资源，通过科学管理和大学文化引领，激发内部教工和学生的活力。[2] 教师通过其专业知识和能力，有效传递大学品牌核心价值，才能兑现品牌承诺。内部品牌传播是品牌建设中的关键部分。外部传播要持续发力，需要强大的内部凝聚力，而这依赖于良好的品牌内部传播。内部传播不仅包括管理层和教职工，学生也是重要的内部人员。学生是学校好坏优劣的直接体现，并且通过社交媒体对外讲述。近几年来，大学生在社交平台上发布的内容频繁出圈，有暖心视频，也有揭露学校管理不善的内容。学校应认识到学生发布负面视频并非坏事，而是要反思是否缺乏良好的内部反馈与沟通渠道，导致学生投诉无门，只能通过网络揭发。因此，学校应建立良好的内部反馈渠道，并制定应对突发事件的机制。这不仅能提升内部品牌传播效果，也能增强整体品牌的凝聚力和可信度。

五　完善学校自身品牌建设机制

有学者通过研究中国民办院校的"趋同现象"，提出了"类特色"概念，指出同类型大学因相似性形成的"相对持久稳定的发展方式及独特的办学特征"是合理的，但由于恶性生源竞争、师资薄弱及学校规划缺乏长远眼光所导致的不合理趋同现象则是盲目的。[3] 因此，民办高校应以品牌专业建设为突破口，着重培养具有"可雇用性"的毕业生，并通过建立"双师型"教师梯队来保障教学质量，消除不合理的趋同现

---

[1] Whisman, Roger, "Internal Branding: A University's Most Valuable Intangible Asset", *Journal of Product Brand Management*, Vol. 18, No. 5, August 2009, pp. 367–370.

[2] 闫涛：《整合特色资源提升民办高校品牌价值——以西安翻译学院为例》，《教育教学论坛》2015年第17期。

[3] 张紫薇：《从"趋同现象"中反思我国民办院校办学特色建设》，《现代教育管理》2015年第12期。

象。访谈中发现，民办高校品牌发展的主要矛盾在于：举办者一方面希望以最小的投入获得最大的收益；另一方面在建设投入时往往偏重于短期可见的校园硬件提升，而忽视了回报周期较长的教师培养与课程建设。然而，教师的能力与水平直接影响着民办高校的品牌提升。有学者指出，民办高校要实现可持续发展，必须走差异化路线，避免专业设置大而全，杜绝形式上的标新立异。[①] 目前，高等教育教学改革已进入"深水区"，课程资源建设作为改革的难点与重点，具有长期性，而举办者在短期内难以感知其投入回报，因此重视程度不足。对此，民办高校应正确处理投资与回报、经济效益与社会效益、市场规律与教育规律之间的关系，通过加大对教师培育和课程建设的投入，提升内涵，培育品牌特色。长期、系统地投入与建设，能够有效提升学校的品牌认同度和竞争力，进而在激烈的市场竞争中立于不败之地。

六 优化品牌传播模式

许多学者从营销理论和市场定位细分理论的角度出发，对民办高校的品牌建设、品牌意识与战略思考进行了深入的分析和指导，提出了一系列品牌重塑策略与实践路径。根据《国家中长期教育和发展规划纲要（2010—2020）》明确指出的"高校分类体系，分类管理"，有学者提出了民办本科高校的错位发展策略，建议民办高校按照政府评价指标逐层突破，并试行目标管理制度。[②] 这一策略不仅有助于提高民办高校的竞争力，还能促进其品牌价值的提升。目前民办高校在招生季普遍采用统一的信息传播策略，缺乏对受众的细分和精准定位。这种"一刀切"的信息传播方式在发放录取通知书后依然存在，导致学校在鼓励学生志愿填报方面的效果不尽如人意。研究表明，民办高校的品牌传播需要从三个角度细分受众：第一，不同高考分数段的学生；第二，不同地域的学

---

① 王立新、梁潇凝、王学成：《民办高校服务区域产业结构调整的思考——以陕西国际商贸学院为例》，《陕西教育（高教）》2017年第12期。

② 张会忠、孟凡荣：《分类评价背景下民办本科高校错位发展战略和治理创新》，《科教导刊》（电子版）2024年第9期。

生；第三，不同志愿填报情况的学生。在本科录取阶段，民办高校的主要挑战并不在于志愿填报，而在于被录取的学生未报到。研究发现，第一志愿填报民办高校的学生受多种信源的影响较小，他们对民办高校的认同度最低，但就读意愿较强，不需要通过更多的信息来强化决定；相反，没有填报第一志愿且有就读抵触情绪的学生则需要更多的正面信息来提升报到率。这表明民办高校在品牌传播过程中应更加注重差异化和精准化，通过细分受众和定制化的传播策略，提高学生的认同感和报到率，从而实现品牌的有效建设和持续发展。

第三节 创新点与进一步的研究设想

一 本书的创新点

本书从学生受众的视角，探讨了学校品牌传播对民办高校品牌认同的影响，为民办高校的品牌传播提供理论和事实依据，并提出合理的优化建议，以提高中国民办高校品牌传播的效果与影响力。本书的创新之处主要体现在以下三个方面。

(一) 研究数据的创新

本书选择了中国内地 11 所民办高校 2019 级的学生作为研究对象，以学生择校行为为切入点，分析了不同个体特征的学生在择校过程中受到的各种因素的影响，贡献了大量真实的实证资料。通过文献检索发现，目前针对民办高校品牌的研究主要集中在品牌定位、品牌核心价值观、品牌内涵、品牌建设、品牌管理和品牌战略等方面。对于民办高校品牌传播的研究主要集中在品牌对外传播策略上，如媒介影响力、招生工作和广告宣传等。虽然存在一些针对学生群体的研究，但从传播学角度研究民办高校品牌传播的文章还有待丰富。许多关于民办高校品牌发展与传播过程中出现的问题缺乏实证数据支持，也很少有文章解释民办高校所采取的传播手段的有效性和合理性。因此，本书通过问卷调查和访谈，收集了一手资料，为进一步探索民办高校品牌传播与学生择校影响因素积累了原始数据。

（二）研究视角的创新

本书从传播学理论出发，基于学生群体，探究了民办高校品牌传播的现状以及传播过程中存在的问题。通过大量问卷实证调研、统计学分析，结合民办高校举办者、中高层管理者、一线招生人员与专职教师、学生、家长的访谈，从受众视角聚焦民办高校品牌传播影响因素，探讨不同信源对民办高校品牌认同的影响，民办高校教育服务感知对品牌认同的中介影响，以及宣传资料视觉呈现与内部员工形象对民办高校品牌认同的调节作用。以信源可信度理论与社会认同理论作为切入点，分析民办高校官方传播、公共渠道口碑传播、个人社交口碑传播三种信源对民办高校品牌认同的影响，探究不同个体特征的学生在三种信源与民办高校品牌认同方面存在的差异。通过实证研究发现，三种信源对民办高校学生择校均有不同程度的影响，虽然民办高校官方传播存在一些问题，但需承认民办高校官方传播在保证生源数量方面所做出的贡献。民办高校还需加强对公共渠道口碑传播与个人社交口碑传播的介入，提升这两种信源的传播效果。从学生角度来看，个人社交口碑传播中的个体都是学生日常十分信任的对象，因此对学生的影响是复杂的，一方面是传播内容的影响，另一方面是信源本身的影响。

（三）对现有理论的补充与完善

本书采用信源可信度理论和社会认同理论为基础，通过分析讨论，完善了现有理论的证据，丰富了相关研究内容。研究发现，不同就读意向的学生对民办高校品牌的认同度存在差异。那些收到录取通知但就读意向较低的学生，通过更多信源的搜索，最终对民办高校产生了较高的认同度。因此，民办高校在完成学生录取后，应通过科学系统的方式传递学生所需的信息，以提高其对学校品牌的认同。这一发现为民办高校品牌传播提供了新的视角和方法，有助于优化其品牌建设与传播策略。

二 进一步的研究设想

（一）拓展研究对象范围

本书的核心问题是品牌传播对民办高校学生品牌认同的影响。尽管从全国范围内抽取了 11 所民办高校的样本,所有被调查学生均为 2019 级已入学学生,样本覆盖面存在不足。具体而言,首先,未选择民办高校就读的学生不在研究对象范围内;其次,入校就读的学生已有的实际的品牌体验;最后,对于学生个体特征的调研不够全面。这些因素在一定程度上影响了研究结果的信度和效度。今后的研究将对民办高校的各类利益相关者进行更深入的调查,以期全面掌握民办高校品牌传播的特点和存在的问题,进一步提升民办高校品牌传播的有效性。

(二)深化研究内容

本书主要考察了学校官方传播、个人社交口碑传播与公共渠道口碑传播对学校品牌认同的影响,所涉及的传播对象与传播活动时间较为狭窄,对于影响民办高校学生择校行为的家庭因素、文化因素等方面的研究不够深入。中国民办高校建立时间较晚、发展历史较短,其品牌建设和品牌传播与公办高校存在较大差异。虽然民办高校具有企业性质,期望低投入、高收益,但作为高等教育机构,其追求和目标与企业不同,因此在品牌传播方面也存在较大差别。由于中国民办高校的特殊性,缺乏可借鉴的现成理论和实践材料,使本研究面临诸多困难。特别是本书提出的学生就读意向不同受不同信源影响在学校品牌认同方面存在差异,这一观点需进一步经实证研究验证。未来的研究应扩展样本范围,纳入未选择民办高校的学生,并深入探讨家庭背景、文化差异等因素对品牌认同的影响,以期完善现有理论框架,提供更具实证支持的研究结论。此外,还应结合不同类型高校的特性,制定更具针对性的品牌传播策略,以提升民办高校的品牌认同度和传播效果。

附录 1

民办高校品牌传播调查问卷

亲爱的同学，你好！

你是否还记得填报志愿的那段时光？为了解同学们是如何选择而最终进入现在就读的大学，我们邀请你协助这项调查。调查不记名，答案也无对错之分，请你根据自身真实情况作答即可。我们承诺这些数据资料只用于学术研究，并且在任何时候都不会公开个人信息。十分感谢你的帮助与支持！

该问卷填写大概需要五分钟，再次感谢你抽出宝贵的时间配合调查。谢谢！

在得知高考分数后，在填报志愿时，一定有很多帮助你获取学校信息的渠道，请根据以下描述选择符合你实际情况的数值。7表示完全同意、6表示同意、5表示有点同意、4表示一般、3表示有点不同意、2表示不同意、1表示完全不同意。

		完全同意→完全不同意						
Q1	我认为学校的招生简章包含的信息对我选择学校的影响很大	7	6	5	4	3	2	1
Q2	直接与学校的招生工作人员咨询交流对我选择学校的影响很大	7	6	5	4	3	2	1

续表

		完全同意→完全不同意						
Q3	我认为学校的官方网站包含的信息对我选择学校的影响很大	7	6	5	4	3	2	1
Q4	《高考志愿填报指南》的信息对我选择学校的影响很大	7	6	5	4	3	2	1
Q5	网络平台提供的信息对我选择学校的影响很大	7	6	5	4	3	2	1
Q6	政府发布的相关信息对我选择学校的影响很大	7	6	5	4	3	2	1
Q7	第三方机构（学校排名等）的信息对我选择学校的影响很大	7	6	5	4	3	2	1
Q8	同学推荐我来这所学校念书	7	6	5	4	3	2	1
Q9	高中老师推荐我来这所学校念书	7	6	5	4	3	2	1
Q10	家人亲戚推荐我来这所学校念书	7	6	5	4	3	2	1
Q11	报考院校的在校生或毕业生推荐我来这所学校念书	7	6	5	4	3	2	1
Q12	学校的名称对我选择学校影响很大	7	6	5	4	3	2	1
Q13	学校的logo与广告语宣传对我选择学校影响很大	7	6	5	4	3	2	1
Q14	学校宣传资料的视觉设计（印刷质量、宣传资料图片或视频清晰度或美观度）对我选择学校的影响很大	7	6	5	4	3	2	1
Q15	图片中的学校建筑与校园环境对我选择学校影响很大	7	6	5	4	3	2	1
Q16	我对学校工作人员的印象是积极正面的	7	6	5	4	3	2	1
Q17	我喜欢学校老师和工作人员的工作态度	7	6	5	4	3	2	1
Q18	我认为学校内部人员都在积极帮助学生解决问题	7	6	5	4	3	2	1
Q19	我对学校工作人员的印象是积极正面的	7	6	5	4	3	2	1
Q20	我对学校所能提供的教学资源和学校条件感到很满意	7	6	5	4	3	2	1
Q21	我对学校的教学质量感到很满意	7	6	5	4	3	2	1

续表

		完全同意→完全不同意						
Q22	我对学校的实训基地感到很满意	7	6	5	4	3	2	1
Q23	我对学校的校园环境感到很满意	7	6	5	4	3	2	1
Q24	我认为在这所学校读书会有很好的升学机会（考研、公务员、出国留学等）	7	6	5	4	3	2	1
Q25	我认为在这所学校读书将来会有很好的就业前景	7	6	5	4	3	2	1
Q26	我相信在这所学校读书会有所收获	7	6	5	4	3	2	1
Q27	我认为这所学校能够满足我的需求	7	6	5	4	3	2	1
Q28	我认为我会来这所学校读书	7	6	5	4	3	2	1
Q29	我对学校的整体情况感到很满意	7	6	5	4	3	2	1
Q30	我会赞美宣传学校	7	6	5	4	3	2	1
Q31	我会推荐他人选择这所学校	7	6	5	4	3	2	1
Q32	我很期待学校的生活	7	6	5	4	3	2	1

一 背景资料：下列信息仅供总体分析使用，有关你的个人信息不会以任何形式透露，感谢你的支持与配合！

二 Q33 你的高考成绩

1. 高于生源地本科线以上100分。

2. 在生源地本科线以上51—100分。

3. 在生源地本科线以上0—50分。

4. 高于生源地专科线以上100分。

5. 在生源地专科线以上51—100分。

6. 在生源地专科线以上0—50分。

Q34 这所学校是你的第一志愿吗？

1. 是，我很希望被这所学院录取。

2. 不是，但也不是我心目中排行最后的学校。

3. 不是，是我心目中排在最后的学校。

Q35 你的学籍为

1. 统招本科

2. 统招专科

3. 其他

Q36 你的性别是

1. 男

2. 女

Q37 你是否为独生子女

1. 是

2. 否

3. Q38 你的家庭位于

1. 直辖市或省会城市

2. 地级市

3. 县级市或县城

4. 乡镇

5. 农村

Q39 父亲的文化程度

1. 初中（初中以下）

2. 高中

3. 专科

4. 本科

5. 研究生

Q40 母亲的文化程度

1. 初中（初中以下）

2. 高中

3. 专科

4. 本科

5. 研究生

Q41 家庭收入

1. 5 万元以下（包括 5 万元）

2. 5 万元以上—10 万元

3. 10 万元以上—15 万元

4. 15 万元以上—20 万元

5. 20 万元以上—30 万元

6. 30 万元以上

Q42 本题为非必答题，自愿填写

你的联系方式：QQ _____，微信_____，电话_____。

Q43 对于问卷所考察的问题，你有任何想法可以直接填写在下面的横线处

_____。

再次感谢你对本调查的帮助！

附录 2 参与访谈学生以及家长样本信息

编码	基本信息	备注
S1+P1	女、非独生子女、统招专科、家庭位于农村、父亲的文化程度为高中、母亲的文化程度为初中（初中以下）、家庭年收入为5万元以下（包括5万元）	QQ文字聊天
S2+P2	女、非独生子女、统招本科、家庭位于县级市或县城、父母的文化程度都为初中（初中以下）、家庭年收入为5万元以下（包括5万元）	QQ语音电话
S3+P3	女、非独生子女、统招本科、家住地级市城市、父母的文化程度都为高中、家庭年收入为5万元以上—10万元	QQ语音电话+QQ文字聊天
S4+P4	女、非独生子女、统招本科、家庭位于农村、父亲的文化程度为初中（初中以下）、母亲的文化程度为高中、家庭年收入为5万元以下（包括5万元）	QQ语音电话
S5+P5	女、非独生子女、学籍为其他、家庭位于农村、父亲和母亲的文化程度都为初中（初中以下）、家庭年收入为5万元以下（包括5万元）	QQ语音电话
S6+P6	男、独生子女、统招本科、家庭位于县级市或县城、父亲的文化程度为专科，母亲的文化程度为初中（初中以下）、家庭年收入为5万元以上—10万元	QQ语音电话
S7+P7	男、非独生子女、统招本科、家庭位于农村、父母亲的文化程度为初中（初中以下）、家庭年收入为5万元以上—10万元	QQ语音电话
S8+P8	男、非独生子女、统招本科高考成绩在生源地本科线以上0—50分、家庭位于县级市或县城、父母亲的文化程度为初中（初中以下）、家庭年收入为5万元以上—10万元	QQ语音电话

续表

编码	基本信息	备注
S9+P9	女、非独生子女、统招本科，在生源地本科线以上 0—50 分、家庭位于农村、父母文化程度都是初中（初中以下）、家庭年收入为 5 万元以下（包括 5 万元）	QQ 语音电话
S10+P10	男、独生子女、统招本科，在生源地本科线以上 51—100 分、家庭位于县级市或县城、父母文化程度均为初中（初中以下）、家庭年收入为 10 万元以上—15 万元	QQ 语音电话
S11+P11	女、非独生子、统招本科、家庭位于农村、父母文化程度均为初中（初中以下）、家庭年收入为 5 万元以下（包括 5 万元）	QQ 语音电话
S12+P12	女、非独生子女、统招本科、家庭位于县级市或县城、父母文化程度为专科、家庭年收入为 5 万元以上—10 万元	QQ 语音电话+QQ 文字聊天
S13+P13	女、非独生子女、统招本科、家庭位于农村、父亲的文化程度为高中、母亲的文化程度为初中（初中以下）、家庭年收入为 5 万元以下（包括 5 万元）	QQ 语音电话
S14+P14	男、独生子女、统招本科、家庭位于县级市或县城、父母文化程度均为初中（初中以下）、家庭年收入为 5 万元以下（包括 5 万元）	QQ 语音电话
S15+P15	男、统招专科、父亲为本科、母亲为高中、独生子女、家庭位于直辖市或省会城市、家庭年收入为 15 万元以上—20 万元	QQ 语音电话
S16	男、独生子女、统招本科、家庭位于县级市或县城父亲文化程度为专科、母亲文化程度为专科、家庭年收入为 20 万元以上—30 万元	QQ 语音电话
S17	女、非独生子女、地级市、父亲文化程度为初中、母亲文化程度为初中、家庭年收入为 5 万元以下（包括 5 万元）	QQ 语音电话
S18	女、统招专科，高于生源地专科线以上 100 分、不是独生子女、家庭位于乡镇、父母的文化程度都为初中（初中以下）、家庭年收入为 5 万元以下（包括 5 万元）	QQ 语音电话+QQ 文字聊天
S19	女、统招本科，在生源地本科线以上 0—50 分、不是独生子女、家庭位于县级市或县城、父母的文化程度都在高中、家庭年收入为 5 万元以上—10 万元	QQ 语音电话
S20	男、统招专科，高于生源地专科线以上 100 分、不是独生子女、家庭位于农村、父亲的文化程度为高中、母亲的文化程度为初中（初中以下）、家庭年收入为 5 万元以下（包括 5 万元）	QQ 语音电话

续表

编码	基本信息	备注
S21	女、统招专科，在生源地本科线以上 0—50 分、独生子女、家庭位于地级市、父亲的文化程度为高中、母亲的文化程度为初中（初中以下）、家庭年收入为 5 万元以下（包括 5 万元）	QQ 语音电话+QQ 文字聊天
S22	女、统招本科、独生子女、家庭位于地级市、父亲文化程度为专科、母亲文化程度为本科、家庭年收入为 5 万元以下（包括 5 万元）	QQ 语音电话
S23	女、统招专科、高于生源地专科线以上 100 分、不是独生子女、家庭位于农村、父亲的文化程度为初中（初中以下）、母亲的文化程度为高中、家庭年收入为 5 万元以下（包括 5 万元）	QQ 语音电话
S24	女、统招本科、非独生子女、家庭位于直辖市或省会城市、父亲文化程度为本科、母亲文化程度为高中、家庭年收入为 30 万元以上	QQ 语音电话
S25	男、统招专科、高于生源地专科线以上 100 分、不是独生子女、家庭位于县级市或县城、父母的文化程度为初中（初中以下）、家庭年收入为 15 万元以上—20 万元	QQ 语音电话
S26	女、统招本科、非独生子女、地级市、父亲文化程度为高中、母亲文化程度为高中、家庭年收入为 15 万元以上—20 万元	QQ 语音电话
S27	男、统招本科、非独生子女、家庭位于县级市或县城、父亲文化程度为高中、母亲文化程度为高中、家庭年收入为 5 万元以上—10 万元	QQ 语音电话
S28	男、统招专科、非独生子女、家庭位于县级市或县城、父亲文化程度为初中、母亲文化程度为初中、家庭年收入为 5 万元以上—10 万元	QQ 语音电话
S29	女、统招专科、高于生源地专科线以上 100 分、不是独生子女、家庭位于农村、父亲的文化程度为初中（初中以下）、母亲的文化程度为高中、家庭年收入为 5 万元以下（包括 5 万元）	QQ 语音电话
S30	女、统招专科为在生源地专科线以上 51—100 分、不是独生子女、家庭位于直辖市或省会城市、父亲的文化程度为高中、母亲的文化程度为初中（初中以下）、家庭年收入为 30 万元以上	QQ 语音电话

续表

编码	基本信息	备注
S31	女、统招专科、高于生源地专科线以上100分、不是独生子女、家庭位于乡镇、父母的文化程度为高中、家庭年收入为5万元以下（包括5万元）	QQ语音电话
S32	女、统招本科、在生源地本科线以上0—50分、不是独生子女、家庭位于乡镇、父母的文化程度为高中、家庭年收入为5万元以上—10万元	QQ语音电话+QQ文字聊天
S33	女、统招本科、在生源地本科线以上51—100分、不是独生子女、家庭位于县级市或县城、父母的文化程度为初中（初中以下）、家庭年收入为5万元以下（包括5万元）	QQ语音电话
S34	女、统招本科、高考成绩在生源地本科线以上0—50分、独生子女、家庭位于农村、父亲的文化程度为初中（初中以下）、母亲的文化程度为高中、家庭年收入为5万元以下（包括5万元）	QQ语音电话
S35	男、统招本科、高考成绩在生源地本科线以上0—50分、独生子女、家庭位于乡镇、父亲的文化程度为初中（初中以下）、母亲的文化程度为高中、家庭年收入为5万元以下（包括5万元）	QQ语音电话
S36	女、统招专科、高考成绩高于生源地专科线以上100分、独生子女、家庭位于农村、父母的文化程度为初中（初中以下）、家庭年收入为5万元以下（包括5万元）	QQ语音电话
S37	女、统招本科、高考成绩高于生源地专科线以上100分、独生子女、家庭位于县级市或县城、父母亲的文化程度为初中（初中以下）、家庭年收入为5万元以下（包括5万元）	QQ语音电话+QQ文字聊天
S38	男、统招本科、高考成绩在生源地本科线以上0—50分、独生子女、家庭位于县级市或县城、父母的文化程度为专科、家庭年收入为5万元以上—10万元	QQ语音电话
S39	男、统招本科、高考成绩在生源地本科线以上0—50分、独生子女、家庭位于直辖市或省会城市、父亲的文化程度为本科、母亲的文化程度为专科、家庭年收入为10万元以上—15万元	QQ语音电话
S40	男、统招本科、高考成绩在生源地专科线以上0—50分、独生子女、家庭位于农村、父亲的文化程度为初中（初中以下）、母亲的文化程度为高中、家庭年收入为5万元以下（包括5万元）	QQ语音电话

续表

编码	基本信息	备注
S41	男、统招专科、高考成绩在生源地专科线以上 0—50 分、非独生子女、家庭位于县级市或县城、父亲的文化程度为初中（初中以下）、母亲的文化程度为初中（初中以下）、家庭年收入为 30 万元以上	QQ 语音电话
S42	女、统招专科、在生源地专科线上 51—100 分、不是独生子女、家庭位于直辖市或省会城市、父母文化程度都是专科、家庭年收入为 15 万元以上—20 万元	QQ 语音电话
S43	女、统招专科、高于生源地专科线以上 100 分、独生子女、家庭位于地级市、父母文化程度都是本科、家庭年收入为 5 万元以上—10 万元	QQ 语音电话
S44	男、统招专科、高于生源地专科线以上 100 分、独生子女、家庭位于县级市或县城、父母文化程度都为本科、家庭年收入为 20 万元以上—30 万元	QQ 语音电话
S45	男、统招本科、在生源地本科线以上 0—50 分、独生子女、家庭位于县级市或县城、父母文化程度均为高中、家庭年收入为 5 万元以下（包括 5 万元）	QQ 语音电话
S46	男、统招本科、在生源地本科线以上 0—50 分、不是独生子女、家庭位于县级市或县城、父母文化程度都为高中、家庭年收入为 5 万元以下（包括 5 万元）	QQ 语音电话
S47	女、统招专科、高于生源地专科线以上 100 分、独生子女、家庭位于县级市或县城、父亲文化程度为高中、母亲文化程度为初中（初中以下）、家庭年收入为 5 万元以下（包括 5 万元）	QQ 语音电话
S48	男、统招本科、在生源地本科线以上 0—50 分、独生子女、家庭位于地级市、父母文化程度都为初中（初中以下）、家庭年收入为 5 万元以上—10 万元	QQ 语音电话
S49	女、统招本科、在生源地本科线以上 0—50 分、不是独生子女、家庭位于农村、父母文化程度都为初中（初中以下）、家庭年收入为 5 万元以上—10 万元	QQ 语音电话
S50	女、统招专科、在生源地专科线以上 0—50 分，独生子女、家庭位于直辖市或省会城市、父亲的文化程度为高中，母亲的文化程度为专科，家庭年收入为 10 万元以上—15 万元	QQ 语音电话
S51	女、统招专科、高考成绩在生源地专科线以上 51—100 分、非独生子女、家庭位于乡镇、父母的文化程度为初中（初中以下）、家庭年收入为 5 万元以上—10 万元	QQ 语音电话+QQ 文字聊天

参考文献

一 中文文献

(一) 著作类

叶剑:《正在广告:中国品牌实效传播的非常观点》,中国传媒大学出版社 2009 年版。

余明阳、朱纪达、肖俊崧:《品牌传播学》,上海交通大学出版社 2005 年版。

张树庭、吕艳丹主编:《有效的品牌传播》,中国传媒大学出版社 2008 年版。

[美] 菲利普·科特勒、凯伦·F. A. 福克斯:《教育机构的战略营销(第二版)》,庞隽、陈强译,企业管理出版社 2005 年版。

[美] 菲利普·科特勒、凯文·莱恩·凯勒、亚历山大·切尔内夫:《营销管理》,陆雄文、蒋青云、赵伟韬等译,中信出版集团 2022 年版。

[美] 卡尔·霍夫兰、欧文·贾尼斯、哈罗德·凯利:《传播与劝服》,张建中、李雪晴、曾苑等译,中国人民大学出版社 2015 年版。

[美] 肯尼思·E. 克洛、唐纳德·巴克:《广告、促销与整合营销传播》,应斌、王虹译,清华大学出版社 2015 年版。

(二) 论文类

蔡文伯、伍开文:《少数民族子女选择高校的影响因素研究——家庭背景的视角》,《高教探索》2015年第4期。

陈岳堂、韩盈施:《中国民办高校品牌建设的困境与对策》,《当代教育理论与实践》2015年第1期。

谷合强:《当前我国高校品牌内涵建设及相关要素分析》,《湖北函授大学学报》2011年第5期。

郭国峰、毛圆圆:《基于因子分析的大学生对高校办学质量的满意度研究》,《平顶山学院学报》2018年第1期。

郭明明、王海玲:《山东X学院品牌传播现状及问题分析》,《中文信息》2017年第10期。

何志毅等:《中国消费者的产品利益偏好研究——基于耐用消费品的探索性研究》,《管理世界》2005年第3期。

洪海娟、卢振波:《基于微信的高校图书馆品牌营销现状与策略研究》,《现代情报》2014年第12期。

华桦:《新高考下家长参与"大学准备"的影响因素:家庭背景与学校支持》,《教育发展研究》2019年第12期。

华婷、张凡永、许祥云:《新生报到率低:民办高校当前的困惑》,《商情》2012年第47卷。

贾双双、娄自强:《民办本科高校品牌建设的对策建议》,《中国外资》2014年第1期。

蒋小军、窦强:《高校品牌塑造的公共关系传播模式》,《中国成人教育》2014年第9期。

兰文巧:《服务营销组合对民办高校品牌资产的影响研究——基于服务利润链视角》,博士学位论文,辽宁大学,2012年。

兰文巧:《民办高校品牌资产问题刍议》,《内蒙古师范大学学报》(教育科学版)2012年第7期。

李春玲:《高等教育扩张与教育机会不平等——高校扩招的平等化效应考查》,《社会学研究》2010年第3期。

李强、孙亚梅:《去哪上大学?——高等教育就学地选择的影响因素研究》,《清华大学教育研究》2018年第6期。

李湘萍：《大学生校园住宿环境满意度的实证研究》，《复旦教育论坛》2017 年第 5 期。

李卓：《民办高校教学质量学生满意度的实证研究——基于一所学校的调查》，《科教导刊》（电子版）2021 年第 5 期。

刘保莲：《以 M 高校为例浅谈民办高校营销组合策略的优化》，《今日财富》2011 年第 7 期。

刘俊学、李正辉、王增新、梁丽芳：《大学生求学满意度实证研究——某高校学生个体特征对满意度单项要素的影响分析》，《现代大学教育》2006 年第 2 期。

刘丽华：《新媒体时代背景下民办高校公关信息传播的思考》，《科教文汇》2016 年第 4 期。

刘自团、谭敏、李丽洁：《不同家庭经济背景子女的高等教育选择差异变化研究》，《高等教育管理》2021 年第 2 期。

孙凯、张劲英：《中国研究型大学新生择校影响因素实证分析——以某"985 工程"高校 2009 级新生为例》，《中国人民大学教育学刊》2013 年第 2 期。

孙莹、冯冈平、练思婷：《文献计量下品牌传播发展趋势分析及研究》，《广东工业大学学报》2017 年第 2 期。

田汉族：《论学校品牌经营策略》，《教育与经济》2005 年第 3 期。

王芳：《基于分层线性模型的大学生教学满意度影响因素分析》，《复旦教育论坛》2018 年第 1 期。

王立新、梁潇凝、王学成：《民办高校服务区域产业结构调整的思考——以陕西国际商贸学院为例》，《陕西教育（高教）》2017 年第 12 期。

王洋、祝宁、申倩：《C 大学学生在校满意度调查与分析》，《高教论坛》2021 年第 11 期。

肖洁、卜林：《高考考生择校意愿分析——基于南京工业大学 08 级新生的调查》，《中国青年研究》2010 年第 1 期。

熊静、余秀兰：《研究型大学贫困生与非贫困生的学习经历差异分析》，《高等教育研究》2015 年第 2 期。

闫涛：《整合特色资源提升民办高校品牌价值——以西安翻译学院为例》，《教育教学论坛》第 2015 年 17 期。

杨暑东：《本科生教育服务需求特征对比研究：公办与民办高校》，《黑龙江高教研究》2022 年第 11 期。

张会忠、孟凡荣：《分类评价背景下民办本科高校错位发展战略和治理创新》，《科教导刊》（电子版）2024 年第 9 期。

张劲英、孙凯：《高校与专业选择影响因素实证研究——基于某省大一新生调查的分析》，《中国人民大学教育学刊》2014 年第 4 期。

张锐、张燚：《高校品牌形成的驱动机理及塑造方法研究》，《重庆文理学院学报》（社会科学版）2009 年第 1 期。

张燚、张锐、高伟：《高校利益相关者理论的研究现状及趋势》，《高教发展与评估》2009 年第 6 期。

张紫薇：《从"趋同现象"中反思我国民办院校办学特色建设》，《现代教育管理》2015 年第 12 期。

钟宇平、陆根书：《收费条件下学生选择高校影响因素分析》，《高等教育研究》1999 年第 2 期。

周燕、韩淼：《民办高校品牌意识的缺失与重塑策略》，《科技传播》2009 年第 9 期。

二 英文文献

Adrian Palmer, Nicole Koenig-Lewis, Yousra Asaad, "Brand Identification in Higher Education: A Conditional Process Analysis", *Journal of Business Research*, Vol. 69, No. 8, August 2016.

Ana I. Callejas-Albiñana, Fernando E. Callejas-Albiñana, Isabel Martínez-Rodríguez, "Emotional Effects on University Choice Behavior: The Influence of Experienced Narrators and Their Characteristics", *Frontiers in Psychology*, Vol. 24, No. 7, May 2016.

Barta, Sergio, Gurrea, Raquel, Flavian, Carlos, "Telepresence in Live-Stream Shopping: An Experimental Study Comparing Instagram and the

Metaverse", *Electronic Markets*, Vol. 23, No. 29, December 2023.

Bartikowski, Boris, Richard, Marie-Odile, Gierl, Heribert, "Fit or Misfit of Culture in Marketing Communication? Development of the Culture-Ladenness Fit Index", *Journal of Business Research*, Vol. 167, November 2023.

Bennett, Roger, "Advertising Message Strategies for Encouraging Young White Working Class Males to Consider Entering British University", *Journal of Business Research*, Vol. 60, No. 9, September 2007.

Chapman, D., "Improving Information for Student Choice: The National Effort", *The National Acac Journal*, Vol. 23, No. 1, Journal 1979.

Elliot, K. M., Shin, D., "Student Satisfaction: An Alternative Approach to Assessing This Important Concept", *Journal of Higher Education Policy and Management*, Vol. 24, No. 2, November 2002.

Eugene W. Anderson, "Customer Satisfaction and Word of Mouth", *Journal of Service Research*, Vol. 1, No. 1, August 1998.

Gremler, Dwayne D., McCollough, Michael A., "Student Satisfaction Guarantees: An Empirical Examination of Attitudes, Antecedents, and Consequences", *Journal of Marketing Education*, Vol. 24, No. 24, August 2002.

Gruber, Thomas, Fuß, Sandra, Voss, Rüdiger, Gläser-Zikuda, Michaela, "Examining Student Satisfaction with Higher Education Services: Using a New Measurement Tool", *International Journal of Public Sector Management*, Vol. 23, No. 2, March 2010.

Hazelkorn, E., *Higher Education Rankings and the Global "Battle for Talent"*, New York: Institute of International Education, 2009.

Helen Haywood, Rebecca Jenkins, and Mike Molesworth, *The Marketisation of Higher Education and the Student as Consumer*, London: Routledge, 2010.

James E. Cameron, "Social Identity and the Pursuit of Possible Selves: Implications for the Psychological Well-Being of University Students", *Group Dynamics: *Theory, Research, and Practice*, Vol. 3, No. 3, September 1999.

John M. T. Balmer, Mei-Na Liao, "Student Corporate Brand Identification: An Exploratory Case Study", *Corporate Communications, an International Journal*, Vol. 12, No. 3, October 2000.

Jonah Berger, "Word of Mouth and Impersonal Communication: A Review and Directions for Future Research", *Journal of Consumer Psychology*, Vol. 4, October 2014.

Katrin Obermeit, "Students' Choice of Universities in Germany: Structure, Factors and Information Sources Used", *Journal of Marketing for Higher Education*, Vol. 22, No. 2, December 2012.

Kozinets, Robert V., De Valck, Kristine, Wojnicki, Andrea C., Wilner, Sarah J. S., "Networked Narratives: Understanding Word-of-Mouth Marketing in Online Communities", *Journal of Marketing*, Vol. 74, No. 2, March 2010.

K. Michael Haywood, "Managing Wom Communications", *The Journal of Services Marketing*, Vol. 3, No. 2, February 1989.

Tajfel Henri ed., *Differentiation between Social Groups: Studies in the Social Psychology of Intergroup Relations*, London: Academic Press.

Taylor, Jonathan, P. R. Smith, and K. Page, *Marketing Communications: An Integrated Approach*, London: Kogan Page, 2004.

后记

  几近 2024 年深秋，窗外风吹落叶，弯月如钩。

  敲下最后一个句号，点击"保存"，如释重负。双手捧着拿铁，任凭香气蒸着脸颊，沁人心脾。孩子两声呓语，又甜甜地回去梦乡。这部书稿，和他一样，于我都是心血。

  2017 年，自美国读完硕士回国后，我在山东一所民办本科高校有过几年短暂的工作经历。时间虽短，但对我的成长以至后来的研究方向产生了深远的影响。这所民办学校在其 20 年发展历程中，由专科到本科，若干代表办学水平的内涵指标在当时远远超过了很多新建公办院校，在全国民办高校和新建本科院校中树立了较有影响力的社会品牌，也获得了家长和学生的认可，办学规模从几千人发展到近四万人。入职后，我乐于与学生们朝夕相处，听他们讲大学的生活、未来的憧憬，还有对过往的反思甚至是懊悔。听到最多的，就是他们高考填报志愿的心路历程，有果决，有犹豫，有茫然，有无助……高考，对民办高校来说不单纯是品牌传播的过程，更是生存的挑战；对学生来说不单纯是一次品牌的选择，更是作出一生中最重要的决定。民办高校，靠品牌生存发展；而学生，靠品牌赢得人生。

  基于此，我在澳门科技大学攻读传播学博士学位期间，就一直关注民办高校品牌传播与学生择校问题。我的母亲刘翠兰教授，是北京大学教育学博士，长期在民办高校担任领导职务，对民办高校发展既有学术理论研究，又有丰富的实践经验。她经常与我探讨民办高校品牌建设与传播的实践工作，对我深入思考民办高校品牌传播和学生择校行为关系的问题，给予了很多启发和指导。

在此，我要特别感谢我的导师张志庆教授。张老师不仅在学术研究的道路上为我引路，也在我人生的关键时刻给予了重要帮助。在博士学位论文的写作过程中，当我质疑自己、踌躇不前时，张老师总能一语中的，让我重新振作。他让我收获了知识，也让我获得了成长型思维，使我受益终身。正是有他的指导，才使我下决心在博士学位论文基础上修改完成这部书稿。

我还要感谢我的家人！他们给予我无条件的支持，默默承担了生活中的诸多责任，还为我的每一次进步感到由衷的喜悦与骄傲。他们让我感受到了成长的幸福与感恩的力量。

不登高山，不知天之高；不临深溪，不知地之厚。回首从当年的视觉传达设计专业转向品牌传播专业之途，有挑战，也让我收获颇丰。我希望能为民办高校的品牌发展与传播贡献自己的绵薄之力，为祖国的教育事业奋斗终身。

最后，感谢这个伟大的时代！生于斯，长于斯，爱于斯。祝愿祖国繁荣昌盛！

樊亚男
2024 年 10 月